Zu diesem Buch

«Das Kind, das unbekannte Wesen». Diese Formel war Herausforderung genug, um die jungen sozialwissenschaftlichen Disziplinen Anthropologie, Soziologie, Psychologie und Erziehungswissenschaft zu stets neuen Entdeckungsreisen zu ermuntern. Neugierde und Angst, Macht und Geltung, Wahrheitssuche und Ideologisierung – diese Motive und Mechanismen steuerten die Expansion des Wissens. Unbekanntes wurde erobert, Fremdes unter die Kontrolle der wissenschaftlichen Vernunft gezwungen.

Wir wissen heute bereits einiges über die «Geschichte der Kindheit». Doch ist bisher kaum darüber nachgedacht worden, wann, wie und zu wessen Nutzen sich die «strenge» Wissenschaft der Kindheit bemächtigt hat. Wie kam es dazu, daß das Interesse der Erwachsenen an Kindern und Jugendlichen plötzlich als ein «wissenschaftliches» ausgegeben wurde? Was mußten Kinder und Jugendliche alles durchmachen, bis sie endlich als Objekte wissenschaftlicher Forschung «entdeckt» und «anerkannt» wurden?

Dieses Buch geht den psychosozialen und gesellschaftlichen Ursprüngen von Theorien und Methoden bekannter Disziplinen nach: Entwicklungspsychologie, Kinder- und Jugendforschung, Pädagogische Psychologie. Darüber hinaus wird an Hand zahlreicher Beispiele und Analysen gezeigt, daß es für die moderne Sozialisationsforschung verhängnisvoll wäre, unreflektiert an den wissenschaftlichen Traditionen der ersten Hälfte unseres Jahrhunderts anzuknüpfen.

Eine pädagogisch-psychologische Kinder- und Jugendforschung, die das koloniale Erziehungsverständnis und das sozialdarwinistische Experimentieren nicht überwunden hat, wird fortgesetzt dazu beitragen, daß personale und gesellschaftliche Herrschaftsverhältnisse stabil bleiben. Es ist deshalb zu befürchten, daß Bevormundung, Entfremdung und Enteignung so lange sinnstiftende Momente des Erziehungsprozesses sein werden, als die jeweils Herrschenden von der Idee der «zivilisatorischen Mission» besessen sind und diese auch «wissenschaftlich begründet» durchsetzen können.

Peter Gstettner, geb. 1945, verheiratet, zwei Kinder; nach Grundschullehrerausbildung Studium der Psychologie und Erziehungswissenschaft, Lehrtätigkeit an einer hauswirtschaftlichen Fachschule, 1969 Promotion; Assistent an den Instituten für Erziehungswissenschaften und Psychologie (Arbeitsgruppe Sozialisationsforschung); derzeit Professor für Allgemeine Erziehungswissenschaft an der Universität Klagenfurt.

Peter Gstettner

Die Eroberung des Kindes durch die Wissenschaft

Aus der Geschichte der Disziplinierung

Rowohlt

Die mit dem Aufdruck «Politische Erziehung» versehenen Bände veröffentlichen im Rahmen des rororo-Sachbuch-Programms für Schüler, Lehrlinge, Studenten, Sozialarbeiter und Lehrer:

- Projektberichte aus Schul-, Hochschul-, Stadtteil-, Betriebs- und Sozialarbeit,
  Berichte und Analysen wichtiger Erziehungskonzeptionen, auch aus anderen Ländern,
  Erfahrungen und Perspektiven der Organisation aller im Ausbildungsbetrieb Tätigen;
- Vorschläge, Modelle und Materialien für eine veränderte Praxis in den genannten Bereichen, insbesondere Vorschläge zum Unterricht für Lehrer und Schüler;
- Untersuchungen des Zusammenhangs von Produktion, Ausbildung und Bewußtseinsbildung, die Voraussetzungen sind für eine politische Erziehung.

Herausgeber: Johannes Beck, Heiner Boehncke, Gerhard Vinnai

Redaktion Wolfgang Müller
Umschlagentwurf Jürgen Wulff
unter Verwendung des Gemäldes «Spielkiste II» (Ausschnitt)
von Peter Nagel/Städtisches Museum, Flensburg

Originalausgabe
Veröffentlicht im Rowohlt Taschenbuch Verlag GmbH,
Reinbek bei Hamburg, Juni 1981

Satz Times (Linotron 404)
Gesamtherstellung Clausen & Bosse, Leck
Printed in Germany
1080-ISBN 3 499 17425 1

Inhalt

Vorwort

Als ich mich vor rund zehn Jahren mit den pädagogischen Aspekten der Kinder- und Jugendpsychologie zu beschäftigen begann, geschah dies mit dem praktischen Interesse, den Teilnehmern meiner Lehrveranstaltung «Entwicklungspsychologie» einschlägiges Wissen zu vermitteln. Dieses Wissen sollten sich die zukünftigen Lehrer, Erzieher und Psychologen «kritisch» aneignen. Die entsprechenden Lehrbücher, an denen ich mich orientieren wollte, boten aber gerade in dieser Hinsicht kein geeignetes Material an. Sie lieferten meistens nicht einmal Hinweise für eine kritische Aneignung des Stoffgebietes.

Im Zuge der Sichtung gängiger Literatur fiel mir auf, daß sich trotz einer ständig steigenden Vielfalt an Informationen über den menschlichen Entwicklungsverlauf, die theoretischen Grundlagen nur unwesentlich, die (verborgenen) «Menschenbilder» überhaupt nicht geändert hatten. Waren es früher z. B. eher biologische Verhaltendetails, die untersucht und erforscht wurden (z. B. Wahrnehmung, Bewegung, Sprache, Denken usw.), so befaßten sich neuere Studien mehr mit Veränderungen sozialisationsabhängiger Variablen (Ängstlichkeit, Identität, Problemlösefähigkeit, Moralbegriffe usw.). Unverändert blieb aber die Orientierung an der Grundvorstellung einer evolutiv fortschreitenden «Stufenlogik» menschlicher Entwicklung.

Daß diese Logik eine allgemeine gesellschaftliche Anforderungsstruktur abbildete, war klar. Daß sie damit insgeheim auch die jeweilige politische Machtstruktur nachzeichnete, war schon nicht mehr so transparent. Weshalb aber, so fragte ich mich, hat uns die Wissenschaft diese Verkettung weder verdeutlicht noch einer fundamentalen Kritik zugänglich gemacht? Weshalb klärte hier Wissenschaft so wenig auf, und weshalb hängen auch relativ aufgeklärte Menschen einer Vorstellung von stufenweiser Höherentwicklung an, einer Vorstellung, die hierarchisch abgestuftes und unvollständiges Menschsein zuläßt und sogar voraussetzt?

Entlang solcher Fragestellungen entstand dieses Buch. Es ist eine Kritik an den wissenschaftlichen Phantasien und Forschungsrealitäten, die sich über Kinder und Jugendliche gestülpt haben. Diese «Eroberungstaktik in wissenschaftlicher Absicht» ist heute weder in der Psychologie noch in der Pädagogik zu einem Abschluß gekommen. Deshalb scheint mir die Frage nach den «Alternativen» nicht so vordringlich zu sein wie die Frage nach den Ansatzpunkten einer radikalen Kritik. Vielleicht kann solch eine Kritik dem missionarischen Forschungseifer, der in einer erschreckenden Weise gegenüber den Realitäten der Lebenswelt blind geworden ist, Einhalt gebieten. Letztlich sind es nämlich wieder die Objekte der Forschung, die Kinder und Jugendlichen, die unter dem normativen Zwang wissenschaftlich erhobener Fakten – wie phantastisch falsch, fiktiv und utopisch sie die Realität auch immer abbilden – zu leiden haben.

Im *I. Teil* versuche ich jenem Denken auf die Spur zu kommen, das die entwicklungspsychologischen und sozialisationstheoretischen Vorstellungen bis heute nachhaltig beeinflußt hat: Der Mensch, in bestimmter Hinsicht und in bestimmten Verhältnissen ein «unvollendetes Geschöpf», fordert gerade als «Mangelwesen» wissenschaftliche Interessen heraus. Wie kam es dazu, daß der Mensch als Forschungsgegenstand erst «entdeckt» werden mußte? Welche Aspekte des Menschen thematisierten die einzelnen Wissenschaftsdisziplinen? Was mußten sie in ihrem Forschungsprogramm ausgeklammert lassen, umformen und unterdrücken, diffamieren und hinzuphantasieren? Diese einleitenden Überlegungen führen zu folgender Arbeitshypothese: Alle heute vorherrschenden Modelle menschlicher «Entwicklung» beinhalten territoriale Vorstellungen: Völker, wie auch einzelne Individuen, werden als politische Räume gedacht, als Territorien, die es zu erobern und zu besetzen, zu erforschen und zu missionieren gilt. Deshalb gibt ein Blick auf die Anthropologie, die frühere «Völkerkunde», einigen Aufschluß darüber, weshalb Wissenschaftler «Wilde» für primitiv halten, «Primitive» für naiv, «Naive» für kindlich und Kinder für naiv, primitiv und wild.

Im *II. Teil* führe ich die eingangs formulierte Hypothese weiter aus, indem ich historisch verfolge, wie jene Strukturprinzipien der Vergesellschaftung entstanden sind, die auch heute noch das Alltagsleben bestimmen. Dabei strebe ich keine geschichtliche Detailschilderung an, sondern gehe so vor, wie es sich für die phänomenologische Erforschung historischer Ereignisse empfiehlt: «Der Historiker sucht nicht nach Ereignissen, um seine Erklärungshypothese zu erzählen, sondern er erzählt seine Hypothese, um die im ihm zugänglichen Material angedeuteten Ereignisse zu erklären» (Routila 1979, S. 183). Nach diesem Prinzip versuche ich folgende Phänomene zu beleuchten: das gesellschaftliche Interesse an der Aufteilung von Lebenswelten, die zeitliche und räumliche Zergliederung und Nutzbarmachung des Körpers, die pädagogische Bearbeitung und industrielle Ausrichtung des Geistes, die Grundlegung von Theorien über die Kindheit.

Im *III. Teil* wird die «Erzählung der Hypothese» noch konkreter auf dokumentiertes Material bezogen, das von der damals noch jungen pädagogisch-psychologischen Kinder- und Jugendforschung produziert wurde. Dieses Material wäre heute kaum von Interesse, würden sich nicht alle damals begonnenen wissenschaftlichen Arbeitsprozesse als Forschungsstrategien und Erklärungsprinzipien irgendwie erhalten haben. Diese Kontinuität besteht zumindest hinsichtlich jener Traditionen, die ich ausführlich analysiere: die biologistisch orientierte, die spekulativ-geisteswissenschaftlich motivierte und die experimentell-empiristische Tradition.

In einem abschließenden *IV. Teil* geht es mir darum, nochmals zu zeigen, daß nur eine historische, ideologie- und methodenkritische Betrachtung des Entstehungs- und Verwertungszusammenhanges «wissenschaftlicher Daten» zur Frage nach schlüssigen Konsequenzen und wirklichen Alternativen führt. Ziel meiner exemplarischen Analyse und Neuinterpretation von «klassischen» Tagebuchtexten alter Entwicklungspsychologien ist es, am konkreten Material nachzuweisen, daß die Gewinnung von sozialwissenschaftlichen Fakten untrennbar mit Beobachtungsereignissen verknüpft ist. Diese Ereignisse begründen immer soziale Situationen, die dahingehend zu befragen sind, ob sie eine Einschränkung oder eine Erweiterung der Selbstverwirklichung und Selbstverfügung des Individuums über seine Entwicklungsmöglichkeiten bedeuten.

Der hier zugrundeliegende Gedanke, «daß die historische Wirklichkeit die menschliche Lebenswirklichkeit, diese aber ein Spielraum von Möglichkeiten ist» (Routila 1979, S. 187), bedarf zweifellos noch weiterer theoretischer Bemühung und konkretisierender Forschung. Trotzdem zeichnet sich als Resultat dieser tendenziellen Wende zur variationsreichen Lebenswirklichkeit etwas ab, das sich zur gängigen Modellvorstellung menschlicher Entwicklung tatsächlich «alternativ» verhält, ein Entwicklungskonzept, bei dem nicht mehr das Frühere ohne weiteres als Grundlage des Späteren gedacht wird, und bei dem sich das Spätere nicht mehr gleichzeitig und «logisch» als das Höhere und als das eigentlich Menschliche begründen läßt.

Der grundlegende Gedankengang dieses Buches kann auch nachvollzogen werden, wenn der Leser die kleingedruckten Passagen überschlägt, den Anmerkungen und Literaturverweisen keine Beachtung schenkt. Allerdings würde er dann wichtiges «Beweismaterial» vermissen. Das Kleingedruckte soll (ebenso wie die Abbildungen) nicht nur der erhöhten «Anschaulichkeit» dienen; auch in didaktischer Hinsicht kann es wertvoll sein, denn oft sind genau hier die Ansatzpunkte zu suchen, wo sich am leichtesten weitere Belege und Materialien beibringen, aber auch widersprüchliche Thesen aufstellen lassen. So könnte das Buch zu einem richtigen «Arbeitsbuch» werden, das in seiner Aussage «unabgeschlossen» ist und zu Suchprozessen ebenso herausfordert wie zu kontroversen Diskussionen. Der «Praktiker», der das Buch als eine Art «Unterrichtsbehelf» im Rahmen sozialwissenschaftlicher Lehre und Ausbildung verwenden will, sei auf diesen «Gebrauchswert» besonders hingewiesen.

Johannes Hickel, Kunsterzieher an einem Gymnasium, hat für dieses Buch mit großem Einfühlungsvermögen und Können zehn Zeichnungen gemacht. Sie drücken unter anderem das klar aus, was ich in komplizierter wissenschaftlicher Manier darzustellen versuchte. J. Hickel war darüber hinaus so freundlich, mir zu versichern, daß das Buch «sogar für ihn als Lehrer und wissenschaftlicher Laie» durchaus verständlich und an manchen Stellen geradezu «glasklar» geschrieben sei. Bleibt mir nur zu hoffen, daß viele Leser seine Ansicht teilen.

I

«Insbesondere haben alle Formen der Ausbeutung des Menschen durch den Menschen auf religiösem wie auf ökonomischem Gebiet – Ausbeutung der Kolonialvölker, Ausbeutung der Frau, des Kindes – sich das Phänomen Autorität, das seinen Ursprung in der biologischen und psychisch-affektiven Abhängigkeit des Kleinkindes vom Erwachsenen hat, zunutze gemacht.

Daher geht die Zerstörung unserer Gesellschaft, die uns Tag für Tag in einer Kette von kulturellen Hiroshimas vor Augen geführt wird, sehr viel tiefer, als es den Anschein hat, und greift unter verschiedenen Aspekten auf alle Gesellschaften der Erde über, die mit der technologischen Revolution in Berührung kommen.»
(G. Mendel: Plädoyer für die Entkolonisierung des Kindes, Olten 1973, S. 12)

Einleitung:
Das wissenschaftliche Interesse am Unbekannten im Menschen – ein koloniales Erbe?

Dieses einleitende Kapitel will einen Gedanken vorbereiten, der im Laufe dieser Arbeit noch weiter entfaltet und durch Material belegt werden soll: Die wissenschaftliche, d. h. die mit Exaktheits- und Systematisierungsanspruch betriebene Beschäftigung mit dem Menschen, mit seinen Veränderungs- und Entwicklungsprozessen, ist ein *gesellschaftlicher Arbeitsprozeß*. Als solcher ist er mit anderen produktiven, vom Menschen getragenen Herstellungs- und Verarbeitungsprozessen vergleichbar.

Damit ist zunächst einmal ausgesagt, daß human- und sozialwissenschaftliche Interessen weder zufällig noch aufgrund irgendwelcher «Eingebungen» entstehen und sich dann in den Köpfen von Wissenschaftlern festsetzen. Es handelt sich hier vielmehr um einen gesellschaftlichen Entstehungszusammenhang, um ein Bedingungsgefüge historisch-sozialen Ursprungs.

Im Hauptteil meiner Arbeit soll es folglich darum gehen herauszufinden, wie das sozio-ökonomische Umfeld beschaffen war, in dem sich eine bestimmte «Idee» durchzusetzen begann, nämlich die Idee, der Mensch selbst, das Werden seiner äußeren Erscheinung und seines inneren Wesens sei ein lohnendes Objekt für wissenschaftliche Forschung. Weiter wird zu fragen sein, ob sich vielleicht sogar so etwas wie «Strukturen einer gesamtgesellschaftlichen Auftragslage» ausfindig machen lassen, denen sich das Auftreten solch eines wissenschaftlichen Interesses verdankt.

Der von mir oben eingeführte «Arbeitsprozeß» soll zudem weitere Fragerichtungen andeuten, denen es im folgenden nachzugehen gilt. Ich nenne hier lediglich zwei: Welcher Art waren die Produkte (Theorien, Untersuchungsmethoden, Forschungsinstrumente usw.), die der wissenschaftliche Arbeitsprozeß hervorgebracht hat? Und ferner: Was kann man über die Verwertungsmöglichkeiten und Verwendungszusammenhänge aussagen, die den Produkten durch den Arbeitsprozeß aufgeprägt wurden?

Für den Objektbereich, also für jenen «Gegenstand», der dem wissenschaftlichen Arbeitsprozeß unterworfen wurde, gibt es zwar eine sehr allgemeine Bezeichnung, nämlich «der Mensch». Aber je nachdem, ob «der Mensch» als Gattung, als Individuum, als abstraktes «Wesen», betrachtet wurde, ob er mehr als Monade oder Kollektiv gedacht wurde, ob er eher für ein Naturprodukt oder ein Kulturprodukt gehalten wurde, entstanden verschiedene Wissenschaftspositionen, die alle (mit Recht) für sich beanspruchten, «den Menschen» zu erforschen. Da diese Wissenschaftsrichtungen in einem historischen Prozeß der Ausdifferenzierung von Interessenschwerpunkten und methodischen Verfahrensweisen entstanden sind, und ich unter anderem versuchen möchte, gerade diesen problematischen Entstehungsprozeß zu beleuchten, muß hier kurz darauf eingegangen werden, auf welche Typen von human- bzw. sozialwissenschaftlicher Forschung ich mich im folgenden hauptsächlich beziehen werde:

Es geht mir im Prinzip um zwei nah verwandte wissenschaftliche Interessensorientierungen: Einmal um jene, die einen Typ von Verhaltens- und Entwicklungsforschung hervorgebracht haben, der sich in erster Linie auf den *unbekannten, aber «vollwertigen» Menschen*, auf den erwachsenen Fremden bzw. auf die fremde Kultur, den exotischen Stamm usw. bezieht. Zum anderen werde ich mich jenen Verhaltens- und Entwicklungsstudien zuwenden, die sich auf das Unbekannte im «unfertigen» Menschen spezialisiert haben: Das sind also jene, die das Kind bzw. den Prozeß des «eigentlichen Mensch-Werdens», zum Forschungsgegenstand gemacht haben.

Unter die zuerst genannte Interessensorientierung fallen vor allem jene Disziplinen und Arbeitsprozesse, die sich als *anthropologische Forschung*[1] verstehen. Unter die zuletzt genannte fallen jene, die der pädagogisch-psychologischen Kinder- und Jugendforschung zuzurechnen sind. Hier muß als erste und wichtigste die *Entwicklungspsychologie*[2] genannt werden.

Meine These ist, daß die disziplinierte, streng wissenschaftliche Hinwendung des Erwachsenen zum Kind (und später zum Jugendlichen) zwar ein neues, relativ selbständiges Untersuchungsfeld abgesteckt hat, daß aber gerade das Aufkommen dieses gesellschaftlichen Interesses in einem ursächlichen, zeitlich nachgeordneten Zusammenhang mit der Entstehung der Anthropologie steht. Anders ausgedrückt: Es gibt Verbindungslinien und Verwandtschaftsbeziehungen besonderer Art zwischen der traditionellen «Völkerkunde» und der wissenschaftlichen Kinder- und Jugendkunde.

Über das Vorhandensein solcher «Verwandtschaftsbeziehungen» wurde bisher in der fachwissenschaftlichen Literatur kaum berichtet. Viele Autoren begnügen sich mit vagen Andeutungen der Art, daß das pädagogische Verhältnis der Erwachsenen zu den Kindern von einem «kolonialistischen» Selbstverständnis geprägt sei. In diesem, nicht näher analysierten Sinn plädiert etwa Mendel (1973) für die «Entkolonisierung des Kindes» oder macht Mollenhauer (1979) seine «Anmerkungen zur Tradition des pädagogischen Kolonialismus».

Nach meinem Verständnis geht es hier aber keineswegs um eine bloße Wortspielerei oder um die analogisierende Unterstellung «kolonialer» Herrschaftsverhältnisse. Ich möchte zur Präzisierung und historischen Einordnung vielmehr folgendes Bild gebrauchen: Im ausgehenden 19. Jahrhundert begannen die ersten Psychologen, meistens pädagogisch besonders aufgeschlossene Erwachsene aus klinischen, biologischen oder sonstigen naturwissenschaftlichen Berufen, Verhaltensweisen von Kindern systematisch zu beobachten und zu registrieren, das heißt, über ihre Reisen in die unbekannten Kinderwelten Protokolle und Tagebücher anzulegen. Dies geschah rund hundert Jahre *nachdem* anthropologisch interessierte Erwachsene (zunächst meistens Missionare, Handlungsreisende, Kartographen usw.) ihre Tagebücher über die Erkundungsfahrten in den «Schwarzen Erdteil» veröffentlicht hatten.

Wenn dieser Vergleich einigermaßen stimmt, so deutet dies nicht nur auf eine der vielen Ungleichzeitigkeiten im Entstehungsprozeß wissenschaftlicher Interessengebiete hin, sondern ist auch Folge eines unterschiedlich stark auftretenden Legitimationsbedarfs, Folge eines bereichsspezifisch divergenten Aufklärungsbedürfnisses: Welche geographischen (und menschlichen) Räume sind noch unentdeckt und unerforscht? Wer wird als erster zu diesen «weißen Flecken» vordringen, und welchen Gewinn wird die Menschheit davon haben? Wie sind die besetzten und erforschten Gebiete zu befrieden?

Ich lege meiner Arbeit also die These zugrunde, daß die wissenschaftliche Eroberung unbekannter Territorien der Eroberung der kindlichen Seele vorausgeht, und daß diese zeitliche Verschiebung aus zwei Gründen bedeutsam ist: Zum einen konnte die entwicklungspsychologische Kinder- und Jugendforschung, hier gleichsam verstanden als das wissenschaftliche Bemühen von Menschen, die «weißen Flecken» in der eigenen Vergangenheit (Ontogenese) zu erforschen, auf Theorien und Methoden zurückgreifen, die sich schon praktisch bewährt hatten – nämlich bei der Erforschung jener unbekannten Völker und Stämme, die man (phylogenetisch) ebenfalls der eigenen Vergangenheit zurechnete. Zum anderen ist zu berücksichtigen, daß die Entwicklungspsychologie zu einem Zeitpunkt entstand, als sich die Anthropologie schon in einem fortgeschrittenen Stadium befand. Um im obigen Bild zu bleiben: Die Entwicklungspsychologen begannen langsam, an Hand der systematischen Auswertung ihrer «Reiseberichte», in die Kindheit und Jugendzeit vorzudringen, Gebiete theoretisch auszugrenzen, die es dann erziehungswissenschaftlich besonders zu bearbeiten galt, als die Anthropologen bereits mit den *praktischen Folgen* ihrer vorgenommenen Ausgrenzungen konfrontiert waren – nämlich mit Phänomenen wie Abhängigkeit, Ausbeutung und «Unterentwicklung».

Nach dieser kurzen thematischen Vorschau über das ganze erste Kapitel geht es im folgenden Abschnitt darum, punktuell und exemplarisch auf jene gesellschaftlichen Zusammenhänge hinzuweisen, die in irgendeiner Weise offenbar *alle* sozialwissenschaftlichen Bemühungen im Rahmen abendländischer Denktradition eingeleitet und begleitet haben.

1. Anfänge «herrschaftlicher Wissenschaft»

«So antworte ich denn, daß die Provokation gerade in der Berufung auf den Humanismus liegt. Sie wissen doch – und ich beziehe mich auf eine Landschaft, die sicherlich auch Sie gut kennen, da wir sie wahrscheinlich gemeinsam durchwandert haben, daß es gerade dieser Humanismus war, der in den Jahren nach dem Weltkrieg sowohl den Stalinismus wie die Hegemonie der christlich-demokratischen Parteien gerechtfertigt hat, daß es derselbe Humanismus ist, den wir bei Camus und im Existentialismus Sartres finden usw. Zu guter Letzt ist dieser Humanismus doch der Prostituierte des ganzen Denkens, der ganzen Kultur, der ganzen Moral und Politik der letzten 20 Jahre gewesen ...» (Michel Foucault im Gespräch mit Paolo Caruso; in Foucault 1974 a, S. 25f.).

«Jedem Buch über den Menschen liegt eine bestimmte Einschätzung des Menschen zugrunde, zu der man sich offen bekennen sollte. Ich glaube, daß der Mensch nicht vor sich selbst gerettet werden muß. Es genügt, wenn er er selbst sein kann. Die Welt hat Menschen nötiger als ‹Humanisten›» (Devereux 1976, S. 21).

Diese einleitenden Zitate sind nicht nur deshalb interessant, weil hier bedeutende zeitgenössische Denker ganz unabhängig voneinander eine sehr provokative Position beziehen, sondern weil in diesen Sätzen eine massive Kritik an bestimmten philosophischen Traditionen geübt wird. Michel Foucault sieht im «harten» Humanismus eine Spielart übelster, weil sich unpolitisch gebender Technokratie. Seiner Ansicht nach sind es gerade die Technokraten, die versteckt «Humanismus» für sich in Anspruch nehmen und glauben, nur sie allein könnten kraft wissenschaftlicher Rationalität das Glück des Menschen definieren *und* herbeiführen. Georges Devereux dagegen klagt weniger diese Rationalitätsform an, sondern das ihr zugrunde liegende Gesellschaftsmodell. Er sieht im «falschen» Humanismus – explizit nennt er an dieser Stelle den Platonismus – ein zur «Philosophie» erhobenes Folgeproblem von Gewalt und Unterdrückung: Die im antiken Griechenland fußende abendländische Denktradition des strengen Rationalismus erhielt das Etikett «humanistisch» eigentlich nur deshalb, weil gleichzeitig andere, inhumane Traditionen gepflegt wurden: z. B. die blutigen Auseinandersetzungen im Peloponnesischen Krieg. Der Philosoph Platon entwarf ein Gesellschafts- und Menschenbild, das Unmenschlichkeiten zwar nicht direkt rechtfertigt, aber sie doch zu «begründen» vermag; denn nach seiner Vorstellung wären kriegerische Auseinandersetzungen hinfällig, würden wahrhaftig weise und vernünftige Männer, denen die Welt der ewigen Ideen und Werte ebenso vertraut ist wie die Welt der Politik, den Staat regieren. Allerdings ist es nur wenigen vorbehalten, das Wahre, Allgemeine und Unveränderliche zu schauen. Folglich würde es eigentlich nur dem «reinen» Wissenschaftler bzw. Philosophen gebühren, König und Herrscher zu sein; oder umgekehrt, alle Könige müßten zunächst den Weg der reinen Vernunft gehen, bevor sie Herrscher werden.

Platon hat also, wie Paul Feyerabend so treffend sagt, «die Forderung nach Rationalität rücksichtslos eingesetzt» (Feyerabend 1979, S. 13). Das platonische Gesellschaftsmodell verhält sich dem gewöhnlichen Alltagsmenschen gegenüber «verächtlich»: Es spricht ihm höhere Formen von Vernunft und Erkenntnis ab, es macht ihn zum verfügbaren Untertanen. Der Alltagsmensch wird zum «Objekt der Kontemplation und der Manipulation» (Devereux 1976, S. 22) degradiert.

In der vom Humanisten Platon begründeten Philosophie erhält die «reine» Wissenschaft in ihrem gesellschaftlichen Entstehungszusammenhang eine *klassenspezifische* Funktion: Lediglich wer über ausreichende Muße als Voraussetzung für beschauliches Nachdenken (Kontemplation) verfügt, dem wird nicht nur das Reich der letzten Wahrheiten offenstehen, sondern dem kommt auch der Anspruch auf Herrschaftsausübung zu. Die so vorausgesetzte Kontemplation des Wissenschaftlers ist aber selbst bereits Ausdruck von bestehenden oder zu schaffenden ungleichen Verhältnissen: Nur wenn es auf der einen Seite Menschen gibt, die über ihre eigene Existenzsicherung hinaus lebensnotwendige Güter produzieren müssen – in der Antike waren dies in erster Linie die Bauern, Handwerker und Sklaven –, kann es auf der anderen Seite dieser «Arbeitsteilung» Menschen geben, die ausschließlich für die theoretischen Kontemplationen, für das reine Denken von Ursachen und Zusammenhängen, freigestellt sind.

Diese humanistische Denkform ist demnach (zumindest seit Platon) als systematisches Nachdenken über die letzten Prinzipien des Menschen und der Welt gesellschaftlichen Verhältnissen verpflichtet, in denen Wissen, Macht und Arbeit ungleich verteilt sind. In einer solchen Denktradition sind alle Wissenschaftsdisziplinen in ihrer Existenz und Entwicklung von institutionalisierter Herrschaft abhängig: «Die Genesis ‹autoritärer› Züge an der Wissenschaft selbst, soweit man sie schon vom klassischen Wissenschaftsbegriff aussagen kann, mag vorab am Typus von politischer Herrschaft hervortreten, den Philosophie bei Platon rechtfertigen soll», schreibt Ritsert (1975, S. 64). Er ergänzt diese Kritik mit dem Hinweis, daß der schon in der Antike entwickelte Begriff der «Praxis», verstanden als das moralische und politische Handeln des freien Bürgers, den «Logos» keineswegs ausschloß. Im Gegenteil: Die Idee der rein theoretischen Auseinandersetzung enthielt sowohl die politische Frage nach dem richtigen und gerechten Leben als auch die praktische Argumentation der freien Bürger, die diese Frage beantworteten.

Dieser kurze Rückblick auf jene gesellschaftlichen Zusammenhänge, die die Idee einer «reinen» wissenschaftlichen Beschäftigung hervorbrachten und unterstützten, soll in drei Feststellungen einmünden:

Erstens:
In vielen Lehrbüchern der Psychologie ist es üblich geworden, die Ursprünge der wissenschaftlichen Beschäftigung mit dem Menschen in der *antiken Philosophie* zu suchen. Diesbezüglich findet sich häufig folgender Hinweis: Wie unsere ganze abendländische Wissenschaft auf das alte Griechentum zurückgeht, «so wurzelt auch die moderne Psychologie in Hellas» (Bühler 1962, S. 25) – nämlich in der berühmten Abhandlung «Über die Seele» des Philosophen und Platon-Schülers Aristoteles. Hofstätter (1957, S. 5) nennt diese Schrift sogar «das erste und zugleich wichtigste Lehrbuch der Psychologie».

Wenn es also richtig ist, daß die allgemeine Seelenkunde – die spätere Psychologie mit all ihren philosophisch-normativen und positivistischen Varianten – *hier* ihre Quelle hat, so kann ihr die soziale Problematik von mußebeschaffender Arbeitsteilung und elitärer Wissensproduktion nicht gänzlich unbekannt sein. In irgendeiner Weise, sei es auch «nur» in Form der *Verdrängung* dieser Zusammenhänge, muß der Umstand, daß sich die abendländische Wissenschaft der sozialen Ungleichheit verdankt, wirksam geblieben sein.

Zweitens:
Perioden wissenschaftlicher Beschäftigung, in denen das Wesen des Menschen den herausragenden Gegenstand philosophischer Kontemplation darstellt, wurden vielfach im nachhinein «*humanistisch*» genannt. Eine Erklärung dafür findet sich in der trivialen Feststellung, daß das Humane, das wahrhaft Menschliche, erst vor «unmenschlichen» Greueltaten zu einem theoretischen und praktischen Begriff werden kann.

G. Devereux, der einen Zusammenhang zwischen platonischer Philosophie und Peloponnesischem Krieg sieht, kann durch andere historische Ereignisse bestätigt werden. Zum Beispiel: Die pädagogische Bewegung im deutschen Humanismus zu Anfang des 16. Jahrhunderts zählt den Niederländer Erasmus von Rotterdam (1467–1536) zu ihren bedeutendsten Vertretern. Erasmus' Erziehungsideal war der wissenschaftlich gebildete feinsinnige Weltmann. In seiner Schrift «Über die Notwendigkeit einer frühzeitigen sittlichen und wissenschaftlichen Unterweisung» nahm er viele Gedanken der späteren Aufklärung vorweg: Der Mensch ist ein durch Erziehung und Unterricht zu bildendes Vernunft-Wesen. Die Keime des Guten und Edlen trägt er in sich. Unwissenheit und Unkenntnis der Sprachen sind die größten, nur durch frühe Erziehung behebbaren Übel.

Der «Humanismus» dieser Zeit hatte aber auch noch eine andere Seite. Fünf Jahre bevor Erasmus starb, also 1531, war Pizarro mit seinen Truppen in Südamerika gelandet und hatte mit unglaublicher Brutalität die Kultur der Inkas zerstört und eine Herrschaft des Schreckens und der Ausbeutung errichtet – zugunsten des niederländischen Handelsimperiums und der spanischen Seemacht.

Solche Beispiele ließen sich in fast beliebiger Anzahl finden, besonders in der langen und blutigen Geschichte der imperialistischen Landnahme und kolonialen

Ausbeutung. Immer wird man dabei auf den «Widerspruch» stoßen, daß einer Weiterentwicklung humanitärer und demokratischer Ideen in Europa ein Fortschreiten und Verfestigen autoritärer Praktiken gegenüber den Völkern der Dritten Welt gegenübersteht. Walter Rodney, der schwarze Sozialwissenschaftler, der erst kürzlich einem politischen Anschlag zum Opfer gefallen ist, hat dies in seiner Afrika-Studie beispielhaft aufgezeigt: Die europäischen Metropolen nutzen nicht nur das Menschenpotential der Kolonien schamlos aus, auch alle ihre humanistischen Ideale, angefangen von den christlichen Traditionen bis zu denen der bürgerlichen Revolution, waren «eurozentrisch» geprägt. «Als im Namen von ‹Freiheit, Gleichheit, Brüderlichkeit› die Französische Revolution siegte, hatte das keine Auswirkung auf die Lage der schwarzen Afrikaner, die für Frankreich auf den Westindischen Inseln und auf den Inseln des Indischen Ozeans Sklavenarbeit leisteten. Tatsächlich bekämpfte Frankreich die Befreiungsbestrebungen jener Völker, und die Führer der bürgerlichen Französichen Revolution sagten deutlich, daß sie die Revolution nicht für die schwarze Menschheit gemacht hätten» (Rodney 1975, S. 76).

Drittens:
Aus den ersten beiden Feststellungen resultiert, daß der historische Rückbezug von Psychologie auf antike Philosophie wesentliche Quellen sozialwissenschaftlicher Arbeitsprozesse nicht oder immer nur indirekt nennt: Die *Politik* und die *Moral*, beide zu verstehen als Systeme empirisch erprobter Herrschafts- und Legitimationsstrategien. Psychologie-Geschichte wäre folglich nicht nur als die historische Entwicklung jenes Wissens zu schreiben, mit dem das Individuum über sich selbst Herrschaft erlangt hat, denn dies kann bestenfalls den Ursprung irgendeiner «Individualpsychologie» offenlegen. Psychologie-Geschichte müßte auch als die historische Entwicklung des systematisierten Strategie- und Rechtfertigungswissens geschrieben werden, als Geschichte jenes Wissens, nach dem sich seit jeher die psychotechnische Massenverführung und -unterwerfung vollzog. Meine Arbeit soll nicht zuletzt als ein Beitrag angesehen werden, der in diese Richtung weist.

2. Wie die Wilden zu erforschen sind

«Es gibt gar keinen Zweifel, daß das historische Auftauchen einer jeden Humanwissenschaft sich anläßlich eines Problems, einer Forderung, eines Hindernisses theoretischer oder praktischer Ordnung vollzogen hat» (Foucault 1974, S. 414).

Nach Ansicht von M. Foucault kann das Auftauchen neuer wissenschaftlicher Arbeitsprozesse sowohl als ein von sozialen Ereignissen provoziertes Ergebnis als auch als ein «Ereignis innerhalb der Ordnung des Wissens» angesehen werden. Tatsächlich scheint auch die Gründung von wissenschaftlichen Gesellschaften oft auf dieses intellektuelle Ordnungsstreben zurückzugehen. Wenn sich vielfältige und zerstreute wissenschaftliche Arbeitsprozesse rund um den Menschen lagern, was liegt näher, als sie zur Sammlung zu rufen? Außerdem: Bedrohlich sind nicht nur Hindernisse in Form von neuen theoretischen und praktischen Problemen, sondern auch Unordnungen, Undurchsichtigkeiten und Ungewißheiten. Wenn zudem der Gegenstand der Forschung so weitläufig ist, nämlich die menschliche Natur in ihrer Vielfalt und Ganzheit, was liegt näher, als die intellektuellen Kräfte zu koordinieren und zu interdisziplinärer Zusammenarbeit aufzurufen?

Im Frankreich des ausgehenden 18. Jahrhunderts war es soweit: An Vertreter der verschiedensten Wissenschaften, die sich mit dem Menschen befaßten, wurde appelliert, sich zur «Société des Observateurs de l'homme» zusammenzuschließen. Diese Forschergemeinschaft gab sich nicht von ungefähr den bezeichnenden Namen «Vereinigung der Menschenbeobachter». Ihr Ziel war es, gemäß dem alten Motto der Griechen «Erkenne dich selbst», eine *objektive Wissenschaft vom Menschen* zu begründen. Diese allgemeine Menschenkunde (oder «Antropologie» – in dieser Schreibweise schon 1778 überliefert) hatte sich dem «dreifachen Aspekt» des menschlichen Daseins verschrieben: dem physischen, moralischen und intellektuellen.

Sergio Moravia, dem wir eine ausführliche Analyse dieser Gründerzeit verdanken, zitiert das «Magasin Encyclopédique», das im Jahr 1800 (Band I, S. 409) anläßlich der ins Leben gerufenen Société schrieb: «Die neue, soeben gegründete Gesellschaft (...) hat die wahren Freunde der Philosophie und der Morallehre, den tiefschürfenden Metaphysiker und den praktizierenden Arzt, den Historiker und den Reisenden, den Erforscher des Geistes der Sprachen und denjenigen, der die ersten Entwicklungsjahre der Kinder leitet und beschützt, eingeladen, an ihren Beobachtungen teilzunehmen. So wird der Mensch, wenn man ihn unter den verschiedenen Aspekten des Lebens genau beobachtet und vergleicht, das Objekt von Werken werden, die um so nützlicher sind, als man sie ohne jede Leidenschaft, ohne jedes Vorurteil und vor allem ohne jedes Systemdenken (...) durchführen wird» (zit. nach Moravia 1977, S. 65).

Damit ist der Personenkreis ziemlich genau beschrieben und abgegrenzt, dem zugetraut wird, durch leidenschaftslose Beobachtungsfähigkeit die Erforschung des Menschen voranzutreiben. Damit ist aber auch schon angedeutet, nach welchem methodologischen Programm diese interdisziplinäre Wissenschaftlergemeinschaft vorzugehen habe. Louis-François Jauffret, Gründer und Sekretär der Gesellschaft, faßte diese Programmpunkte so zusammen: Die Mitglieder der Société sollen viele Tatsachen über den Menschen sammeln, indem sie ihre Beobachtungen ausweiten, vermehren «und dabei alle leeren Theorien, alle verwegenen Spekulationen beiseite lassen (...), die zu nichts anderem führen würden, als ein ohnehin schon so dunkles Forschungsgebiet noch mehr in Finsternis zu hüllen» (zit. nach Moravia 1977, S. 66).

Alle namhaften Gelehrten der damaligen Zeit waren also aufgerufen, ihr Wissen der neuen Disziplin ein- und unterzuordnen. Einer von diesen Gelehrten, der Sprachforscher Joseph-Marie Degérando, legte – ebenfalls noch im Jahr 1800 – der Gesellschaft ein umfassendes Methodenpapier vor, das große Beachtung fand. Auf Vorschlag eines Mitglieds der Gesellschaft wurde beschlossen, das «Mémoire» des Bürgers Degérando unter dem Titel «Considérations sur les méthodes à suivre dans l'observation des peuples sauvages» zu veröffentlichen. Diese «Erwägungen über die verschiedenen Methoden der Beobachtung der wilden Völker» stellen ein wichtiges Dokument dar. Dank des Wiederabdrucks dieses Mémoires in dem Buch von Moravia (1977, S. 219–251), können wir heute an diesem ersten Höhenflug methodologischer Reflexion und erhebungstechnischer Phantasie teilnehmen.

Der konkrete Anlaß, dieses Methodenpapier zu verfassen, lag in der unmittelbar bevorstehenden Afrikareise einiger Mitglieder der Gesellschaft. Da zu erwarten war, daß die «Observateurs» auf ihrer Entdekkungsreise «ins Innere Afrikas» Völkern begegnen würden, «die auf sehr unterschiedlichen Stufen der Zivilisation oder Barbarei stehen» (ebd., S. 219), war Degérando bei seinen Ausführungen darauf bedacht, «diese Erwägungen so zu verallgemeinern, daß sie auf alle Nationen anwendbar sind, die in ihren moralischen und politischen Formen von den europäischen Nationen abweichen» (ebd., S. 219).

Für den Gang der Erforschung «des Menschen im allgemeinen» gibt es nur einen wahren Weg: die exakte naturwissenschaftliche Beobachtung. – «Der Geist der Beobachtung nimmt einen sicheren Gang; er sammelt die Tatsachen, um sie zu vergleichen und vergleicht sie, um sie besser zu kennen. Die Naturwissenschaften sind gewissermaßen nichts anderes als eine Reihe von Vergleichen» (ebd., S. 220).

Es gibt nun eine Reihe von Gründen, «nützliche Meditationen» darüber anzustellen, wie «die Beobachtung der Wilden im besonderen» vor sich gehen soll. Der Hauptgrund ist darin zu sehen, daß der Forschungsreisende, «der ans äußerste Ende der Erde fährt (...), die Folge der Menschenalter (durchläuft); er reist in die Vergangenheit; mit jedem Schritt läßt er ein Jahrhundert hinter sich. Die unbekannten Inseln, zu denen er gelangt, sind für ihn die Wiege der menschlichen Gesellschaft» (ebd., S. 221).

Neugierde, Reisedrang und Forschungsinteresse werden von der Hoffnung gespeist, einen unverhüllten Blick in die eigene Vergangenheit tun zu können: Hier bei den Wilden, wo «die Leidenschaften und geistigen Fähigkeiten sehr viel weniger entwickelt sind», wo wir folglich Naturhaftigkeit und Gesetz leichter ergründen können, «hier werden wir die nötigen Materialien finden, um eine exakte Skala der verschiedenen Grade der Zivilisation aufzustellen und jeweils die charakteristischen Merkmale anzugeben; wir werden erkennen können, welche Bedürfnisse, Vorstellungen, Gewohnheiten in jedem Zeitalter der menschlichen Gesellschaft entstehen» (ebd., S. 221).

Degérando steckt also den Observateurs das hohe Ziel, in den wilden Völkern einen «nützlichen Gegenstand» der Selbstaufklärung und -belehrung zu sehen. Aber auch für den Fall, daß dieses Ziel aus irgendwelchen Gründen nicht erreichbar wäre, sollten die Forscher nicht davon ablassen, den Wilden ihre helfende Hand zu reichen, «um sie in eine glücklichere Lage zu versetzen» (ebd., S. 221). Freilich muß man dabei damit rechnen, daß die Wilden diese Hand nicht immer freudig ergreifen werden, haben sie doch eine Menge unerfreulicher Erinnerungen an das Zusammentreffen mit zivilisierten Eroberern und Kolonisatoren. Degérando rät deshalb den neuen Glücksbringern, den wissenschaftlichen Zivilisatoren, bei den ersten Begegnungen nur die *positiven Errungenschaften* bisheriger zivilisatorischer Tätigkeit hervorzuheben, nicht aber ihre zerstörerischen Begleiterscheinungen: «Laßt sie die grausamen Abenteurer vergessen, die ihre Wohnstätten nur aufsuchten, um sie zu berauben und zu unterwerfen; geht zu ihnen, allein um ihnen Wohltaten zu erweisen, bringt ihnen unsere Künste, nicht unsere Verderbtheit, unsere Moralität, nicht das Beispiel unserer Laster, unsere Wissenschaften, nicht unseren Skeptizismus, die Vorzüge der Zivilisation und nicht ihre Mißbräuche; verbergt ihnen, daß in diesen zwar aufgeklärteren Gegenden die Menschen einander in Kämpfen zerfleischen und einander durch ihre Leidenschaften entwürdigen» (ebd., S. 222).

Degérando rügt in seinem Methodenpapier zahlreiche «Mängel bisheriger Beobachtung». Die von ihm angeführten detaillierten Beobachtungskategorien sollen offenbar diese Mißstände beseitigen helfen. Voraussetzung für jedes Verständnis der Gedanken und Handlungen der Wilden ist für Degérando die Kenntnis der fremden Sprache: «Will man die Wilden wirklich kennenlernen, muß man zunächst gewissermaßen einer von ihnen werden; lernt man ihre Sprache, so wird man ihr Mitbürger» (ebd., S. 226). Auf dem Wege dahin, soll die Beobachtung und Analyse folgender Bereiche helfen: Gebärdensprache – Zeichen der Taubstummen – artikulierte Sprache – Elemente der Sprache (Substantive, Adjektive, Verben usw.) – Zusammenhang der Rede – Fragen ... usw. Zu jeder dieser Kategorien gibt Degérando detaillierte Anweisungen, wie bei der Beobachtung vorzugehen ist, und welche «Vorsichtsmaßnahmen» zu ergreifen sind, um «Ambiguitäten» auszuschalten. Ebenso verfährt er bei den Kategorien, die den physischen Zustand des Wilden, sein «moralisches und intellektuelles Wesen» und schließlich seine Vergesellschaftungsformen erheben sollen. – «Der letzte und sicherlich schwierigste Gegenstand der Neugierde des Reisenden werden die Traditionen der wilden Völker sein» (ebd., S. 249).

Das dürfte nun in der Tat ein schwieriges Unternehmen sein: Wie kann man in die Geschichte eines unbekannten Volkes eindringen, wie läßt sich nutzbar in Erfahrung bringen, durch welche historischen und sozialen Traditionen ein Volk seine Identität aufbauen konnte? Auch vor dieser Forschungsaufgabe sollten die Observateurs nicht kapitulieren. Degérando macht diesbezüglich einen Vorschlag, der methodologisch so bemerkenswert und «zeitgemäß» ist, weil er einen kühnen Vorgriff auf die neuzeitliche Experimentier- und Laborgesellschaft bedeutet, daß er hier abschließend zitiert werden soll:

«Wir wollen nicht schließen, ohne den Reisenden zu empfehlen, uns möglichst einige Wilde männlichen und weiblichen Geschlechts, einige Jugendliche, einige Kinder, mitzubringen und sie durch die beste Behandlung auf ihre Mitnahme vorzubereiten. Besonders wünschenswert wäre es, wenn sie eine ganze Familie veranlassen könnten, ihnen zu folgen. Dann würden die in ihren Gewohnheiten weniger gestörten, durch ihren Verlust weniger betrübten Familienmitglieder ihren natürlichen Charakter besser bewahren; sie würden sich eher dazu verstehen, sich bei uns niederzulassen; durch ihre Beziehungen zueinander wäre das Schauspiel ihres Lebens für uns zugleich merkwürdiger und nützlicher» (ebd., S. 249).

3. Eine beispielhafte Karriere zur Jahrhundertwende

Für die moderne Sozialwissenschaft, speziell für die Psychologie, schlug die Geburtsstunde[3], als im Zuge von Liberalismus und Aufklärung allgemeine Prozesse der Theoriebildung so weit vorangeschritten waren, daß die Einheit des Menschen in seinem Ursprung (man denke an die Lehre von Ch. Darwin) und in seinen gesellschaftlichen Bezügen (man denke an die Lehre von K. Marx) konzeptionell erfaßt werden konnte. Gleichzeitig mußte als neue, erklärungs- und einordnungsbedürftige Realität akzeptiert werden, daß sich die Menschen in ihrer empirischen Verschiedenartigkeit auch revolutionär und klassenbewußt zur Geltung bringen können.

Es war also schon eine recht komplizierte Situation, in die sich die junge Psychologie gestellt sah. Da half es, wenn man sich an den offensichtlichen Fortschritten, die auf anderen Arbeitsgebieten mit naturwissenschaftlichen Methoden erzielt wurden, orientieren konnte. Und was lag näher, als sich die Medizin zum Vorbild zu nehmen, die ihrerseits viel von der Hoffnung verkörperte, der Mensch ließe sich biologisch-naturwissenschaftlich restlos ergründen. Außerdem hatten die Mediziner schon seit jeher ein gewisses Interesse an pädagogisch-psychologischen Forschungsfragen.

Es ist bekannt, daß schon in der Antike von Medizinern «psychologische» Systeme entwickelt wurden, so etwa die Typologie des griechischen Arztes Hippokrates (um 400 v. Chr.), die die psychologische Charakterkunde bis in die neuzeitlichen Lehren hinein beeinflußt hat. Ferner ist darauf zu verweisen, daß viele bekannte und «schulebildende» Psychologen der Jahrhundertwende von der damals streng naturwissenschaftlich ausgerichteten Medizin her kamen. Sogar zwei so unterschiedliche Denker wie S. Freud, der Begründer der Psychoanalyse, und A. Binet,

«... einige Wilde männlichen und weiblichen Geschlechts, einige Jugendliche, einige Kinder, mitzubringen ...» (Aus den methodischen Empfehlungen für forschende Anthropologen von J.-M. Degérando, Paris 1800)

der Konstrukteur der ersten Intelligenztests, hatten eine gemeinsame Vergangenheit: Beide absolvierten einen Teil ihrer medizinisch-neurologischen Studien an der Charcot-Klinik in Paris.

Ferner sei nochmals daran erinnert, daß für die *Anthropologie* die biologisch-naturwissenschaftliche Orientierung, besonders die Lehre Darwins, mindestens von ebensolcher Bedeutung war, wie für die Psychologie. Viele Anthropologen hatten ein naturwissenschaftliches oder medizinisches Studium hinter sich, bevor sie fremde Völker zu studieren begannen. Dieses Studium vollzog sich, wie das oben zitierte Mémoire des Bürgers Degérando deutlich erkennen läßt, nach methodischen Richtlinien, die keinen Zweifel darüber ließen, wer als hochentwickelt und zivilisiert zu gelten hatte und wer nicht.

Die Karriere von *Gustave LeBon* (1841–1931), ein wenig bekanntes Beispiel für den Aufstieg pädagogisch-psychologischen Ideengutes, soll nun exemplarisch belegen, aus welchen sozialen Feldern sich damals überaus fragwürdige wissenschaftliche Thesen, aber auch ganz praxisbezogene Ableitungen, ausdifferenzieren konnten.[4]

G. LeBon war ursprünglich Arzt in Paris. Mit Veröffentlichungen auf medizinischen Gebieten wurde er bei Fachkollegen bekannt. Beeinflußt von der damaligen positivistischen französischen Soziologie der Gründerjahre, faszinierten ihn vor allem Forschungsrichtungen, die ihre Aussage auf exakte Messungen stützen konnten. So stieß er auf jene Disziplin, die damals auch die strengsten methodologischen Standards zu erfüllen schien: die Phrenologie (die Wissenschaft von der Schädelvermessung). Da feststand, daß einzig eine physiologische Forschung in der Tradition der «Schädelkunde» in Zukunft für Anthropologie und Psychologie neue Erkenntnisse erbringen könne, wandte sich G. LeBon verstärkt dieser exakten neuen Wissenschaft zu. Er arbeitete einige Jahre im anthropologischen Laboratorium des Chirurgen P. Broca in Paris. 1879 schrieb LeBon dort das Werk «Anatomische und mathematische Untersuchungen über die Variationsgesetze des Schädelvolumens und ihre Beziehungen zur Intelligenz».

Der Aufstieg der Phrenologie zum wissenschaftlichen Hoffnungsgebiet im 19. Jahrhundert ist ebensowenig ein Zufall wie der neuerliche Aufstieg dieser Disziplin zur Zeit des Faschismus. Beide Male geht diese eigenartige Karriere auf ein spezifisches Legitimationsdefizit der an die Macht gekommenen Eliten zurück: Diejenigen, die die politische und ökonomische Herrschaft an sich gerissen hatten, sahen sich mit realen Ungleichheiten – die man im Grunde gar nicht beseitigt haben wollte – konfrontiert. Nun mußten die Herrschenden eine Ideologie entwickeln und (notfalls auch diktatorisch) durchsetzen, die die sichtbaren Ungleichheiten mit objektiver Wissenschaftlichkeit *anthropologisch* rechtfertigte. Ungleichheiten und die darauf aufbauenden Ausgrenzungsverfahren wurden jetzt nicht mehr spekulativ-theologisch, sondern exakt-naturwissenschaftlich begründet.

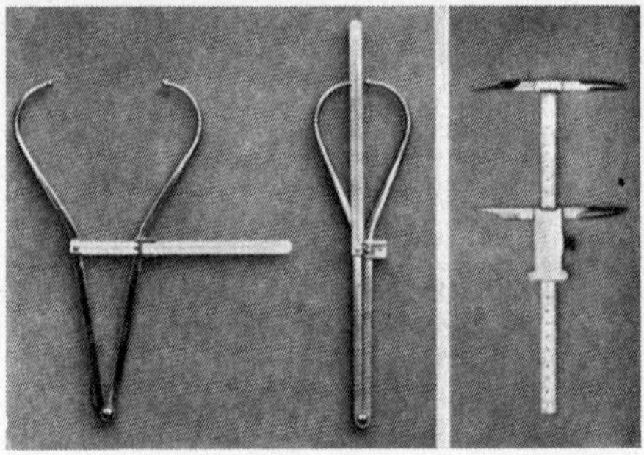

Instrumente und Ansatzpunkte für die Schädelvermessung

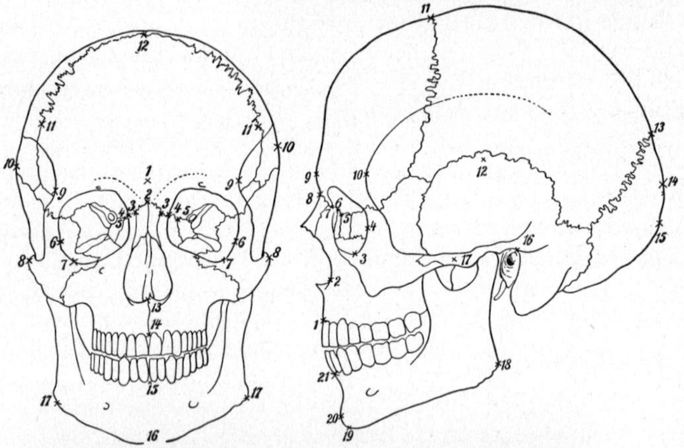

Wie eine edle Rasse sein soll: «Nordisch» oder «vorwiegend nordisch»

Es ist bekannt, zu welcher Blüte im deutschen Faschismus diese Disziplin gekommen ist. Eine Vielzahl von Rassenmerkmalen und «Mischtypen», sowie von «empirisch» zuordenbaren Charaktereigenschaften wurden «wissenschaftlich» ermittelt. Wem «unreine» Rassenmerkmale oder «minderwertige» Charaktereigenschaften zugeschrieben wurden, der hatte Diskriminierung, «Vernichtung durch Arbeit» oder Ausrottung zu erleiden.

Zurück zu LeBon; seine Karriere war mit der Phrenologie noch nicht zu Ende. Beherrscht vom Darwinschen Entwicklungsgedanken widmete er sich ganz Fragen der anthropologischen Forschung. Er reiste in den Orient und publizierte über indische und arabische Kulturen. 1894 schrieb er eine Abhandlung über «Psychologische Gesetze der Völkerentwicklung», in der er sich mit den seelisch-geistigen Grundlagen von Völkern, mit Phänomenen der «Rassenseele», auseinandersetzte. Ein Jahr später (1895) erschien sein Buch «Psychologie des foules» («Psychologie der Massen»), mit dem er über die Fachwelt hinaus berühmt wurde.

Die «Psychologie der Massen» stellt den Versuch dar, für das Phänomen des aufkommenden Industrieproletariats eine wissenschaftliche Erklärung zu geben – wobei sich der Autor selbst als «Analytiker der Übergangszeit» definiert. LeBon spürt und erlebt im unruhigen Paris, daß der Eintritt der Volksmassen in das politische Leben ihnen ein neues Bewußtsein ihrer Kraft verliehen hat. Für G. LeBon ist dies Grund genug, dahinter die Forderung nach einem «gänzlichen Umsturz der Gesellschaft» zu vermuten, ein Umsturz, der rückläufig zu jenem «primitiven Kommunismus» führen würde, «der vor dem Beginn der Kultur der normale Zustand aller menschlichen Gemeinschaft war» (LeBon 1895; zit. nach der Neuauflage 1964, S. 3).

Es soll an dieser Stelle nicht weiter ausgeführt werden, mit welchen Argumenten LeBon zu beweisen versucht, daß «die Masse eine Herde ist, die sich ohne Hirten nicht zu helfen weiß» (ebd., S. 83), und daß «ihre Handlungen viel öfter unter dem Einfluß des Rückenmarks als unter dem des Gehirns stehen» (ebd., S. 19). In meinem Argumentationszusammenhang sind vielmehr jene Gedanken LeBons von Bedeutung, bei denen der psychologische Zustand der «primitiven Massenseele» zu einer frühen Phase in der Entwicklung des menschlichen Individuums in Analogie gesetzt wird. Deshalb sind folgende Passagen besonders interessant:

Bei LeBon erscheint die Masse durch logische Beweise (z. B. durch «gewöhnliche mathematische Schlüsse») unbeeinflußbar. Sie ist absolut nicht imstande, Schlüssen zu folgen «oder sie auch nur zu verstehen»: «Man mache z. B. den Versuch», schreibt LeBon, «primitive Wesen, *Wilde* oder *Kinder*, durch ein logisches Urteil zu überzeugen, und man wird einsehen, wie wenig Wirkung diese Beweisführung hat» (ebd., S. 81; Hervorh. durch P. G.). Gerade bei den «erregbarsten Wesen ..., bei *Frauen* und *Kindern*» (ebd., S. 28; Hervorh. durch P. G.) kommen nach LeBons Ansicht Fehlschlüsse, Irrtümer und Täuschungen gehäuft vor.

G. LeBon ist im Devereuxschen Sinn ein «verächtlicher» Humanist, der von einer demokratischen Verteilung von Wissen und Bildung nichts hält. Er bedauert, daß jede Idee und jede Meinung, speziell aber die Wissenschaft, «durch Erörterung und Zergliederung ihren Nimbus» verloren hat. Er stellt fest, daß das Fehlen einer allgemeinen ethischen Grundanschauung zu den «Entartungserscheinungen» eines sich vermassenden Volkes gehört (LeBon 1964, S. 63). Gleichwohl sollte man diesen Zustand «nicht allzusehr bedauern», zeigt er doch an, daß die «Stunde des Niedergangs» der Kultur nicht mehr fern ist.

In *bildungspolitischer* Hinsicht sind die Grundthesen von LeBon eindeutig durch seine elitär-sozialdarwinistische Ideologie bestimmt. In *bildungstheoretischer* Hinsicht steht er – wie viele «progressive» Pädagogen der damaligen Zeit – der Rousseauschen Idee nahe, Erziehung, Wissenschaft und Kunst sind für die Entwicklung des Menschen von Übel. LeBon teilt die Auffassung, eine breite erzieherische Vermittlung von Wissenschaft und Kunst würde die Ungleichheit zwischen den Menschen fördern, weil der Mensch durch diese Einflüsse von seiner «ersten Natur» (dem Naturzustand) und damit auch vom Paradies weggeführt würde. Aber nicht nur das; LeBon meint, schulische Erziehung könne sogar «Anarchisten» und andere Verbrecher hervorbringen:

> «Mehrere hervorragende Philosophen, besonders Herbert Spencer, konnten leicht beweisen, daß der Unterricht den Menschen weder sittlicher noch glücklicher macht, daß er die Instinkte und Leidenschaften des Menschen nicht ändert und, schlecht geleitet, oft mehr Schaden als Nutzen bringt. Die Statistiker bestätigen diese Ansicht, indem sie zeigen, daß die Kriminalität mit der Verbreitung des Unterrichts oder wenigstens einer gewissen Art des Unterrichts zunimmt; daß die ärgsten Feinde der Gesellschaft, die Anarchisten, oft aus den Besten der Schule hervorgehen» (ebd., S. 63).

Ich habe G. LeBon ausführlicher behandelt, weil er eine Argumentationslinie vorwegnimmt, die in den verschiedenen Lehrmeinungen über menschliche Entwicklung wiederzufinden ist. LeBon personifiziert mit seiner typischen Karriere den wissenschaftlichen Gedankengang, der über folgende Disziplinen verläuft: Medizin – Physiologie – Phrenologie – Anthropologie – Völkerpsychologie – Rassenkunde – Entwicklungspsychologie – Pädagogik. Diese Denktradition hat vor allem im deutschsprachigen Raum Fuß fassen und einige verhängnisvolle Lehrmeinungen ausbilden können. Davon soll aber später die Rede sein.

4. Die kolonialistische Strategie: Vereinnahmung und Ausgrenzung

Bisher habe ich nur andeutungsweise darauf verwiesen, daß die Anthropologie bei der wissenschaftlichen Erkundung und Erklärung des Unbekannten und «Wilden» mit Entwicklungstheorien arbeitete. Es soll nun etwas genauer dahin gehend gefragt werden, über welche gesellschaftstheoretischen und forschungsstrategischen Konzepte sie zu ihrer zentralen Stellung innerhalb der modernen Sozialwissenschaften gelangte.

Ebenso wie M. Foucault bezeichnet auch M. Godelier die Anthropologie als eine der «Schaltstellen» innerhalb der modernen Sozialwissenschaften. Seiner Ansicht nach steht diese Wissenschaft in einem *grundsätzlichen Gesellschaftskonflikt*, der sich auch auf die Methodologie auswirkt: Der Anthropologe nimmt Untersuchungen und kulturtheoretische Bestimmungen an einem Forschungsgegenstand vor (z. B. einem Eingeborenenstamm in Afrika), der meistens von der Kolonialmacht, aus der der Anthropologe stammt, bedroht ist oder bereits auf eine spezifische Weise «transformiert» wurde. Dieses Dilemma schließt nach Ansicht Godeliers eine «reine» Beobachtungsposition ebenso aus wie eine «neutrale» Theoriebildung: «Der Anthropologe ist also unausweichlich engagiert und dazu verpflichtet, in der Geschichte Partei zu ergreifen, die Transformationen der Gesellschaften, die er studiert, zu rechtfertigen oder zu kritisieren und über diese Gesellschaften *seine* eigene Gesellschaft, die im wesentlichen diese Transformationen aufzwingt, zu rechtfertigen oder zu kritisieren» (Godelier 1973, S. 39; Hervorh. im Orig.).

In diesem Dilemma befand sich die Anthropologie spätestens ab der Mitte des 19. Jahrhunderts. Zu dieser Zeit, die auch als Epoche des «kolonialen Imperialismus» bekannt ist, wurden die meisten Länder, die heute der «Dritten Welt» zugerechnet werden, zu Kolonien. Geschichtlich gesehen reicht die Besitzergreifung fremder Länder durch die Europäer freilich in viel frühere Zeiten zurück. Diese ersten Entdeckungsfahrten und Eroberungen, die noch stark den Charakter von zerstörerischen Raubzügen hatten, waren vom naiven Staunen über die Reichtümer und von herrischer Verachtung für die Kulturen der Eingeborenen begleitet. Für den «zivilisierten» Menschen waren eben lange Zeit Schiffsladungen mit Gold und Gewürzen wichtiger als systematisiertes Wissen über die «Primitiven».

Erst als im 19. Jahrhundert die vorindustrielle Produktionsweise von der «großen Industrie» verdrängt wurde, konnte man sich nicht mehr mit den Reiseberichten von einigen Missionaren, Forschern und Abenteurern zufriedengeben. Die Probleme, die der aufstrebende Kapitalismus in den «Mutterländern» aufwarf, vor allem Rohstoffprobleme, verlangten nach einer doppelten Lösungsstrategie: einer militärischen und einer streng wissenschaftlichen. Das bedeutete, durch den Einsatz von Wissenschaft Unterwerfung und Verwaltung von Kolonien perfektionieren zu müssen. Heute würde man sagen, daß es notwendig wurde, die Kolonisation «wissenschaftlich zu begleiten».

Die Situation um die Jahrhundertwende gibt ein Bericht treffend wieder, den Cecil Rhodes, ein englischer Kolonialpolitiker, 1895 geschrieben hat:

«Ich war gestern im Ostende von London und besuchte eine Arbeitslosen-Versammlung. Und als ich nach den dort gehörten wilden Reden, die nur ein Schrei nach Brot waren, nach Hause ging, da war ich von der Wichtigkeit des Imperialismus mehr überzeugt denn je ... Meine große Idee ist die Lösung des sozialen Problems, das heißt, um die 40 Millionen Einwohner des Vereinigten Königreiches vor einem mörderischen Bürgerkrieg zu schützen, müssen wir Kolonialpolitiker neue Länder erschließen, um den Überschuß an Bevölkerung aufzunehmen und neue Absatzgebiete schaffen für die Waren, die sie in ihren Fabriken und Minen erzeugen ...» (zit. nach Meueler 1974, S. 38).

In den sogenannten «Mutterländern» gab es also auch noch andere Probleme als die der Rohstoffversorgung: Bevölkerungswachstum, Arbeitslosigkeit, Hungersnot und Armut.

Durch militärische Interventionen wurden innerhalb kurzer Zeit die noch als unerforscht geltenden Länder unter den Großmächten aufgeteilt und zu Kolonien gemacht. Anfang des 20. Jahrhunderts gab es z. B. auf dem afrikanischen Kontinent nur zwei Länder, die nicht in das weltweite koloniale Abhängigkeitssystem einbezogen waren. Jene Staaten, die infolge ihrer fortgeschrittenen Industrialisierung die größten Probleme mit der Ausschöpfung von Rohstoffquellen und mit drohender Überproduktion bei gleichzeitiger Arbeitslosigkeit hatten, übernahmen bei der gewaltsamen Kolonialisierung die Führungsrolle, allen voran England, Frankreich, Deutschland, Holland und Belgien.

Als Europa mit der totalen Unterwerfung der rein agrarisch orientierten Gesellschaften begann, mußte sich auch das Bild vom «glücklichen Naturzustand der Wilden» ändern. Man begann ein wissenschaftlich differenziertes Bild von der «ersten Natur» des Menschen, selbstverständlich immer orientiert an mitteleuropäischen Rassen, zu entwerfen, um an diesem Maßstab alle übrigen Menschen zu messen. Auch das Ideal einer in erster Linie agrarisch produktiven Gesellschaft, das in der Zeit des vorkolonialen Merkantilismus hochgehalten wurde, mußte fallengelassen werden. Der reine Agrarstaat wurde abgewertet. Vor dem Hintergrund der neuen Betrachtungsweise, die nur akkumulierbare Reichtümer in der Folge industrieller Massenproduktion anerkannte, wurden solche Staaten von vornherein in «unterentwickelte» Rollen gedrängt.

Diese Definitionsleistung war ein Verdienst der großen evolutionstheoretischen Rekonstruktionsversuche des 19. Jahrhunderts. Ch. Darwin, F. Haeckel, A. Comte, H. Spencer, K. Marx u. a. brachten Geschichtstheorien hervor, nach denen sich Gesellschaftsentwicklungen linear und stufenförmig darstellen ließen. Der gemeinsame Ausgangspunkt war die Annahme, daß alle Gesellschaften in allen historischen Epochen ihre eigenen Standards an materiellen und geistigen Lebensbedingungen selbst produzierten. Im Lichte der gesellschaftlichen Evolution stellte sich dann die Frage nach dem Kriterium, nach dem diese Standards einzuschätzen waren. Die «industrielle Revolution» schien für diese Frage nur *eine* gültige Antwort bereitgestellt zu haben: Fortschrittskriterium ist der jeweilige Stand der Produktivkraftentwicklung.

Mit der allgemeinen Evolutionstheorie verfügte das abendländische Denken des 19. Jahrhunderts über die endgültige Gewißheit seiner epochalen Überlegenheit. Eine agrarische Kultur mußte demnach in dem Sinn «primitiv» erscheinen, als sie eben ein «niedrigeres» Entwicklungsstadium repräsentierte. Dieses Stadium hatte nur als Durchgangsphase einen gewissen Eigenwert und wurde im übrigen als eine zu überwindende Form der eigenen Vergangenheit eingeschätzt. Das hieß: Die Wilden und die Primitiven sind unsere «zeitgenössischen Vorfahren», die zu erziehen unsere Aufgabe ist.

Der Anthropologe des ausgehenden 19. Jahrhunderts, der solche Einschätzungen vornahm, ordnete sich demnach stets einige Evolutionsstufen höher ein. Die Zeit der Sklavenhaltung und der ständischen Gesellschaft war vorbei. Auf diese Epochen konnte man nicht nur zurück, sondern auch herabblicken. So war es schließlich die kapitalistische Warengesellschaft, die aus ihrem «fortgeschrittenen» Zustand das Recht ableitete, anderen Völkern ihre Primitivität vorzuhalten, ihnen barbarische Sitten und Mythen zuzuschreiben und darüber hinaus festzustellen, daß die Primitiven unter diesen Verhältnissen nur deshalb nicht litten, weil sie eben noch unzivilisiert und damit unaufgeklärt seien.

So lieferte die anthropologische kultur- und gesellschaftstheoretische Analyse einen vortrefflichen Hintergrund für die Ausgrenzung und «Überwindung» jeglicher Primitivität, ein Geschäft, das die Kolonialmächte besorgten.

Resümiert man den bisherigen Gedankengang, so entsteht folgendes Bild:

Der *Kolonialismus* ist nicht nur die imperialistische Vereinnahmung von Ländern, denen durch grenzenlose Ausbeutung «Unterentwicklung» aufgezwungen wurde, sondern auch eine auf Wissenschaftlichkeit bedachte Strategie der gewaltsamen Zivilisation. Das abstrakte Prinzip des auf seinen Höhepunkt zustrebenden Kapitalismus, der *gerechte Tausch von Äquivalenten*, wurde auch im makrosozialen Bereich der Kolonisation wirksam: Die Kolonialmächte nahmen für sich das Recht auf Rohstoffe und billige Arbeitskräfte aus der Dritten Welt in Anspruch, ein «Recht», das eigentlich das Unrecht der Ausbeutung war. Sie stellten sich dafür als «Gegenleistung» vor, Primitivität zugunsten von Zivilisation «abzuschaffen». Praktisch bedeutete dies immer, daß der Anschluß an

Missionsschule in Afrika, 1895 gegründet

Spendenaufruf von 1913

Aufruf

zu einer

Nationalspende anläßlich des Kaiserjubiläums für die christlichen Missionen in unsern Kolonien und Schutzgebieten.

Unter dem Protektorate Seiner Hoheit des Herzogs Johann Albrecht zu Mecklenburg, Regenten des Herzogtums Braunschweig, Präsidenten der Deutschen Kolonial-Gesellschaft.

den europäischen Normenkodex und an den kapitalistischen Weltmarkt erzwungen wurde.

Zumindest in der anthropologischen Theorie mußte sich dieses erzwungene Tauschgeschäft so darstellen lassen, daß auf keiner Seite «Ungerechtigkeitsgefühle» oder «Materialverluste» auftraten. Das konnte nur gelingen, wenn zu jedem Zeitpunkt der zivilisatorischen Intervention klar war, wer kulturelle und ökonomische Theorien aufzustellen und ihre

«Wahrheit» zu definieren hatte. Die abendländische Evolutionsidee sowie ihre Ausweitung auf alle sozialen Bereiche, spielten zweifelsfrei dem «zivilisierten» Europäer diese Definitionsmacht zu. Er lebte im Glauben, die primitiven Kulturen als Überreste seiner eigenen Vergangenheit erkannt zu haben, und er war von dem Sendungsbewußtsein erfüllt, diese Kulturen aus ihrem «unterentwickelten» Stadium herausführen zu müssen. – «In der modernen Kolonisation drückt sich die Praxis einer Gesellschaft aus, die über die Wahrheit der Geschichte verfügt, ja diese Wahrheit selbst ist» (Leclerc 1976, S. 24). Die Anthropologie war ein *bewußtloser* Bestandteil dieser Praxis.

Die sich im oben angedeuteten Äquivalententausch vollziehende Strategie der einseitigen Aneignung materieller Güter und der ebenso einseitigen Ausgrenzung durch Zuschreibung von «Primitivität» verkehrte sich im Bewußtsein der wissenschaftlichen Kolonisatoren zu einem rein theoretischen Interesse am Fremden und Unbekannten. Daß dieses Interesse im Grunde einen autoritären Erziehungsprozeß einleitete, war vielleicht wenig bewußt, aber dennoch voll beabsichtigt; sonst hätte der Bürger Degérando den nach Afrika reisenden Forschern wohl eine andere Empfehlung mitgegeben als folgende: «Die meisten Reisenden haben den Handel mit den wilden Völkern nur als ein Spiel betrachtet oder bloß als ein Mittel, um sie zu beherrschen. Ein philosphischer Reisender wäre weitsichtiger. Er sähe in diesem Handel ein Mittel, um das Volk zur Zivilisation zu führen» (J.-M. Degérando 1800; zit. nach Moravia 1977, S. 246).

Fast ebenso eindeutig könnten die bisherigen Ausführungen mit einem (hundert Jahre älteren) Zitat abschließen, das von dem bekannten amerikanischen Kinderpsychologen St. Hall stammt. Er richtet eine Warnung an jene erwachsenen Erzieher, die ihre Macht und Autorität leichtfertig aufs Spiel setzen, indem sie zu sehr auf Gefühle und Interessen von Kindern eingehen: «Die Welt, in der wir leben, ist nicht die ihrige. Wir sind ‹Olympier› und können unseren Willen durchsetzen, weil wir stärker sind. Wir müssen ertragen und respektiert werden, und alle gebührende Ehrfurcht und jeder geforderte Gehorsam ist uns zu erweisen ...» (Hall 1902, S. 238).

5. Assimilation und Widerstand: Scheitert die zivilisatorische Mission?

Nachdem die «wilden» Völker als kulturell primitiv und rückständig etikettiert worden waren, ihr Denken als magisch, ihre Sozialstruktur als Brauchtum, ihre Religion als Folklore eine «Wertschätzung» auf untersten Entwicklungsstufen erfahren hatten, war klar, daß die wirtschaftliche und politische Herrschaft der Europäer in den Kolonien langfristig in ein definiertes, von manifester Gewalt befreites Beziehungsverhältnis, in ein Verhältnis der stufenweisen Umwandlung gebracht werden mußte. Diese Transformation erforderte eine Theorie der «Assimilierbarkeit» oder zumindest ein Programm, nach dem es den unterworfenen Vökern möglich sein mußte, die als selbstverständlich vorausgesetzte Überlegenheit der fortgeschrittenen westlichen Zivilisation «freiwillig» anzuerkennen. Es hatte sich nämlich inzwischen gezeigt, daß die Gewalttaten der Landbesetzer Aggression und Widerstand bei den Unterworfenen freigesetzt hatten. Die Zerstörung der sozialen und wirtschaftlichen Infrastruktur war nicht ohne Folgen geblieben: Die eingeborene Bevölkerung verelendete, bekämpfte sich in Stammesfehden untereinander und leistete, so ihnen Kraft blieb, auch den Eindringlingen Widerstand.

Als diese Schwierigkeiten, die sich der Assimilationspolitik in den Weg stellten, durch militärische Präsenz nicht mehr aus dem Weg geräumt werden konnten, wurden sie einerseits als *Verwaltungsprobleme* formuliert und andererseits als Folgeprobleme eines zu wenig differenzierten *Evolutionsbegriffs* der wissenschaftlichen Anthropologie überantwortet. Wollte man sich Schwierigkeiten, d. h. Unruhen und Aufstände, ersparen, so mußten die noch intakten sozialen Institutionen, die internen Stammeshierarchien und Machtverhältnisse von der Verwaltung berücksichtigt werden. Das konnte aber nur geschehen, wenn dem eine wissenschaftliche Beobachtung und Erforschung vorausging.

Während es der Kolonialverwaltung nach wie vor um eher «technische» Probleme ging, z. B. um die Frage, ob die Verwaltung bei der Eintreibung der Eingeborenensteuer dadurch Unterstützung erhalten könnte, wenn die Beamten zur «Kooperation» mit den Stammeshäuptlingen verpflichtet würden, war die Anthropologie in ihrem «eigentlichen» Gegenstandsverständnis, nämlich eine Analyse der Lebensgewohnheiten von Eingeborenen zu liefern, herausgefordert. Im Laufe der Zeit gelang es den Wissenschaftlern, ihre Rolle vom verwaltungspolitischen Konzept der Kolonialmächte unabhängiger zu machen. Die sogenannte *Feldforschung* entstand. Mit dem methodologischen Instrumentarium der Feldforschung entwickelten die Anthropologen ein Selbstverständnis, das sich nicht ohne weiteres von jeder Verwaltungspolitik und Ausbeutungspraxis vereinnahmen ließ.

B. Malinowski, der gemeinsam mit anderen Anthropologen (C. Lévi-Strauss, A. R. Radcliffe-Brown u. a.) die noch heute praktizierte Form der Feldforschung mitbegründet hat, schrieb 1926 in seinem Werk «Myth in Primitive Psychology» anschaulich über die neuen Standards, die Feldforscher zu erfüllen hatten: «Der Anthropologe muß seine bequeme Lage im Liegestuhl unter der Veranda einer Missionarshütte, in einem Verwaltungsposten oder im Bungalow eines Pflanzers verlassen, wo er, mit Bleistift, Notizbuch und manchmal auch mit Whisky und Soda versehen, sich angewöhnt hat, die Aussagen von Informanten zusammenzutragen, Geschichten niederzuschreiben und ganze Seiten mit Texten von Wilden zu füllen.

«So sahen sie uns» – Wahrheiten von der anderen Seite

Er muß in die Dörfer gehen, den Wilden im Garten, am Strand und im Dschungel zusehen; zusammen mit ihnen muß er zu weit entfernten Sandbänken fahren und fremde Stämme besuchen; er muß sie beim Fischfang, bei der Jagd und zeremoniellen Meeresfahrten beobachten. Die Information muß seinen eigenen überprüften Erfahrungen mit dem Eingeborenenleben entspringen und nicht tröpfchenweise von ein paar wenigen Informanten gesammelt werden ...» (zit. nach Leclerc 1976, S. 40).

Das hier anklingende Engagement war den Kolonialbeamten suspekt, wußte man doch nie genau, ob die Forscher bei der aktiven Informationssuche ihre «wissenschaftliche Distanz» würden bewahren können. In diesem neuen Konfliktbereich Feldforscher/Verwaltungspolitiker kam es unter anderem auch zu «Theoretiker-Praktiker-Gefechten», wie sie in ähnlicher Struktur heute noch in allen sozialwissenschaftlichen Disziplinen geführt werden.

Beispielhaft dafür ist die Kontroverse, die 1930 in der Fachzeitschrift «Africa» ausgetragen wurde (zit. bei Leclerc 1976, S. 69f.):

Der Kolonialbeamte P. E. Mitchell wird vom Anthropologen B. Malinowski als Laie und Nichtfachmann, als «practical man», abqualifiziert, dem es nicht zustehe, anthropologische Forschungsresultate zu beurteilen. P. E. Mitchell bezeichnet daraufhin B. Malinowski als Idealisten oder bestenfalls als Experten, den man gelegentlich um Rat fragen kann. Im übrigen, so meint er, sei Feldforschung ohnehin unmöglich, weil zu teuer und zu langwierig; er als Politiker müsse rasch und mit dem vorhandenen Material arbeiten. B. Malinowski entgegnet, daß der Verwaltungsbeamte die Situation, in der er mit den Eingeborenen interagiert, überhaupt nicht objektiv beurteilen könne, da er selbst interessengebundener Bestandteil dieser Situation sei; usw.

Als Kurzcharakterisierung der neuen Forschungsstrategie gilt es also folgendes festzuhalten: Die Feldforschung verlangt vom Anthropologen, der jetzt Forscher (Informationssammler) und Wissenschaftler (Theoretiker) in einer Person ist, unter den Eingeborenen zu leben, ihre Kultur nicht nur funktional von außen her zu beschreiben, sondern auch den von ihr vermittelten Sinn begreifen und analysieren zu lernen. Der feldforschende Anthropologe ordnet seine eigene Kultur aus methodologischen Gründen der zu untersuchenden Kultur unter: «Der Anthropologe will seine europäischen Merkmale abstreifen, um reiner, körperloser, objektivierender Blick eines unbestimmten anderen zu werden, vor allem aber, um selbst nicht wahrgenommen zu werden» (Leclerc 1976, S. 41).

Mit der Feldforschung ist eine Erkenntnisstrategie etabliert worden, die den *teilnehmenden Beobachter* zur zentralen Figur, zum personalisierten Ausgangspunkt des positiven soziologischen Wissens gemacht hat. In der Rolle des «unsichtbar Sehenden» erfüllt er eine doppelte Funktion: Er beruhigt das wissenschaftliche Gewissen, das nach wie vor von den Exaktheitsstandards der Naturwissenschaft gespeist wird, weil er an der «Fiktion von der neutralen Position des teilnehmenden Beobachters»

(Devereux 1976, S. 282) festhält. Andererseits beruhigt er das Gewissen der europäischen Kolonialherren, indem er den «säkularen narzißtischen Monolog des Westens» (Leclerc 1976, S. 113) fortsetzt, weil er durch die neuen Interpretationsmuster des sogenannten Kulturrelativismus theoretisch offen läßt, wer von wem lernen muß.

Meine bisherigen Ausführungen fasse ich nun thesenartig zusammen, wobei ich zu einzelnen Punkten noch weitere Belege zitieren werde.

Erstens:
Methodologisch gesehen brachte die Feldforschung zwar einige neue Forschungsstandards hervor. An der Asymmetrie in der Forschungssituation hatte sich jedoch nichts Grundsätzliches geändert. Für die Feldforscher blieben die Eingeborenen Objekte wissenschaftlicher Beobachtung. Als solche hatten sie weder auf den Forschungsprozeß noch auf die Theoriebildung irgendeinen Einfluß.

Die positivistische Forderung, «soziale Tatbestände wie Dinge» zu behandeln, war stets als Aufforderung zur naturwissenschaftlich orientierten Objektivierungsform verstanden worden. Sie konnte in diesem Sinne von der Feldforschung vielleicht noch besser eingelöst werden als von dem mit vielen Unsicherheiten und Übersetzungsproblemen behafteten alten Informanten-Theoretiker-System. Innerhalb des Objektivitätsideals war es dem Feldforscher möglich, sich als «neutraler Beobachter» unter den Eingeborenen zu bewegen. Die technokratische Verwertungsfunktion im kolonialen Kontext blieb unverändert, gleichsam «unhintergehbar».

Für den einzelnen Forscher galt, was G. Leclerc für die Anthropologie insgesamt treffend ausgedrückt hat: «Die Versuchung, technokratisch zu operieren, ist objektiv durch die Situation der anthropologischen Wissenschaft gegenüber ihrem Gegenstand gegeben. In der kolonialen Welt gibt es für die Eingeborenen tatsächlich keinen einzigen autonomen politischen oder historischen Bereich. (...) Im Inneren, in der Abgeschiedenheit der Verwaltung, regieren der planende Verstand und die positive Wissenschaft. Selbst Revolten vermögen die Geschichte nicht in das Herz des Systems zu treiben: Sie sind nur ‹Unruhen›, ‹Stammesfehden›, die sich nach einiger Zeit zu ‹Problemen› verdünnen lassen» (Leclerc 1976, S. 73).

Damit ist subtil auch die Frage angesprochen, ob nicht dieser Typ von Feldforschung im Zusammenhang des politischen Krisenmanagements eine «konfliktverdünnende» Funktion erfüllt, den kolonialen Unterdrückungssituationen ihre politische Spitze und den Kolonialisierten ihre revolutionäre Kraft nimmt. Auffallend ist jedenfalls, daß die Forderung nach einer *Feldforschung mit umgekehrten Rollen* noch kaum gedacht bzw. ausgesprochen werden darf. M. Leiris schreibt dazu: «Wenn es auch wohl eine westliche Ethnographie gibt, die die Kulturen anderer Völker studiert, so existiert das Umgekehrte doch keineswegs; kein einziges der anderen Völker hat in der Tat bis jetzt Forscher hervorgebracht, die fähig bzw. materiell dazu in der Lage wären, eine ethnographische Untersuchung unserer Gesellschaften durchzuführen. (...) Es steht außer Frage, daß ich hier keinesfalls etwas vorschlagen möchte, was beim aktuellen Kräfteverhältnis ohnehin utopisch wäre: In den kolonialisierten Ländern einheimische Ethnographen heranzubilden, die die Aufgabe übernehmen könnten, zu uns zu kommen und unsere Lebensformen zu erforschen. Ich übersehe dabei nicht, daß das Problem auch dann noch nicht gelöst werden könnte, wenn das Projekt nicht so utopisch wäre, denn diese Forscher würden mit den von uns gelehrten Methoden arbeiten, und die sich herausbildende Ethnographie wäre somit noch stark westlich geprägt» (Leiris 1977, S. 68).

Zweitens:
Die sich als positive Sozialwissenschaft verstehende Anthropologie schuf einen Begriffsapparat, der den Forschern half, sich über die koloniale Situation ihres Untersuchungsgegenstandes zu verständigen. Zum Teil wurde diese Terminologie von anderen Disziplinen, wie Entwicklungspsychologie und Sozialisationsforschung, übernommen, wobei der Ursprungskontext ausgeklammert blieb.

So ist etwa der Begriff «Akkulturation» eine Sprachschöpfung der amerikanischen Anthropologie der Jahrhundertwende: Akkulturation war der wissenschaftliche Ausdruck für die Wandlungsprozesse innerhalb einer Kultur, die mit der abendländischen Zivilisation in Berührung gebracht wurde. Später versuchte man zu differenzieren: Akkulturation bzw. Transkulturation als Bezeichnung für «gleichwertige» Austauschprozesse zwischen zwei sich entsprechende Kulturen; «Assimilation» bzw. «Dekulturation» als Bezeichnung für den einseitigen Anpassungsprozeß einer beherrschten Kultur an die Formen der aufgeherrschten Kultur. Mit dem Terminus «Enkulturation» schließlich bezog man sich auf diejenigen Lernprozesse, mit denen sich die Heranwachsenden kulturelle Normen und Techniken angeeignet haben.

Drittens:
Auch in der Zeit nach dem Zweiten Weltkrieg dauerte es lange, bis auf erkenntnistheoretischer Ebene die beiden fundamentalen Kritikpunkte formulierbar wurden:

a) Die *unilineare Evolutionstheorie Darwinscher Herkunft* bot weder im Kontext anthropologischer Analysen einen den realen gesellschaftlichen Prozessen angemessenen Erklärungsrahmen, noch konnte sie Entwicklungsvorgänge so beschreiben, daß «das praktisch-historische Subjekt», das die beschreibbaren Strukturen hervorbrachte, nicht uneinholbar verlorenging. Die breite Erkenntnis, daß hier im wissenschaftlichen Arbeitsprozeß tatsächlich etwas abhanden kam, daß sich die Subjekte gleichsam unter der Hand des Wissenschaftlers in Luft auflösten, diese Erkenntnis wurde lange Zeit durch die objektiven gesellschaftlichen Zustände blockiert; denn alle sozialwissenschaftlichen Disziplinen waren hinsichtlich ihrer gemeinsamen Datenbasis («der Mensch», «die Gesellschaft» oder spezieller: «das Kind», «die soziale Klasse») auf vergleichbare koloniale bzw. kapitalistisch-bürgerliche Entstehungs- und Verwertungszusammenhänge verwiesen.

Erst der bewußte Verzicht, durch strukturalistische Interpretationskunstgriffe Darwins Lehre für die Sozialwissenschaften fruchtbar zu machen, erst ein neues theoretisches Bemühen, das die Lehre vom «Ursprung der Arten» selbstverständlich nicht widerlegen konnte und auch nicht wollte, brachte einen «Paradigmenwechsel»: Allmählich wurde die Vorstellung fallengelassen, daß überall im Humanbereich (im psychischen wie im sozialen Bereich, in der Ontogenese wie in der Phylogenese) eine Entwicklung vom Einfachen zum Komplexen, vom Niederen zum Höheren, vom Diffusen zum Strukturierten stattfindet – und entwicklungspsychologisch auch stattfinden *muß*. Dieser Verzicht bedeutete zudem, daß die den Europäern und Amerikanern liebgewordene Meinung geändert werden mußte, daß eine technisch und ökonomisch hoch entwickelte Gesellschaft auch in anderen Lebensbereichen, z. B. in den sozialen und ethischen, weit fortgeschritten sein müsse und deshalb ein quasi natürliches Erziehungsverhältnis gegenüber den unterentwickelten Völkern begründen könne.

b) Die Rede von *Akkulturation* und *Assimilation* und von dem damit assoziativ verknüpften Parallelismus von biologisch determinierten Rassenmerkmalen und Charaktereigenschaften verhinderte, daß die realen Grundstrukturen des kulturellen Austausches und gesellschaftlichen Wachstums erkennbar wurden. Eine auf «give and take» abgestimmte Theorie setzte stillschweigend einen sozialen Ort voraus, an dem der Austausch stattfinden sollte. Sie unterstellte das Vorhandensein eines Regulativs, das für die «Gerechtigkeit» bürgte. Andernfalls setzte sie vorbehaltlos auf die Wirksamkeit des sozialdarwinistischen Prinzips.

Beides mußte sich als Fiktion herausstellen. Es gab keinen «Markt», auf dem ein gerechter Austausch von kuturellen Gütern hätte stattfinden können; daß es ihn nicht gab, war daran erkennbar, daß gewisse «Güter» nie angeboten wurden: Beteiligung an politischer und wirtschaftlicher Macht, Gleichheit auf den Gebieten Ausbildung und Weltanschauung. Es gab auch kein Regulativ, sondern nur ein mehr oder weniger ausgeprägtes Gewaltverhältnis, unter dem kulturelle Normen aufgeherrscht werden konnten und unter dem sich Formen der Abwehr und des Widerstandes entwickelten.

Mit diesen Erkenntnissen, die sich spät und zögernd durchzusetzen begannen, war zugleich auch die durch Generationen weitergegebene Vorstellung erschüttert, es könne so etwas wie einen «kolonialen Erziehungsauftrag» geben. – «Denn der entscheidende Widerspruch war (und ist), daß der Kolonialismus behauptete, die Erziehung zu fördern und sie in Wirklichkeit hemmte; daß er von Industrialisierung sprach und nur den Export (oder Import) von Rohstoffen meinte; daß er vorgab, zu assimilieren und nur dem Rassismus und rassischer Diskriminierung den Boden bereitete (sei es in Form der Apartheid oder in Form seiner alltäglichen Praxis)» (Leclerc 1976, S. 132). Eine «Entwicklung» konnte es unter diesen Verhältnissen gar nicht geben.

Viertens:
Die Entstehung der modernen Sozialwissenschaften war keineswegs nur «Nebenprodukt» einer Gesellschaft, die alle ihre produktiven und reproduktiven Prozesse auf arbeitsteilige Technologien abzustimmen begonnen hatte und die deshalb auch spezialisierte Arbeitskraft freisetzte, um den Menschen – das «unbekannte Wesen» – wissenschaftlich untersuchen zu lassen. Die Sozialwissenschaften wären wohl kaum so rasch in dieser Form und in diesem Ausmaß entstanden, wäre nicht gleichzeitig die *ökonomische Basis* (infolge Krisenerscheinungen) expandiert: Der «kapitalistische Weltmarkt», seine Verflechtungs- und gleichzeitig seine Konzentrationsbemühungen stellten strukturell jene sozialen Probleme her, auf die die Sozialwissenschaften losgelassen wurden und an denen sie sich weltweit abarbeiten konnten.

Es ist mehr als nur eine oberflächliche Analogie, wenn ich in den folgenden Kapiteln davon ausgehe, daß die Expansion der Erwachsenen – der «herrschenden» Erwachsenen generell und der Wissenschaftler speziell – *nicht nur territorial* war. Mit einer auf die Ontogenese angewandten Evolutionstheorie und mit einer von anderen Wissenschaften entlehnten Forschungsstrategie bemächtigte man sich mit Leichtigkeit – wenn auch nicht ohne «Schuldgefühle» und projektive Abwehrreaktionen – der kindlichen Psyche und jugendlichen Lebenswelt. Die notwendigen Machtverhältnisse fand man historisch verfestigt bereits vor. Der «Zivilisationsauftrag am Kind» konnte mit wissenschaftlicher Legitimation vollzogen werden.

II

«Ich bin in Gegenden gekommen, wo kein Krieg war vielleicht siebzig Jahr, da hatten die Leut überhaupt noch keinen Namen, die kannten sich selbst nicht. Nur wo Krieg ist, gibt's ordentliche Listen und Registraturen, kommt das Schuhzeug in Ballen und das Korn in Säcke, wird Mensch und Vieh sauber gezählt und weggebracht, weil man eben weiß: ohne Ordnung kein Krieg!»
(Der Feldwebel in B. Brecht: Mutter Courage und ihre Kinder, 1938/39; Neuauflage Frankfurt 1980, S. 8)

Vorformen der Bearbeitung und Vermessung menschlicher Entwicklung

Das vorangegangene Kapitel umschrieb einige gesellschaftliche Momente, die am Zustandekommen wissenschaftlichen Interesses am Menschen beteiligt waren. Die bisherige Analyse legt nahe, daß sich dieses aufkommende Interesse keineswegs neutral gegenüber der «makrosozialen» Strategie der ökonomischen und kulturellen Expansion verhielt. Man kann sich vielmehr dem Eindruck nicht verschließen, daß die modernen Forschungs- und Arbeitsprozesse im kolonialistischen Denken so aufgegangen sind, daß «der Mensch» nur als Bestandteil politischer Strategien wissenschaftlich interessant war. Folglich hat die Bezeichnung «Humanwissenschaften» in gewisser Weise immer schon falsche Assoziationen geweckt; denn «die Humanwissenschaften führen uns überhaupt nicht zur Entdeckung des ‹Menschlichen›, der Wahrheit des Menschen, seiner Natur, seiner Entstehung, seiner Bestimmung. Dasjenige, mit dem sich die verschiedenen Humanwissenschaften wirklich beschäftigen, ist etwas vom Menschen Verschiedenes, das sind Systeme, Strukturen, Kombinatoriken, Formen usw.» (Foucault 1974a, S. 26).

In diesem Kapitel soll nun der Frage nachgegangen werden, weshalb die «Humanwissenschaften « von Anfang an ihr eigentliches Thema verfehlen mußten. Zu fragen ist nach jenen sozialen Praxis- und Denkformen, die den Menschen bereits zum «Gegenstand» von Überlegungen machten, als es noch keine sozialwissenschaftlichen Disziplinen gab, Formen, die als mikrosoziale Strategien den Menschen viel direkter bearbeiteten, als die Wissenschaften dies später taten, Formen, die den Weg für die spätere hypothesenprüfende Forschung und generalisierende Theoriebildung bereiteten.

1. Die Disziplinar-Gesellschaft greift um sich

a) Produktive Methoden – phantasievolle Dressuren

Es ist an dieser Stelle vielleicht nicht überflüssig, darauf hinzuweisen, daß sich in der Zeit vor der endgültigen Etablierung der verschiedenen sozialwissenschaftlichen Strömungen eine gesellschaftliche Entwicklung vollzog, die einen erheblichen Aufwand an wissenschaftlichen Arbeitsprozessen und ein rapides Anwachsen von infrastrukturellen Maßnahmen erwarten ließ: Im 17. und 18. Jahrhundert fand nicht nur ein enormer demographischer Wachstumsschub statt, der die Verwaltung des Menschen zu einem technisch-ökonomischen Problem machte, auch der Produktionssektor expandierte. Er nahm an Umfang und Komplexität so zu, daß die rentable und disponible Ausnutzung von Arbeitskräften zu einem ökonomisch-qualifikatorischen Problem ersten Ranges wurde. Folglich mußten Verfahrensweisen entwickelt werden, die den expansiven Tendenzen und produktiven Kapazitäten dieser Zeit entsprachen. Michel Foucault nennt diese Verfahren *«Disziplinen»*. Ihnen kam die Aufgabe zu, «die Vielfältigkeit der Menschen und die Vervielfachung der Produktionsapparate in Übereinstimmung zu bringen (wobei unter Produktion auch die Produktion von Wissen und Fähigkeiten in der Schule, die Produktion von Gesundheit in den Spitälern, die Produktion von Zerstörungskraft mit der Armee zu verstehen ist)» (Foucault 1977, S. 281).

Die «Disziplinen» hatten für diese große Anpassungsaufgabe Techniken zu entwickeln, die als *nicht-wissenschaftliche Praxeologien* unmittelbar für gesellschaftliche Steuerungsprozesse nutzbar sein mußten: Sie hatten z. B. Herrschaft so zu sichern, daß die materiellen und sozialen Kosten der Machtausübung möglichst gering blieben, Verbreitung und Durchschlagskraft sich aber erhöhen konnten. Dazu mußten kontrollmächtige und doch billige Überwachungssysteme erfunden werden. Die Techniken hatten aber auch der Produktivität zu dienen, indem sie z. B. dafür Sorge trugen, daß die menschliche Leistungskapazität in jenen Institutionen erhöht wurde, mit denen die Machthabenden Hierarchien und Ordnungen nach ihren Vorstellungen herstellten.

Das Auftauchen der «Disziplinen» im Laufe des klassischen Zeitalters bedeutete somit, daß die mittelalterlichen Methoden von brutaler Gewaltanwendung, Auspressung und Beraubung als solche hinfällig geworden waren. Sie hatten ihre Funktionalität eingebüßt, weil sie mit der räumlichen und geistigen Expansion des Menschen nicht Schritt halten konnten. Die neuen Methoden des aufgeklärten Zeitalters, die «Disziplinen», ließen sich dank ihrer technischen Rationalität unter die «neutralen» Prinzipien einordnen, für die das Bürgertum zum Kampf angetreten

Bibliothek

für

Mädchen,

nach

den Stuffen des Alters

eingerichtet.

München,

bey Joseph Lentner 1791.

Handbuch

für

Mädchen

von reiferm Alter;

mit

moralischen Erzählungen

und

ökonomischen Kenntnissen.

Nebst einer Melodie.

München,

bey Joseph Lentner 1791.

war: «Humanität» (Gleichheit, Freiheit), «Produktivität» (Arbeit, Wissen), «Gewinn» (Profit, Reichtum, Macht).

Der weitere Verlauf der Argumentation soll durch einige Beispiele untermauert werden, die zeigen, daß den «Disziplinen» tatsächlich eine Art «Doppelcharakter» zu eigen war: Auf der einen Seite förderten sie, nach dem Modell der «Inspektion», tatsachenfeststellende und -beschreibende *Suchprozesse*. Auf der anderen Seite stützten sie damit gleichzeitig, nach dem Modell der «Inquisition», normative *Kontroll- und Aussonderungsprozesse* empirisch ab. Oder umgekehrt betrachtet: Die Ausübung der Kontroll- und Aussonderungsfunktion erforderte spezielle «Disziplinar-Methoden». Diese hatten alle Körpertätigkeiten genau zu kontrollieren und ihre dauerhafte Nutzbarmachung zu garantieren. Die Methoden mußten folglich entweder auf exakte empirische Erkenntnisse über Mechanismen und Funktionen des Menschen abstützbar sein oder solche Erkenntnisse produzieren können. Im phantasievollen Prozeß der Anwendung leisteten sie schließlich beides: Sie konnten neue Erkenntnisse hervorbringen und ordnen – dank einer Verfeinerung von disziplinierenden Regeln und Machtbeziehungen; gleichzeitig produzierten und vervielfältigten sie die Disziplinareinsätze – dank neuer und detaillierterer Erkenntnisse.

b) Methoden sanfter Inspektion

Die «Disziplinen», die im 18. Jahrhundert den pädagogischen Bereich beherrschten, entwickelten ein Instrumentarium, mit dessen Hilfe die Anatomie der kindlichen Physis und Psyche besser zu studieren und kontrollieren war. Dieses Instrumentarium, der institutionalisierten Erziehungspraxis abgeschaut, sollte wieder unmittelbar der Praxis dienen. Die Bewältigung der technischen und taktischen Probleme, die die Ausforschung des Kindes und die Inspizierung seiner Fähigkeiten mit sich brachten, stand unter dem Primat der «positiven Ökonomie»: Je besser und unverstellter man das Kind beobachten lernt, desto nützlicher (d. h. pädagogisch effektiver) wird das Eindringen in den kindlichen Verhaltens- und Interessenbereich sein.

Der folgende Text des Pädagogen J. Sulzer empfiehlt einige Praktiken, die M. Foucault zu den «kleinen Hinterlistigkeiten von großer Verbreitungsmacht», zu den «subtilen Maßnahmen von scheinbarer Unschuld, aber tiefem Mißtrauen» zählen würde:

«Je besser man ein Kind kennt, je nützlicher kann man auch an ihm arbeiten. Man muß aber, um sie desto sicherer kennenzulernen, ihnen die schon gerühmte edle Offenheit gegen sich selbst und gegen andere angewöhnen. Man muß sie anhalten, ihre Schwächen und Fehler frei zu bekennen. Man muß ihnen erlauben, ihre Neigungen und Gelüste frei zu entdecken. Und wenn man in diesen etwas

Unordentliches, Fehlerhaftes oder Unartiges sieht, so muß man nicht gleich so streng sein, daß die Kinder die Lust verlieren, aufrichtig und freimütig zu sein. (...) Wenn man hingegen hart, gebieterisch, mit ihnen wie mit Sklaven umgeht, so werden sie heuchlerisch, sie verstellen sich und betrügen also ihre Eltern, in deren Gegenwart sie sich ganz anders als in ihrer Abwesenheit anstellen.

Damit man nun auch die Denkungsart der kleinen verborgenen Neigungen und Vorurteile der Kinder entdeckt, so muß man oft ihre Gedanken über allerhand Sachen von ihnen vernehmen. Zu diesem Zweck muß man von allem, was sie gelesen, gehört und gesehen, ihre Gedanken aufschreiben lassen, wobei man sich aber in acht zu nehmen hat, daß sich die Kinder nicht zwingen, etwas zu schreiben, das sie nicht empfinden, oder daß sie nur solche Sachen nachschreiben, die sie von anderen gehört haben. Sie sprechen sich gegen ihresgleichen am liebsten aus. Sie erzählen sich ohne Zwang und ohne Verstellung ihre Gedanken. Wenn sie also etwas schreiben müssen, so muß es sein, als wenn sie es an ihresgleichen schrieben. Und die Eltern und Lehrer müssen vor allen Dingen trachten, ihre Kinder und Untergebenen so zu Freunden zu machen, daß sie gegen sie ebenso aufrichtig und frei sind als gegen ihresgleichen. Dies geschieht, wenn man sich in seiner Denkungsart, so viel, als es sich tun läßt, nach der Kinderart richtet, wenn man mit ihnen nach ihren Begriffen von Sachen spricht, wenn man an ihren Geschäften, Spielen und Neigungen teilnimmt. Wenn ihr sie nun so weit gebracht habt, daß sie frei gegen euch sind, so fangt einen Briefwechsel mit ihnen an, welcher von lauter Sachen handelt, daran sie Geschmack haben, und wenn es angeht, so laßt sie auch mit anderen Kindern in Korrespondenz kommen. Aus ihren Briefen werdet ihr allemal ihre Denkungsart und eine natürliche Abbildung ihres Gemütes sehen und so die Kinder recht kennen lernen» (Sulzer 1748, 2. Aufl.; zit. nach Rutschky 1977, S. 188f).

Im ersten Teil dieses Textes wird deutlich, daß die Beobachtungstechnik noch relativ unentwickelt war. Man mußte noch zu pädagogischen Tricks und moralischen Argumenten greifen, damit sich die Kinder nicht verstellten. Einziger Zweck des freundlichen Hervorlockens von «Offenheit» war aber die Korrektur von «Unordentlichem, Fehlerhaftem und Unartigem», eine Korrektur, die taktisch so angelegt sein mußte, daß weitere Inspektionen und Korrekturen auf keinen Widerstand stießen. Im zweiten Teil des Zitats geht es bereits um einen relativ raffinierten Vorschlag zu einer Inspektionsmethode, die nun auch die «kleinen und verborgenen Neigungen und Vorurteile» aufzudecken hatte. Man sollte zu diesem Zweck mit den Kindern und Untergebenen nicht «wie mit Sklaven» umgehen, sondern sie so behandeln, daß sie den Eindruck von Gleichstellung haben. Hat man sie so weit gebracht, würde es leicht sein, sie auch zu einer «Korrespondenz» zu verführen, die dann über Analysen den Weg zur besseren Kenntnis von «Denkungsart» und «Gemüt» frei macht.

Wie man unschwer feststellen kann, sind bei J. Sulzer hier alle früher genannten «Prinzipien» enthalten: «Humanität» (die Umgangsformen sind freundlich statt gebieterisch; die Kinder sind zu Freunden zu machen statt zu Sklaven usw.), «Produktivität» (die Kinder sind dazu anzuhalten,

Gedanken aufzuschreiben, Schwächen offen zu bekennen, Korrespondenz zu führen usw.), «Gewinn» (der Erzieher erhält freimütige Kinder und Einblick in Motive und Interessen usw.).

Über die Selbstdarstellung zur Wahrheitsfindung – das ist ein Weg, auf den J. Sulzer die Pädagogen des 18. Jahrhunderts hinweisen wollte, ein Weg, den auch – über 100 Jahre später – die Pioniere der Kinder- und Jugendforschung beschritten: Psychologen «entdeckten» im ausgehenden 19. Jahrhundert, daß es Kinder gibt, die «von allem, was sie gelesen, gehört und gesehen, ihre Gedanken aufschreiben» (J. Sulzer). Wie fest und wie lang sich der Glaube hielt, mittels Analyse schriftlicher Dokumente von Kindern und Jugendlichen «eine natürliche Abbildung ihres Gemüts sehen und so die Kinder recht kennenlernen» (J. Sulzer) zu können, wird noch ausführlicher darzulegen sein (vgl. besonders Kapitel III). Zunächst aber nochmals zurück zu den «sanften Methoden», da noch die Frage aussteht, welche Inhalte es denn waren, über die sich die Kinder und Jugendlichen offenbaren sollten.

In erster Linie war es die «sexuelle Problematik», vor der das Bürgertum Angst hatte und gegen die es sich (und stellvertretend die Heranwachsenden) schützen wollte. Die Vorstellung von «Ausschweifung», «Selbstbefleckung» und sexueller Freizügigkeit war nicht minder komplexbeladen wie die von revoltierenden proletarischen Arbeitermassen.

Ein Pädagoge des 18. Jahrhunderts kleidete seine angstbesetzte Neugierde in eine Anweisung zur Überwachung des Intimlebens. Seine Forderung nach einer «Feldforschung» bis unter die Bettdecke hinein setzt methodische Standards:

«Man muß also auf das Kind aufmerksam sein, doch aber so, daß es davon nichts merkt, sonst verbirgt es sich, wird mißtrauisch und es ist ihm gar nicht beizukommen. Da ohnehin die Scham solches Vergehen (gemeint ist die Onanie; P. G.) immer zu verheimlichen anrät, so ist die Sache an und für sich gar nicht leicht.

Wenn man einem Kind (doch immer unbemerkt) überall, und vornehmlich an heimlichen Orten, nachschleicht, so kann es geschehen, daß man es bei der Tat betrifft.

Man läßt die Kinder früher zu Bett gehen – wenn sie nun im ersten Schlaf sind, nimmt man ihnen ganz sacht die Decke ab, um zu sehen, wie ihre Hände liegen oder ob man einige Merkmale wahrnehmen kann. Ebenfalls am Morgen, ehe sie munter werden.

Kinder, vornehmlich wenn sie einiges Gefühl oder irgendeine Vermutung haben, daß ihr heimliches Betragen ungesittet ist, scheuen und verbergen sich vor den Erwachsenen. Aus dem Grund würde ich anraten, das Geschäft der Beobachtung irgendeinem Kameraden, und bei dem weiblichen Geschlecht einer jungen Freundin, einem treuen Dienstmädchen,aufzutragen. Es versteht sich, daß solche Beobachter schon mit dem Geheimnis bekannt oder von einem Alter und Beschaffenheit sein müssen, in welchem die Bekanntmachung unschädlich ist. Solche nun würden unter dem Schein der Freundschaft (und es wäre wahrlich ein großer Freundschaftsdienst) jene beobachten. Ich wollte wohl raten, wenn man ihrer ganz versichert und es übrigens zur Beobachtung nötig wäre, daß die Beobachter mit den Kleinen in einem Bett schliefen. Im Bett fällt Scham und Mißtrauen leicht weg.

Wenigstens wird's nicht lange währen, daß sich die Kleinen nicht durch Reden oder Taten verraten» (Villaume 1787; zit. nach Rutschky 1977, S. 316f.).

c) Methoden raum-zeitlicher Parzellierung

Ein weiteres Beispiel dafür, daß in den «Disziplinen» jenes Wissen praktisch organisiert wurde, auf das rund hundert Jahre später die Sozialwissenschaften zurückgreifen konnten, stellt die Bewältigung von «Massen-Phänomenen» dar.

Was G. LeBon im ausgehenden 19. Jahrhundert als wissenschaftliches Phänomen in den Griff zu bekommen versuchte, der «Mensch im Plural» bzw. die «proletarische Masse», war auf der Ebene des praktischen Tuns schon längst in ein «Lösungsmodell» eingebunden.

Für die «Disziplinen» stellte jede ungeordnete Zusammenballung von Individuen einen Zustand dar, der als latente Gefahrenquelle eingeschätzt wurde. Die Übersicht konnte verlorengehen, Individuen konnten untertauchen, spontane Volkserhebungen konnten entstehen usw. Die «Disziplinen» organisierten deshalb den *Raum*. Jedes Individuum bekam einen Platz zugewiesen, eine Funktionsstelle, die gleichzeitig Aufenthaltsort und Rangplatz war. Solche «Disziplinar-Räume» wurden überall dort eingerichtet, zum Teil nach dem Vorbild von Klöstern und Kasernen, wo sich Individuen in größeren Mengen ansammelten. Einige Beispiele sollen dies belegen:

Die zunehmende Teilung des Produktionsprozesses erzwang den *geordneten Raum* in den Werkhallen der Manufakturbetriebe. M. Foucault bringt zahlreiche Beispiele dafür, wie der Raum als «Strukturgitter» organisiert wurde, und so auch der *zeitliche Rhythmus* der Tätigkeit in deutlich absetzbaren Sequenzen «durchgearbeitet» werden konnte:

«Diesem Prinzip entspricht beispielsweise die Manufaktur von Oberkampf in Jouy. Sie besteht aus einer Reihe von Werkstätten, in denen jeweils ein bestimmter Typ von Tätigkeit seinen Platz hat: die Drucker, die Pinslerinnen, die Koloristen, die Ausbesserer, die Graveure, die Färber. Das größte Gebäude, das 1791 von Toussaint Barré errichtet wurde, ist 110 m lang und hat drei Stockwerke. Das Erdgeschoß ist im wesentlichen der Druckerei vorbehalten; es enthält 132 Tische, die in zwei Reihen den von 88 Fenstern erhellten Saal füllen; jeder Drucker arbeitet an einem Tisch zusammen mit einem ‹Abzieher›, der die Farben vorbereiten und auftragen muß. Insgesamt also 264 Personen. Am Ende eines jeden Tisches befindet sich ein Gestell, auf welches das bedruckte Leinen zum Trocknen gelegt wird. Vom Mittelgang der Werkstätte aus läßt sich eine allgemeine und zugleich individuelle Überwachung durchführen: Feststellung der Anwesenheit, des Eifers und der Arbeitsqualität des Arbeiters; Vergleich der Arbeiter untereinander; und ihre Klassifizierung nach Geschicklichkeit und Schnelligkeit; Verfolgung der Fabrikationsphasen» (Foucault 1977, S. 186).

Das «Strukturgitter», das über den Raum gelegt wird und das die Zeit segmentiert, soll alle Unübersichtlichkeiten beseitigen. Verborgene Arbeitsqualitäten sollen transparent und exakt einschätzbar werden. Je mehr sich der Arbeitsprozeß in einzelne Tätigkeiten und Phasen aufgliedert, desto besser läßt sich das arbeitende Individuum «berechnen»: Stärke, Schnelligkeit, Geschicklichkeit und Ausdauer werden – bezogen auf den «tätigen Einzelkörper» – individuell verwertbar. Das «Strukturgitter» ist aber weder starr noch überindividuell-zeitlos. Man muß es sich eher wie ein flexibles Netz vorstellen, dessen Maschen enger gezogen werden können, das aber auch insgesamt verlagert und an anderen sozialen Stellen des Systems ausgelegt werden kann. Auf das vorangegangene Beispiel angewandt heißt dies: Natürlich *muß* nicht jede Fabrik oder Werkstätte die Arbeitenden *so* sortieren und ihre Tätigkeiten transparent halten. Das «Strukturgitter» kann sich auch an anderen, für die Produktion wichtigen Kontrollpunkten zu einem dichten Netz zusammenziehen. Aber auch dann läßt sich beobachten, daß die Prinzipien der raum-zeitlichen Aufteilung strikt eingehalten sind.

Letztlich sind es die jeweiligen ökonomischen Bedingungen (und vor allem die Krisenerscheinungen), die diktieren, wo und mit welcher sozialen Härte «Strukturgitter» über die Arbeitenden gepreßt werden. Das heißt: Selbstverständlich können Fabrikhallen dunkel und unübersichtlich sein, die Sicherheitsvorkehrungen ungenügend und die Maschinen veraltet. Dann ist meistens auch ein Minimum an spontaner Kooperation und «Vermischung» von Arbeitstätigkeiten (zumindest zeitweise) gegeben. Wie der folgende Bericht aus dem Jahre 1930 über das «Leuna-Werk», ein Chemiewerk (ca. 20 km westlich von Leipzig) nahelegt, hat sich in diesem Fall infolge der gesamtgesellschaftlichen Krise das «Strukturgitter» an die Peripherie verlagert:

«Die Arbeiter nennen das Werk das ‹Leuna-Zuchthaus›. Und es wirkt wie ein Zuchthaus, wenn man die Armee der Werkspolizisten (die Arbeiter sagen ‹Anilinsoldaten›), Werksfeuerwehrleute, Aufpasser, Wächter, Oberwächter, Pförtner, Spitzel, Oberspitzel beobachtet. Überall laufen und stehen die Werkspolizisten herum, in gelben Khakijacken, die Feuerwehrleute haben ihr Beil umgeschnallt, die Portiers, die ‹Blauen›, hocken an den Ausgängen (...). Der Arbeiter hat einen Ausweis mit Lichtbild, der Arbeitsplatz ist genau vorgezeichnet. Er darf nur seinen festgelegten Weg zur Arbeitsstätte gehen, jedes Abweichen bedeutet Entlassung. Beim Schichtende muß er einzeln die Fabriktore passieren. Oft werden ‹Stichproben› gemacht. Der Portier führt den Arbeiter in die Kabine, er muß die Hände hochheben, der Portier tastet nach den Taschen, den Körper ab nach ‹gestohlenem Gut›. Manche ‹Verdächtige› müssen sich auskleiden.

Die Werksleitung regelt durch strenge Bestimmungen jede Einzelheit. Da heißt es: (...)

Die Arbeitszeit ist pünktlich einzuhalten. Sie dauert für die Tagarbeiter des Werkes und der Bau- und Montage-Firmen von 8 bis 12 Uhr und von 1 bis 5 Uhr; für die Wechselschichtarbeiter von 6 bis 2 Uhr für die Frühschicht, von 2 bis 10 Uhr für die Mittagsschicht und von 10 bis 6 Uhr für die Nachtschicht. Die Stechzeiten sind für den Arbeitsbeginn spätestens 8 und 1 Uhr, für den Arbeitsschluß frühestens 12 und 5 Uhr. (...) Es ist ohne Ausnahme jedesmal in Arbeitskleidung zu stechen. Die festgesetzten Essens- und Badezeiten sind genau einzuhalten. Auch bei besonders schmutzigen Arbeiten darf die tarifliche Höchstgrenze von 15 Minuten Badezeit nicht überschritten werden» (Stenbock-Fermor 1931; Neuauflage 1980, S. 118f.).

Im *Schulklassenraum* gab es seit jeher die unterschiedlichsten Gründe, Schüler zu isolieren, ihnen gesonderte Disziplinar-Plätze zuzuweisen. Mit steigenden Schülerzahlen mußte ein System eingeführt werden, das Kontrolle garantierte und «Gelehrigkeit» zumindest nicht verhinderte. Die Organisation der Schulklasse als «serieller Raum» war eine der technischen Errungenschaften der «Disziplinen», mit denen die traditionelle Schulpraxis (ein Schüler arbeitet einige Minuten lang mit dem Lehrer,

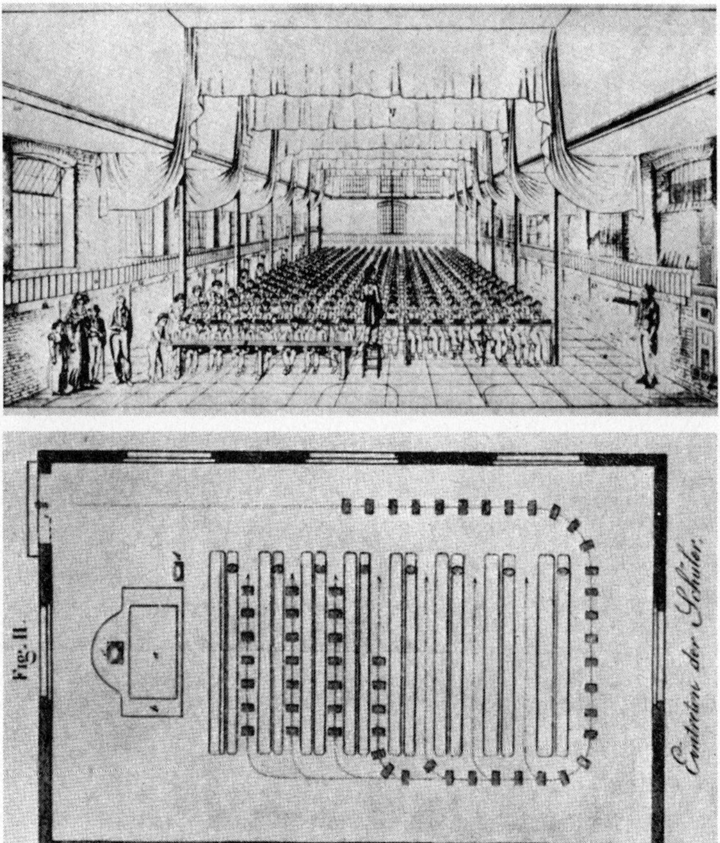

Serielle Anordnungen in Schulklassenräumen

während die ungeordnete Masse der anderen ohne Aufsicht müßig ist und wartet) revolutioniert wurde. M. Foucault zitiert eine französische Schulordnung des 17. Jahrhunderts, die bereits drei Abteilungen im Klassenzimmer vorsah und die auf diese Weise die herkömmliche Organisation für eine soziale Hierarchisierung funktionalisierte: «‹Die ehrenvollste Abteilung gehört jenen, die Latein lernen ... Es ist zu wünschen, daß es so viele Plätze an den Tischen gibt wie schreibende Schüler, damit von den Faulen keine Unordnungen angestiftet werden können.› In einer zweiten Abteilung sitzen die Schüler, die lesen lernen: eine Bank für die Reichen, eine Bank für die Armen, ‹damit sich das Ungeziefer nicht überträgt›. Die dritte Abteilung ist für die Neuankömmlinge: ‹Sobald man ihre Fähigkeiten erkannt hat, wird man ihnen einen Platz zuteilen›» (Instructions méthodique pour l'école paroissiale, 1669; zit. nach Foucault 1977, S. 189, Fußnote).

Allerdings sind auch zu diesem Beleg einige zusätzliche Hinweise notwendig. Wenn es z. B. im obigen Zitat heißt, daß es wünschenswert ist, «daß es so viele Plätze an den Tischen gibt wie schreibende Schüler», so ist anzunehmen, daß die Schulwirklichkeit dem meistens nicht entsprach. Vor allem später, zu Beginn des 19. Jahrhunderts, als sich der Kapitalismus mit seiner Dialektik von Ordnung und Chaos, von Disziplin und Anarchie voll zu entfalten begann, als für die ungebildeten Arbeitermassen Fabrik- und Armenschulen eingerichtet wurden, haben meistens katastrophale räumliche Verhältnisse geherrscht. Von Ordnung, Übersicht, Kontrolle oder gar «Bildung» konnte da kaum mehr die Rede sein.

Eine Klassenfrequenz von 80 bis 90 Kindern war keine Seltenheit. Der Bericht eines Schulinspektors (um 1850) über die Zustände an der Armenschule in Pirna (Sachsen) ist bezeichnend:

«Die 5. Knabenklasse hat 89 Schüler, die an 9 Tafeln Platz finden sollen. Da der Raum, namentlich beim Schreiben, nicht ausreicht, so müssen gegen 10 bis 12 Kinder auf dem Tritte, worauf des Lehrers Sitz befindlich, Platz nehmen, können also nur dann schreiben, wenn sie entweder die Tafeln auf die Knie legen, wobei eine krumme und regelwidrige Haltung des Körpers nicht zu vermeiden ist, oder wenn sie die Tafeln auf den Tritt legen und vor selbigem knien, welches letztere zum Schaden der Beinkleider gewöhnlich geschieht. Der schlimmste Übelstand aber ist, daß die auf dem Tritt sitzenden Kinder die Klasse vor dem Gesichte haben und zu tausendfältigen Störungen durch Pantomimen sich vielfältig versucht fühlen, während, ihnen selbst zum Nachteil, der Lehrer in den Lehrstunden ihnen im Rücken steht» (zit. nach Lange 1978, S. 197).

Die Methode der Zergliederung des Menschen in Einzelfunktionen erforderte, wollte sie voll wirksam sein, eine *«politische Sprache»*. Sie hatte die Aufgabe, Vereinzelung und mögliche «Individualisierung» von abgespaltenen Funktionsbereichen zu verhindern und alles unter ein «Kommando» zu stellen. Die Anlehnung der Disziplinar-Sprache an militärische Termini ist daher nicht zufällig.

H. F. Kahle (1890, 8. Aufl.) gab in sehr direkter Art für die Volksschullehrer die Empfehlung, «lerne vom Militär»: «Für die Volksschule unterscheiden wir das Ordnungskommando, das Revisionskommando, das Kommando beim Unterrichten und das Kommando vor dem Hinausgehen.

1. Das Haupt-Ordnungskommando lautet ‹Ordnung›, dem militärischen ‹Stillgestanden!› vergleichbar. In ihm sind alle einzelnen Kommandos enthalten, welche sich auf die Haltung und Stille der Schüler beziehen, also die bei schwachem Regiment die ganze Stunde hindurch wiederholten Kommandos: ‹Gerade sitzen! Ruhe! Mund halten! Vordermann! Füße still! Steht auf! Setzt euch!› u. dgl. ...

2. Das Revisionskommando wird angewendet, um zu sehen, ob die Griffel gespitzt, die Tafeln abgewischt, die Hände gewaschen, die Hefte liniert sind usw. Es lautet: ‹Griffel hoch! Tafeln hoch! Hefte zeigt!› usw. ...

3. Das Kommando beim Unterrichten. Zu Anfang der Lektion heißt es: ‹Bücher vor! Fertig zum Schreiben!› ... (...) Wie das Kommando beim Militär nicht immer Wortkommando ist, sondern auch durch Trommeln und Blasen gegeben wird, so bedient man sich zum Zusammenrufen der Schüler beim Anfang der Schulstunden, beim Schluß der Zwischenpausen usw. der Schulglocke, und jedes der oben angegebenen Kommandos kann durch Zeichen mit Händen (Klopfen, Schlagen, Winken u. dgl.) ersetzt werden. (...)

Die Ausführung der Kommandos muß eingeübt werden, damit dem Lehrer das Kommandieren, dem Schüler die pünktliche Befolgung zur zweiten Natur werde. Ein ‹sich gehen lassen› auf dieser oder jener Seite ist von den nachteiligsten Folgen. Die Zucht einer Schülermasse gelingt um so besser, je mehr der Lehrer sich selbst in Zucht hält» (zit. nach Rutschky 1977, S. 243f.).

Dieser Text zeigt, daß die militärische Kommandosprache bei einer straffen Ökonomisierung durch ein Signalsystem ersetzbar ist, das heißt, die *positive Ökonomie*, die von den Disziplinen angestrebt wird, kommt erst voll zur Geltung, wenn die Anatomie des Körpers durch Konditionierungsmaßnahmen «aufgehoben» wird. Im «anatomisch-chronologischen Verhaltensschema» – wie M. Foucault diese Synthese nennt – wird der in Funktionen zerlegte Körper an zeitliche Imperative gekoppelt. Über Methoden der Signalgebung (Klopfen, Winken, Trommeln) wird eine optimale Kombination von disziplinierten und höchst leistungsfähigen Körperfunktionen erreicht: eine Annäherung des Menschen an die damals schon perfekter funktionierenden Maschinen.

Die «Geburtsstunde» der vorwissenschaftlichen Theorie des Mensch-Maschinen-Systems ging also aus der Erziehungspraxis des 17. und 18. Jahrhunderts hervor. Als die Psychologen bzw. Physiologen die «Konditionierung» entdeckten, war in der militärischen und pädagogischen Praxis ein Reiz-Reaktions-System von großer Perfektion längst durchgesetzt. Foucault (1977, S. 216, Fußnote) berichtet, daß z. B. ein Kenner der damaligen Zeit (R. R. Tronchot) ausgerechnet hat, «daß die Schüler täglich mehr als 200 Befehle zu empfangen hatten (die außerordentlichen Anordnungen nicht mitgezählt); allein am Vormittag waren es 26 mündliche Befehle, 23 Befehle durch Zeichen, 37 durch Klingeln und 24 durch Pfeifen; das bedeutet, daß es alle drei Minuten ein Pfeif- oder Klingelsignal gab».

Betrachtet man die praktisch grenzenlose Nutzbarmachung des «anatomisch-chronologischen Verhaltensschemas», so verwundert es nicht, daß die physiologisch-psychologische Untersuchung von Reiz-Reaktionsketten zum zentralen Ausgangspunkt von Laboratoriumsexperimenten in allen Machtzentren der damaligen Welt wurde.[5] Es gab eben nicht nur den philosophischen Traum von der vollkommenen Gesellschaft, die kraft Rationalität Ordnungen entwirft und kraft Vernunft Verträge einhält. «Es gab (...) auch ein militärisches Träumen von der Gesellschaft; dieses berief sich nicht auf den Naturzustand, sondern auf die sorgfältig montierten Räder einer Maschine; nicht auf einen ursprünglichen Vertrag, sondern auf dauernde Zwangsverhältnisse; nicht auf grundlegende Rechte, sondern auf endlos fortschreitende Abrichtungen; nicht auf den allgemeinen Willen, sondern auf die automatische Gelehrigkeit und Fügsamkeit» (Foucault 1977, S. 218).

In letzter Konsequenz hätte die Realisierung dieses Traums bedeutet, den pädagogischen Disziplinar-Raum auf die totale Isolation des Individuums hin zu konzipieren, denn nur so wäre der oberste Zweck jeder Gelehrigkeit erreicht worden: moralische Reinheit durch Unterwerfung des Körpers unter das Diktat der eigenen Konzentration und fremden Intelligenz.

E. Trapp und M. Ehlers entwarfen 1780 eine Schulbank, deren Konstruktion viel über die Ängste der Planer und wenig über das reale Verhalten der Kinder aussagt: «Was sich vielleicht nirgends findet, ist dies, daß auf einer Bank jeder Sitz durch ein Scheidebrett sollte eingeschlossen sein, und zwar ganz von der Bank, bis oben hinauf. Hin und wieder findet man solche Bänke in den Kirchen, wo zwar viele Personen in einer Bank sind, aber jede ganz für sich sitzt, ohne zur Linken oder zur Rechten berührt werden zu können. Diese Scheidung müßte auch unten auf dem Brett, wo die Füße ruhen, zwischen den Füßen angebracht sein. Diese könnte einen halben Fuß hoch sein, damit jeder, der nach seinem Platz ginge, bequem übertreten könnte; und wer nicht mit einem gewissen Zwang die Füße in die Höhe hebe, würde zur Seite nicht andere Füße oder Beine berühren können. (Aber diesen Zwang würde die Jugend nicht scheuen, vielmehr gern haben, weil er mehr Anlaß zur Tätigkeit gibt ...) Die Folge von dieser Einrichtung wäre ernstlich diese, daß tausend Anlässe zu Zerstreuung und Spielereien wegfielen, und dann besonders diese, daß das gemeine und unanständige Betragen, welches sich leicht einschleicht, wenn jeder im Sitzen den anderen berührt und ihn anstoßen und die Hände auf ihn legen kann, nicht veranlaßt werden kann» (Trapp/Ehlers 1780; zit. nach Rutschky, S. 505).

Der Vorschlag der beiden Pädagogen E. Trapp und M. Ehlers, der darauf hinauslief, die Bänke durch geschlossene Kojen mit Sehschlitzen nach vorne zu ersetzen, wurde in Schulen nicht verwirklicht – wohl aber in Lehrsälen der Gefängnisse (z. B. in Fresnes und Moabit). Wahrscheinlich ließ man im «normalen» Ausbildungsbereich von solchen rigorosen Isolationsmaßnahmen auch deshalb ab, weil sich rasch herausstellte, daß die

Von der Schulbank zum Isolationskäfig?

Verschiedene Schulbankkonstruktionen, um 1905

Sogenannte «Schrankbänke» in der Haftanstalt Moabit

von den Dressurmaßnahmen erzwungene gedankliche Zerlegung des Körpers in seine anatomischen Bestandteile ebenfalls ausreichende Möglichkeiten bot, den oben genannten Zweck zu erreichen. Und schließlich – allerdings erst über hundert Jahre später – gab es auch engagierte Pädagogen, die sich gegen die Unterwerfungsmaschinen und Isolationsmaßnahmen zur Wehr setzten.

Hier ist vor allem eine Frau zu nennen, die es – erstmals in der jungen Geschichte der Kinderforschung – unternahm, die wissenschaftlich gestützte Ideologie des Disziplinar-Raumes einer radikalen Kritik zu unterziehen, und die sich auch nicht scheute, daraus pädagogische Konsequenzen zu ziehen: *Maria Montessori*. Auch sie kam über die Medizin zur pädagogisch-psychologischen Kinderforschung – nachdem sie ihr Studium der Physik und Mathematik abgebrochen und dann als erste Frau in Italien ihr Medizinstudium 1896 mit einer Doktorarbeit aus dem Gebiet der Psychiatrie abgeschlossen hatte.

Ohne die beiden Schulbank-Konstrukteure E. Trapp und M. Ehlers zu kennen (oder zu nennen), bezog sie sich in ihren kritischen Abhandlungen offensichtlich auf solche Disziplinargeräte: «Um nur auf eines hinzuweisen – die Schulbank. Sie bietet ein klares Beispiel vom Irrtum der wissenschaftlichen Pädagogik in ihrer ursprünglichen materialistischen Richtung, die sich einbildete, Steine herbeizutragen für den Wiederaufbau der verfallenen Schule. Früher gab es nur die roh gezimmerte lange Bank, wo die Kinder dicht gedrängt zusammensaßen. Dann kam die Wissenschaft und verbesserte die Bank. Zu diesem Werk nahm sie alles in Anschlag, was die Anthropologie beisteuerte: die verschiedenen Altersstufen des Kindes und die ihnen entsprechende Länge der Beine, woraus man auch die richtige Höhe des Sitzes berechnete; mit peinlichster Genauigkeit wurde die Entfernung zwischen dem Sitz und dem Pult berechnet, damit der Rücken des Kindes nicht verkrümmt werde, und schließlich – als Gipfel des Scharfsinns und der Anpassung – wurden die Sitze getrennt und so schmal bemessen, daß das Kind sich kaum hinsetzen, noch viel weniger aber sich mit seitlichen Bewegungen strecken konnte, damit es nur von seinem Nachbarn säuberlich isoliert sei. (...) Und hier wird die Wissenschaft selbst zum Werkzeug der Heuchelei und baut Maschinen für diesen Zweck! Damit nicht genug: Die willfährige Wissenschaft geht noch weiter und vervollkommnet die Bank so, daß sie die Unbeweglichkeit des Kindes in größtem Maße gewährleistet ...» (Montessori 1913, S. 15).

2. Die Vorherrschaft der positiven Ökonomie

a) Eine Theorie neuer Prozesse

Die Entstehung der positiven Ökonomie muß man sich als einen vielschichtigen Prozeß vorstellen, der in jeder seiner Phasen auf Disziplin und Disziplinierung angewiesen war. Die Grundlagen dieses Entstehungszusammenhanges sind, stichwortartig notiert, kurz folgende:

Große Heere wurden aufgebaut und viele Menschen begannen an Maschinen in Fabriken zu arbeiten. Folglich wurde eine Ökonomie notwendig, die von einer endlos fortschreitenden Dienstbarmachung des disziplinierten Menschen träumte: Alle Individuen sollten (wie Maschinen) den Maschinen und den Menschen dienen, sowohl in der Fabrik als auch im Heer.

Ein diszipliniertes Heer war Voraussetzung für erfolgreiche Eroberungen, und Eroberungen sicherten die Expansion des Marktes, sicherten Rohstoffquellen und billige Arbeitskräfte. Das Heer diente also den Fabriken – aber nicht nur auf diesem Umweg; denn in den Fabriken standen wertvolle Maschinen, die man gegebenenfalls davor schützen mußte, daß sie durch die zerstört werden, die an ihnen arbeiteten, ohne sie zu besitzen. Auch dazu war ein diszipliniertes Heer vonnöten.

Wie ich dargestellt habe, besorgten die «Disziplinen» die fortschreitende Isolierung und Aufteilung des Menschen und seiner Glieder; sie waren aber auch für die Zusammensetzung der zerstückelten und abgerichteten Elemente verantwortlich. Sie schufen damit einen neuen Menschen für eine neue Gesellschaft. Oder weniger pathetisch ausgedrückt: *Die Disziplinar-Gesellschaft besorgte die Zurichtung des Menschen für die kumulative Gesellschaft.* Diese These soll im folgenden noch weiter ausgeführt werden.

Der französische Soziologe Henri Lefèbvre hat im Anschluß an die Marxsche Unterscheidung zweier aufeinander folgender Gesellschaftsformen (der vorkapitalistischen, agrarisch-handwerklichen Gesellschaft mit der «einfachen Reproduktion» folgt die kapitalistische Industriegesellschaft mit der «erweiterten Reproduktion») eine «Theorie der Prozesse» ausgearbeitet, deren Grundgedanke sich so darstellen läßt: Die vorkapitalistischen, archaischen Gesellschaften waren *nichtkumulative* Gesellschaften, das heißt, die gesellschaftliche «Praxis», die Aufrechterhaltung von Produktions- bzw. Reproduktionsbedingungen, war in relativ stabile Strukturen *zyklischer* Art eingebunden. Diese Zyklen organisierten die Zeit nach Natur-Rhythmen: Stunden und Tage, Jahre und Jahreszeiten, Jugend und Alter usw.

Pierre Bourdieu hat in seiner Studie über die nordafrikanische «kabylische Gesellschaft» an Hand vieler Beispiele gezeigt, wie in der «rituellen Praxis» dieses Stammes zyklische Lebensformen realisiert werden und wie hoch der Naturkreislauf (z. B. Zeiten der Ernte, Feldbestellung) mit dem Praxissystem (z. B. Zeiten der Heirat, Geburt, des Webens usw.) korreliert, d. h., beide Systeme vermitteln sich über Riten, die ihrerseits fester Bestandteil der kollektiven Lebenspraxis sind (vgl. Schema). Der Autor erklärt dies wie folgt: «Die großen Momente des Landwirtschaftsjahres, von Marx *Arbeitsperioden* genannt, sind durch Riten gekennzeichnet, die kraft ihrer Gewichtigkeit, ihres förmlichen und imperativen Charakters sich von den Riten der *Produktionsperioden* abheben, deren einzige Funktion darin besteht, der in *Arbeit begriffenen Natur* beizuste-

Das Landwirtschaftsjahr und das mythische Jahr

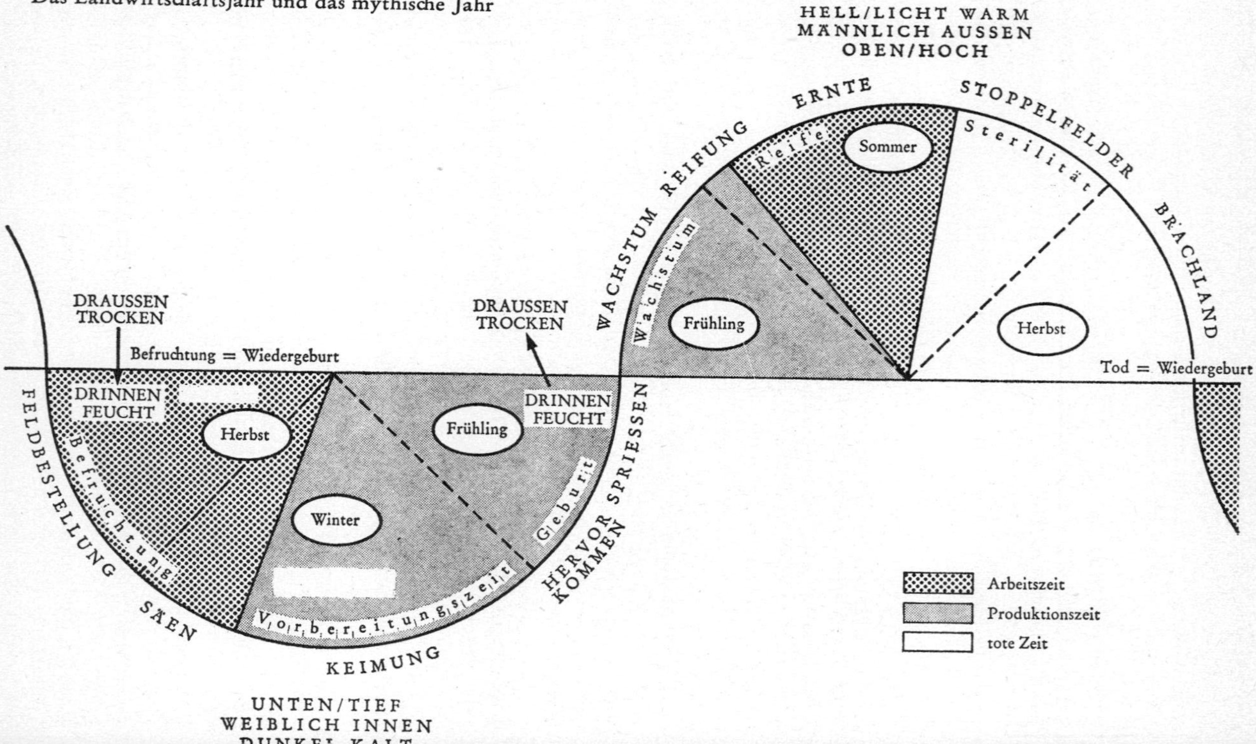

Der Kreislauf der Frauenarbeit

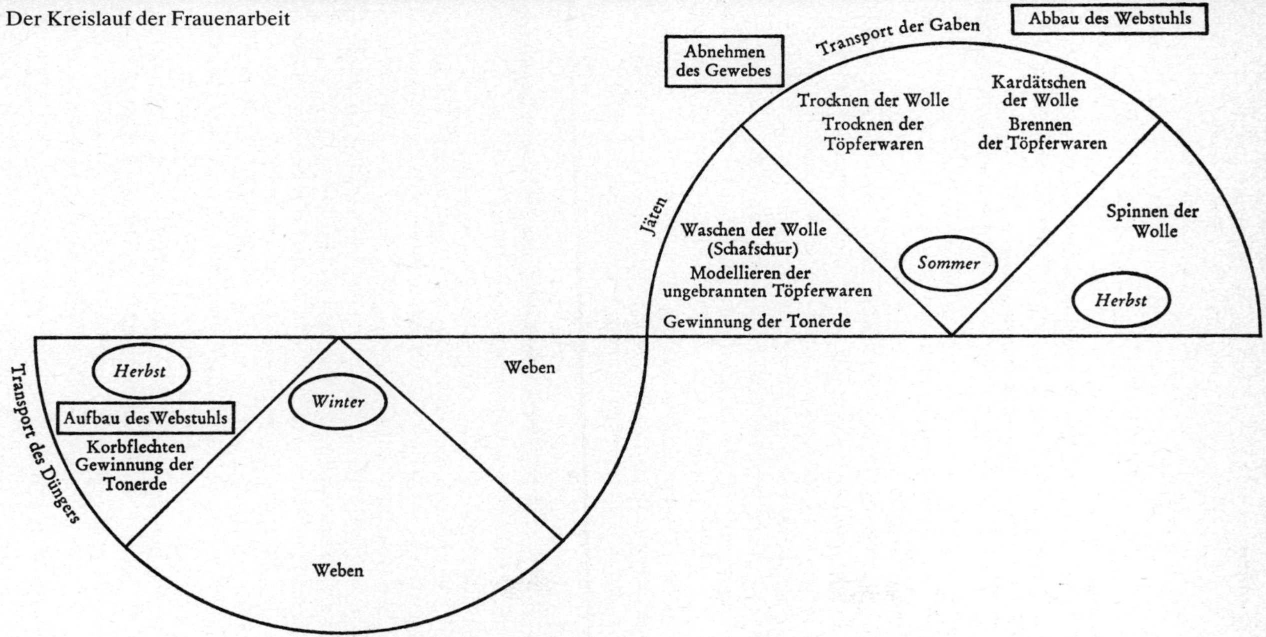

Das Zusammenspiel von zyklischer Zeit und ritueller Praxis: Was die Subjekte tun, hat mehr Sinn, als sie wissen (vgl. Bourdieu 1976, S. 179; Abb. ebd., S. 283 und 303).

hen. (...) Den Riten, die mit der Feldbestellung und der Heirat einhergehen, kommt die Funktion zu, qua Verschleierung den unabwendbaren Zusammenprall der beiden gegensätzlichen Prinzipien statthaft zu machen ...» (vgl. z. B. die «Versöhnung» von Befruchtung/Wiedergeburt/Tod im Bereich «Herbst»; siehe Schema; Bourdieu 1976, S. 282).

Die zyklische Wiederkehr – eine andere Art von Monotonie als die, die den Menschen von industriellen Produktionsweisen aufgezwungen wurde – gab den archaischen Gesellschaften eine klare innere Struktur: Stabilität in Form von authentischen Sitten und Gebräuchen, Stagnation durch geringes Wirtschaftswachstum und fast vollständigem Verbrauch des Produktionsüberschusses, Gegensätze in Form von krassen Widersprüchen, hervorgerufen durch Massenelend und Herrscherglanz, idyllischen Frieden und brutale Gewalt.

Der Aufschwung des Handels, des städtischen Lebens, die Wiederentdeckung der griechischen Philosophie, vor allem auch eine nie zuvor dagewesene Akkumulation von technischem Wissen in den «zivilisierten» Ländern, alle diese gesellschaftlichen Bedingungen erarbeiteten die Voraussetzungen für eine neue Form der Produktion bzw. Reproduktion. Die «*erweiterte Produktion*» hob die zyklische Zeiteinteilung tendenziell auf und organisierte «Zeit» *linear*; das bedeutete, daß die Zeit als kumulativer Prozeß nach der gleichen Rationalität» akkumulierbar wurde, wie das Kapital durch kapitalistische Produktionsweise akkumulierbar geworden ist. *Rationalität und Akkumulierbarkeit wurden zu identischen Begriffen*.

Jeder kumulative Prozeß läßt sich graphisch durch eine Exponentialkurve darstellen, wobei diese Wachstumskurve eine Funktion der Zeit ist. H. Lefèbvre schreibt, daß diese Vorstellung der ungebrochenen Akkumulation nur für eine «Tendenz» stehen kann: «Man kann annehmen, daß das biologische und physiologische Leben eine *Tendenz* zum kumulativen Prozeß enthält, die aber sofort durch entgegengesetzte Faktoren (Sättigung, Hindernisse) gebremst und gehemmt wird (Lefèbvre 1975, S. 167; Hervorh. im Orig.). An einer anderen Stelle schreibt der Autor: «Im übrigen weiß man, daß Ereignisse und historische Konjunkturen einen kumulativen Prozeß unterbrechen oder gar zerbrechen können» (ebd., S. 162).

Trotz dieser Einschränkungen dürfte feststehen, daß es der kumulative Charakter war, der schließlich Erkenntnis- und Handlungsweisen eine «Rationalität» verlieh, mit der allein die gesellschaftliche Durchsetzung eben dieses Prinzips gesichert war: «*Was wir ganz allgemein das Rationale nennen, hat einen kumulativen Charakter*. Unter diese verschiedenen Tätigkeiten, diese Teilprozesse in einem Gesamtprozeß, rechnen wir die Erkenntnis, die Technik, die Produktion und Produktivität, d. h. das Ökonomische, die Kultur im geläufigen Sinne (die an Rationalität und Erkenntnis gebundene) und wohl auch das politische Handeln als Operation auf der Ebene der etablierten, juristischen und bürokratischen Überbauten, die ihrerseits lawinenartig anwachsen» (ebd., S. 162; Hervorh. im Orig.).

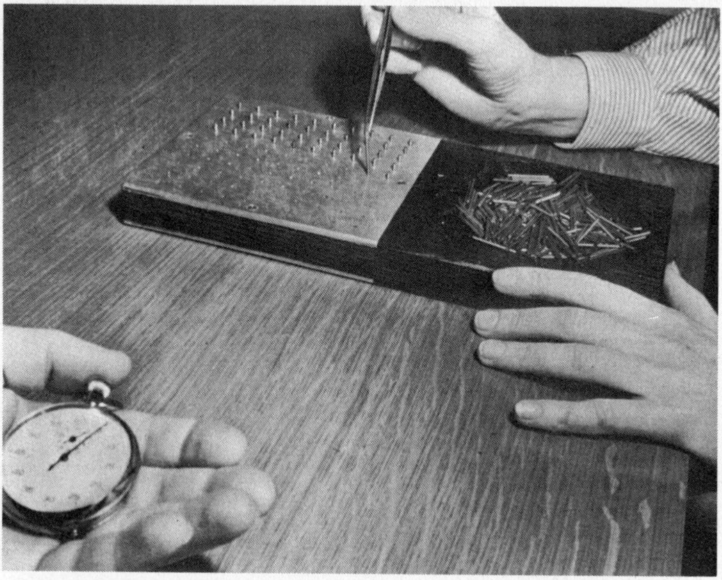

Die lineare Zeit des kumulativen Prozesses hat die zyklische Zeit zerbrochen: Was die Subkjekte tun, hat weniger Sinn, als ihnen vorgespiegelt wird (hier: bei einem psychologischen Test).

H. Lefèbvre hat auch darauf aufmerksam gemacht, daß die zwanghafte Faszination, die von dieser Vorstellung ausging, alles ließe sich auf kumulative Prozesse bzw. ihre Störungen zurückführen, auch die *psychologische Forschung* um die Jahrhundertwende voll erfaßt hatte: «Auch das menschliche Gehirn (bzw. genauer der Kortex) erscheint in der Verlängerung dieser Tendenz als ein Organ mit der Fähigkeit, die Erfahrungen zu kapitalisieren. (...) Die Arbeiten der Pawlow-Schule erlauben, diese kumulative Funktion des Gehirns zu studieren und zugleich zu begreifen, wo seine Fesseln liegen. Der Mensch vergißt ebensoviel, wie er im Gedächtnis behält. Das Funktionieren des Kortex ruft innere Hemmungen und Bremsvorgänge hervor. Der Kortex ist rasch saturiert; durch die Emotionen wird dieses kumulative, aber lückenhafte Funktionieren gestört. Die Selbstregulierungen sind niemals perfekt, sie erlauben niemals die vollständige Kapitalisierung des Erworbenen. Nicht anders steht es mit den psychologisch genannten Funktionen: Erinnerungsvermögen, Wahrnehmung, Intelligenz» (ebd., S. 167).

Die «Disziplinen» wußten sehr genau, wie es um die Akkumulierbarkeit der Zeit bestellt war. Sie preßten dem Menschen unter Preisgabe seiner zyklischen Einheit einen neuen Lebensrhythmus auf: Sein Körper und sein Geist wurden von Zeichen und Signalen umgeben, die allesamt vom «öffentlichen Leben», von der kumulativen politischen und ökonomischen Praxis diktiert wurden. Oder als These formuliert: *Die Disziplinar-*

Gesellschaft hat eine Theorie der Konditionierbarkeit vorbereitet und durch die praktische Erprobung einen konkreten Beitrag zur «Mikrophysik der Macht» geliefert.

b) Die Kontrolle im Mikro-Verhaltensbereich

Die Ausführungen des vorangegangenen Abschnitts können bündig so formuliert werden: Die serielle Aufteilung von Raum und Zeit begünstigte vielfältige Kontrollmöglichkeiten; Kontrollintentionen erzwangen Ordnungssysteme. Oder anders ausgedrückt: Erweiterte Reproduktion, Umorganisation in arbeitsteilige Produktionsverfahren, Rationalisierung der gesamten Lebenspraxis stellten lineare und kumulative Seriation erst her, während die kumulativen Prozesse ihrerseits ein neues Wissensverfahren, eine Akkumulation positiven Wissens begünstigten.

Die bisher zur Illustration zitierten Beispiele sollten nicht nur zeigen, was Pädagogen und Praktiker damals dachten, sondern auch andeuten, in welcher Richtung der *Alltag des Menschen* verändert wurde. Alle Errungenschaften der Disziplinar-Gesellschaft, die von der Wissenschaftsgeschichte später als «große Entdeckungen» gefeiert wurden, hatten ihre Schattenseiten. M. Foucault vergleicht diese Entdeckungen mit Medaillen: Die eine Seite, die glänzende, liegt oben und hat die Prägung «Wissenschaft», mit der anderen Seite, der düsteren und verdeckten, ist der Alltag konfrontiert.

Um das Funktionieren des Alltags zu garantieren, wurden im 18. Jahrhundert überall Registrierverfahren eingesetzt, die aus den unübersichtlichen und deshalb unnützen oder gefährlichen Mengen von Einzelobjekten geordnete Vielheiten gleichen Typs zu machen hatten. M. Foucault zählt zu diesen Verfahren die Erstellung von «*Tableaus*» und erwähnt folgende allgemeine Bereiche, in denen sie angelegt wurden: «Anlegung der Pflanzen- und Tiergärten und gleichzeitig rationale Klassifizierung der Lebewesen; Beobachtung, Kontrolle und Regulierung des Kreislaufs der Waren und des Geldes und damit auch die Konstruktion eines ökonomischen Tableaus als Grundlage der Bereicherung; Inspektion der Menschen, Feststellung ihrer Anwesenheit und Abwesenheit, Aufstellung eines allgemeinen und beständigen Registers der bewaffneten Kräfte; Aufteilung der Kranken und Absonderung voneinander, sorgfältige Abdichtung des Spitalraumes und systematische Klassifizierung der Krankheiten: Bei allen diesen Doppeloperationen hängen die beiden Elemente eng zusammen: die Aufteilung und die Analyse, die Kontrolle und das Verständnis» (Foucault 1977, S. 190).

Die *pädagogisch-psychologischen Tableaus* entstanden, indem alle Verhaltensweisen von Zöglingen und Heiminsassen genau beobachtet und registriert wurden. Für die Beobachtung gab es detaillierte Anweisungen an die diensthabenden Aufsichtspersonen («Präzeptoren»). Ihre Aufsichtspflicht war total, ihre Beobachtungsobjekte waren der seriellen Anordnung und dem kumulativen Verständnis menschlichen Verhaltens unterworfen:

«Die Kinder müssen alle Zeit unter sorgfältiger Inspektion gehalten werden, sei es in der Stube, auf dem Hof, im Speise- oder Bettsaal, beim Kleiderwechseln, bei der Reinigung oder wo es auch sein mag, und sind ohne Not auch nicht auf eine kurze Zeit allein zu lassen; daher kann ein *Präzeptor* in den Freistunden kein Kollegium besuchen. Es ist die *Inspektion* nicht nur *praesenti corpore* (mit gegenwärtigem Leibe), sondern auch *prasenti animo* (mit gegenwärtigem Geist) und also treulich zu verrichten, daher ein Präzeptor nicht mit anderen zusammentreten, noch auch *ambulando* (hin und her spazierend) sich in einen langen *Diskurs* einlassen kann, vielmehr hat er seine Kinder nach dem *Katalog*, so er auch wohl bei sich trägt, immer zu übersehen, sei es auf der Stube, auf dem Hof, in der Kirche, beim Spazierengehen oder sonst, ob sie auch alle da seien, und wo eins fehlt, selbiges zu bemerken und zu *examinieren*, wo es gewesen. Ist ein *Präzeptor* auf der Stube, hat er nicht nur zuzusehen, ob sie alle da seien, sondern auch, was sie machen, was sie lesen, was sie schreiben, denn es kann leicht geschehen, daß ein Kind heimliche Briefe schreibt oder in garstigen Büchern liest oder doch nichts Rechtes vornimmt, worin er ihm mit Rat, Warnung und Abhaltung, auch Vorstellung des Willens und der Allgegenwart Gottes, nach Befinden begegnen kann» (Franke 1722; zit. nach Rutschky 1977, S. 161; Hervorh. im Orig.).

Der Grundgedanke, daß alle Verhaltensweisen, ob sie nun nach Moral- oder Leistungsbegriffen einzuschätzen sind, als kumulative Prozesse darstellbar sind, kommt hier konkret zum Tragen, d. h., die Auflösung jedes Verhaltenskomplexes, jeder Einstellung, Neigung und Gewohnheit in akkumulierbare Prozesse charakterisiert das System der pädagogischen Tableaus. Dabei ging die «Mikrophysik der Macht» fast unmerklich in eine «*Mikro-Justiz*» über. Die Tableaus des «Herrn Willich» – über die ausführlich im folgenden Beleg berichtet wird – zeigen dies deutlich: Dort, wo die Verhaltensanweisung minuziös vorgeschrieben war, wurde stets auch ein System erfunden, die Verstöße gegen diese Anweisungen zu registrieren und zu ahnden.

Der Pädagoge J. Heusiger gibt in einer Schrift, die im Jahr 1800 bereits in der zweiten Auflage erschien, präzise Hinweise für das Anfertigen von «moralischen Leistungskurven». Als diesbezügliches Vorbild gilt ihm ein Kollege, ein gewisser «Herr Willich», der die Idee hatte, «über alles, was nur immer Wichtiges unter den Kindern vorkommen kann, eine Art von *Register oder Buch* zu führen, unter dem Namen der *Tafeln*. Es waren aber keine Meritentafeln, keine Belobungs- oder Bestrafungsdekrete, sondern, wie gesagt, nichts als *bloße Register*. ‹Du hast dies getan›, es wird also an seinem Orte angemerkt» (zit. nach Rutschky 1977, S. 546).

Die verschiedenen Tafeln, auf denen jeweils in einer Kolonne die Namen aller Kinder verzeichnet waren, hatten verschiedene Überschriften gemäß den «Geschäften und Forderungen, die man den Kindern auflegte», also z. B.: «äußerer Anstand im Gang oder im Stehen oder im Reden; frühes Aufstehen; sorgfältige Reinigung und Geschwindigkeit im Anziehen; Eifer zur Arbeit; pünktliches Folgen;

Proben von Geduld, Mäßigung und Selbstbeherrschung; löbliche Wißbegierde; Überlegung und Beurteilung; Willigkeit und Gefälligkeit; Aufmerksamkeit während des Unterrichts; Proben von Gedächtnis; Proben von Nachdenken und Scharfsinn; Geldökonomie; Führung des Amtes; Uneigennützigkeit; bewiesene Geschicklichkeit in jeder besonderen Arbeit, z. B. im Nähen, Stricken, Klavierspielen, im Singen, in Papp-, in Holz-, in Metallarbeiten – für jedes eine eigene Tafel.»

«Auf diesen Tafeln wurde nicht nur während der Lektion und während der Arbeiten vermerkt, wer sich gut oder nicht gut auszeichnete, sondern auch am Ende der Lektionen und während des Tages, und am Ende desselben wurde im Beisein aller Kinder das Betragen eines jeden auf den Tafeln vermerkt. Es geschah mit Ermahnungen und Erinnerungen oder *ohne* dieselben, je nachdem man fand, daß eine schlimme Neigung zur Gewohnheit oder Fertigkeit werden wollte oder daß der begangene Fehler nur Folge einer nicht habituellen Unaufmerksamkeit oder Übereilung gewesen war. Vermerkt wurde er aber auf alle Fälle, und zwar auf folgende Art ...»

Nun folgt die Darstellung eines Punktesystems, mittels dessen mehrfache «Plus» und «Minus» verrechnet werden konnten: «... es wurde auch das Gute und Nichtgute gegeneinander berechnet, und vermerkt, auf welcher Seite der Ausschlag war. Doch dies war noch nicht genug. Das Betragen eines jeden Kindes in der letzten Woche wurde nun auch mit dem in der vorigen Woche verglichen. Daraus ergab sich, ob man *gestiegen* oder *gefallen* war, und dieser Umstand war von Bedeutung. Denn sooft in der neuen Woche die Frage kam, ob man an einem Vergnügen oder an sonst etwas Angenehmen teilnehmen konnte oder nicht, so entschied der Umstand, daß man gestiegen war, dafür, der, daß man gefallen war, gegen die Teilnahme.»

Ebenso wie die «Hauptrevision», die am Ende eines Halbjahres stattfand, waren diese Wochenbilanzen wichtige Elemente in Herrn Willichs Erziehung: «Es wurden dabei jedesmal nachdrückliche Betrachtungen, Ermahnungen und Ratschläge gegeben, ausführliche Erkundigungen über das, was vorgetragen und aufgezeichnet worden war, veranlaßt, das Betragen der letzten Woche mit dem in den vorigen verglichen, und, mit einem Wort, nichts gespart, was den Kindern lehrreich sein und sie zur Kenntnis ihrer selbst bringen konnte. Dabei wurden auch die Amtsberichte nochmals durchgesehen, beurteilt und die Ämter wieder aufs neue verteilt» (sämtliche Zitate nach Rutschky 1977, S. 546–549; Hervorh. im Orig.).

Indem sich kumulative Prozesse endlos «ökonomisieren» lassen, d. h. in beliebig kleine, immer noch zensurierbare Einheiten zerlegt werden können, sind zu jedem Tableau weitere Tableaus denkbar, die zusätzliche Differenzierungen bringen. Im System des Herrn Willich wurden auf diese Weise folgende Verhaltensbereiche erschlossen und disziplinarisch beurteilt:

- der Körper (sorgfältige Reinigung)
- die Zeit (pünktliches Folgen, Geschwindigkeit im Anziehen)
- die Bewegung (Anstand im Gehen und Stehen)
- die Sprache (Anstand im Reden)
- der Geist (Faulheit, Stumpfsinn, Unwilligkeit)
- die Moral (Unmäßigkeit, Ungeduld, Eigennutz)
- die Tätigkeit (Ungeschicklichkeit, Unaufmerksamkeit)
- das Material (Verschwendung).

Die auf die Tableaus abgestimmte Mikro-Justiz arbeitete, gemessen an

Die neuen Erziehungsmittel: Einsperren – Degradieren – Arbeiten

Ungezogener Schüler im Käfig, 1825

In einem Arbeishaus von J. H. Wichern, 1851

der über lange Zeit tolerierten Prügelstrafe, mit einem relativ subtilen, wenn auch nicht gewaltfreien Maßnahmenkatalog. Wie dies praktisch gehandhabt und legitimiert wurde, zeigt das folgende Beispiel aus einer bedeutenden reformpädagogischen Bewegung.

Angesichts der Widersprüchlichkeit, die der pädagogischen Ideologie des aufgeklärten Zeitalters immanent war, wundert es nicht, daß gerade der *Philanthropismus* – also jene pädagogische Reformströmung, die sich im 18. Jahrhundert engagiert und für andere Bewegungen vorbildhaft der erzieherischen Gedanken von J. Locke, J. J. Rousseau u. a. angenommen hatte – für die *Abschaffung der Prügelstrafe* eintrat. Überzeugt wurde mit dem Argument, es gäbe effektivere Erziehungsmaßnahmen. Die Philanthropen beließen es nicht bei der Aufforderung, das Prügeln beiseite zu lassen, sondern gründeten eigene Erziehungsanstalten, die nach ihren Reformvorstellungen geleitet wurden. Das erste «Philanthropinum» wurde 1774 eröffnet.

K. F. Bahrdt, selbst Pädagoge und Philanthrop, berichtet, daß die *körperliche Züchtigung* im Philanthropium streng untersagt war:

«Schläge dulden wir jetzt im Philanthropin gar nicht mehr. Anfangs glaubten wir, daß äußerst harte Bösewichter damit gezwungen werden müßten; aber die Erfahrung lehrte uns, daß gerade diese ihre Ehre darin suchten, in Erduldung ihrer Schläge ebenso stoisch zu sein, als sie in Begehung ihrer Bosheit frech und trotzig gewesen waren» (Bahrdt 1776; zit. nach Rutschky 1977, S. 406; Hervorh. im Orig.). Deshalb wurde im Philanthropinum *Disziplin* auf dem Wege der «positiven Erziehung» angestrebt.

Es waren alle Strafmaßnahmen darauf ausgerichtet, «die Ehrliebe zu beleben» (ebd., S. 406). Zu solchen Maßnahmen gehörten u. a. die «Degradation»: Ausrufung von Namen und Tat; Anschreiben der Tat auf einem Zettel, der auf den Rükken des Täters geheftet wurde; Tragen der «Fidel» – «Es ist dies ein Holz, welches Kopf und Hände einschließt, ohne zu beschädigen» (ebd., S. 407); das «Gefängnis, welches seine verschiedenen Stufen hat, teils in Ansehung der Länge der Zeit, teils in Ansehung der Zeit selbst – bei Tage oder bei Nacht» (ebd., S. 406).

Auch andere Strafen bezogen sich insofern auf akkumulierbare Prozesse, als sie direkt mit ökonomischen Vorgängen gekoppelt waren: «Geldbußen», die vom Taschengeld abgezogen wurden; das «Rad» betätigen – «Der Verbrecher muß im Arbeitszimmer eine gewisse Zeit lang ein schweres Rad drehen, welches die Spindel auf der großen Drechselbank bewegt» (ebd., S. 407).

M. Foucault hat übrigens im Zuge seiner historischen Untersuchungen über die Entstehung des Gefängnisses als Korrektur- und Besserungsanstalt Texte publiziert, aus denen hervorgeht, daß in derselben Zeit (wie z. B. K. F. Bahrdt seinen Bericht über das Philanthropinum schrieb) auch von staatlicher Seite ähnliche Strafmaßnahmen veranlaßt wurden.

Über ein *Reformvorhaben an Bewährungsanstalten* aus dem Jahre 1765 (Foucault 1972; zit. nach Kremer-Marietti 1976, S. 128) existiert folgender Text: «Eine solche Person, die zur Arbeit gezwungen werden muß, ist in einen Verschlag zu sperren, der von Kanälen derart unter Wasser gesetzt wird, daß sie darin ertrinkt, wenn sie nicht ständig die Pumpe bedient. Die Wassermenge und Übungsstunden richten sich danach, wie die Person in den ersten Tagen bei Kräften ist; aber beide werden stufenweise erhöht. – Dies ist die erste Arbeit, die wir den eingeschlossenen Schuldigen in unseren Besserungsanstalten auferlegen. Es ist dabei ganz natürlich, daß sie es leid sind, ständig die Pumpe bedienen zu müssen und allein solch mühevoller Arbeit nachzugehen; aber da sie wissen, daß sie auf dem Felde der Anstalt die Erde in Gemeinschaft mit den anderen umgraben können, haben sie bald den Wunsch, wie die anderen arbeiten zu dürfen. Das ist eine Gnade, die ihnen früher oder später zuteil wird, je nach ihren Vergehen und ihrer augenblicklichen Verfassung.»

Ebenso wie die vorausgegangenen Zitate aus dem Bericht über das Philanthropinum macht dieser Text deutlich, wie ein kumulativer Prozeß, der im Prinzip aus einer sinnentleerten, repetitiven Tätigkeit besteht, so mit «pädagogischem» Sinn versehen wurde, daß der «ökonomische» Sinn, auf den dieser Prozeß letztlich zurückgeht, seines Gewaltcharakters entkleidet war: Von der Teilnahme am kumulativen Prozeß, war er auch noch so brutal-verdummend, versprach man sich eine Rehabilitation, eine Wiedereingliederungschance für ausgesonderte Bevölkerungsteile, für Arme, Arbeitslose, Bettler, Landstreicher, Kranke, Invalide usw. Die *Zwangsarbeit als Erziehung zur Arbeit* begründete damit ein pädagogisches Prinzip, das sich mit der Kurzformel «Korrektur/Ausbeutung» ebenso gut charakterisieren läßt wie mit der Formel «Zivilisation/Kolonisation»; oder anders ausgedrückt: «Erziehung läßt sich als eine Fortsetzung des Zivilisationsprozesses verstehen. Die zivilisatorischen Zwänge, die vorher in sozialen Verflechtungen der Erwachsenen auftreten, werden jetzt im Gegensatz von Erwachsenen und Nicht-Erwachsenen, in der Figuration, die sie bilden, der Erziehung, wirksam» (Rutschky 1977, S. LX).

c) Auf dem Weg zur positiven Wissenschaft

Die bisherige Argumentation in diesem Kapitel zielte auf eine Beantwortung der Frage ab, weshalb man die im 18. Jahrhundert auf ihren Höhepunkt zustrebenden «Disziplinen» als relevante «Vorarbeiter» für die im 19. Jahrhundert entstehenden Sozialwissenschaften ansehen kann. Diesen Gedankengang gilt es nun zusammenzufassen und perspektivisch zu ordnen.

Die feudalen Gesellschafts- und Staatsformen des 18. Jahrhunderts bildeten den historischen Hintergrund, vor dem Produktivitätsfortschritte, zunächst auf dem landwirtschaftlichen Sektor, erzielt wurden. Arbeitsteilige Produktionsweisen und expandierender Warenverkehr trieben sich gegenseitig voran. Die politische Stellung des Adels, der seine Macht aus dem Besitz an Grund und Boden ableitete, zerfiel in dem Maße, wie sich nichtagrarische Produktionssektoren entwickelten und wie sich damit die bürgerlichen Schichten als Produzenten «gesellschaftlich nützlicher Arbeit» an die Macht schieben konnten.

Zunächst war es das agrarische Mehrprodukt, das über ein kompliziertes Abgabesystem den unmittelbaren Produzenten genommen wurde und den Feudalherren zu einem Handelskapital verhalf, mit dem sowohl der expandierende Handel als auch der Aufbau des Heeres betrieben wurde. Handel und Heer waren die Säulen, auf denen die Ausbeutung der Reichtümer der Kolonien und der organisierte Sklavenhandel ruhten.

In den Metropolen der absolutistisch regierten Staaten sammelten sich erstmals in der Geschichte Massen von Arbeitern an, die ehemals in der Landwirtschaft tätig waren, nun aber ihre Arbeitskraft aus Mangel an industrieller Anwendung feilbieten mußten. Von dem Zeitpunkt an, als die technischen Innovationen auf breiter Basis die Produktion zu «revolutionieren» begannen, wurde jener Teil dieser «Masse» zum Industrieproletariat, der den damals üblichen Einsperrungen und Hinrichtungen (von Landstreichern, Dieben usw.) entgangen war.[6]

Trotz des fragmentarischen Charakters, der jeder Darstellung in dieser Arbeit anhaften muß, soweit sie historische Zusammenhänge schildern will, ist dreierlei deutlich geworden:

a) Im 17. und 18. Jahrhundert entstanden neue Formen gesellschaftlicher Arbeit. Diese Formen – auch wenn sie sich zunächst unter Feudalherrschaft und am agrarischen Sektor realisierten – waren bereits auf Entfremdung der Produzenten von ihren Produkten und auf mehrwertschaffende Produktion angelegt.

b) In diesen beiden Jahrhunderten gab es bereits vielfältige Anlässe, den Raum zu zergliedern und die Zeit in lineare Prozesse zu transformieren: zuerst in Klöstern, Kasernen, Besserungsanstalten, Gefängnissen, dann in Schulen und Fabriken.

c) Wie sich in diesem Kapitel anhand von Beispielen zeigen ließ, besorgten die «Disziplinen» die praktische Neuorganisierung des Alltags in diesen Institutionen. Sie brachten erste Formen von Rationalität, Ordnung und Kontrolle in das Denken und Handeln. Diese Organisationsleistungen wirkten sich auf die Vergesellschaftung des Menschen zweifellos disziplinierend aus; andererseits konnte diesen Ordnungsverfahren durch ihre analytische Struktur bis zu einem gewissen Grad auch eine befreiende Funktion zukommen: Sie erlösten Verhaltenskomplexe aus Irrationalität und Willkür.

Diese Ambivalenz, ein Erbe der Aufklärung, kam z. B. dort zum Tragen, wo Kinder von undurchschaubaren Zwängen und rituellen Gewalttaten befreit wurden, gleichzeitig aber neue, einschränkende Detailreglementierungen in Kraft traten. Dadurch wurden aber die Individuen von Anfang an unter eine «Entwicklungslogik» gestellt, die nicht die ihre war – eine Logik, die ihnen ihre Entwicklung zum Lohn- und Teilarbeiter vorschrieb, durch abgestufte Leistungsanforderungen in Schulen, durch monotone Kinderarbeit in Fabriken, durch soziale Isolation in Besserungsanstalten usw.

Diese doppelte Bewegung der Befreiung und Versklavung ist das «Geheimnis» jeder Technologie, die im gleichen Verfahren Schutz bietet und Ausgrenzungen vornimmt, und dies alles, ohne diesen Mechanismus als politische Maßnahme jemals zu begreifen.

Die zusammenfassende Konsequenz der bisherigen Überlegungen lautet also: Die sozialwissenschaftlichen Strömungen des 19. und 20. Jahrhunderts waren der theoretische Nachvollzug von Wirklichkeitsbewältigungsformen des 18. Jahrhunderts. Damit ist angedeutet, daß sie den «Disziplinen» ebenso geschuldet sind wie den «kumulativen Prozessen». Daraus ergibt sich:

Erstens:
Die Sozialwissenschaften haben in Theorie und Methode den Widerspruch von Befreiung und Disziplinierung in sich aufgenommen und sind auch den praktischen Entscheidungen gefolgt, mittels formaler Rationalität eher Herrschaft zu unterstützen denn anzugreifen.

Zweitens:
Die Sozialwissenschaften haben in Theorie und Methode jene Entfremdungselemente aufgenommen, die durch die Trennung des konkreten Inhalts des Sozialisationsprozesses von seiner durch das abstrakte Rationalitätskriterium diktierten Form zustande gekommen sind. Vor allem jene naturwissenschaftlich-erklärenden Verfahren, die mit sozialen Prozessen wie mit akkumulierbaren Dingphänomenen umgehen, verdanken den Entfremdungserscheinungen ihre Verbreitung.

Für die Entstehung der *Entwicklungspsychologie*, als Teildisziplin der allgemeinen pädagogisch-psychologischen Kinder- und Jugendforschung, war die Disziplinar-Gesellschaft des 18. Jahrhunderts von nachhaltiger Bedeutung. Dieses Zeitalter hatte nämlich bereits einen *Entwicklungsbegriff* praktisch hervorgebracht, den es später theoretisch einzuholen galt. – «Die Disziplinarverfahren bringen eine lineare Zeit zur Erscheinung, deren Momente sich ineinander verschränken und die sich auf einen fixen Endpunkt ausrichtet. Es handelt sich um ‹evolutive› Zeit. Und es ist daran zu erinnern, daß eben damals die Kontrolltechniken der Administration und der Wirtschaft eine gesellschaftliche Zeit serieller, gerichteter und kumulativer Art zur Geltung brachten: Entdeckung einer Evolution als ‹Fortschritt›. Die Disziplinartechniken bringen individuelle Serien hervor: Entdeckung einer Evolution als ‹Entwicklung›» (Foucault 1977, S. 207).

Entwicklungspsychologie kann folglich als theoretischer und forschungsstrategischer Nachvollzug organisierter kumulativer Sozialisationsprozesse angesehen werden. Etwas breiter ausformuliert: *Entwicklungspsychologie ist Bestandteil einer neuen, auf wissenschaftliche Basis gestellten Technik der Erfassung von Einzelexistenzen, einer Technik der Zerlegung von körperlichen, seelisch-geistigen Kräften nach Zeiteinheiten* – einer Technik, die unter folgenden erkenntnisleitenden Grundfragen Wissen für Kontrolle nutzbar macht: Wie lassen sich personale Wandlungsprozesse auf einer Zeitlinie abbilden, Wandlungsprozesse, die daraus resultieren, daß Individuen in der tätigen Auseinandersetzung mit ihrer Um- und Innenwelt ständig Entwicklungsmöglichkeiten realisieren, vernachlässigen, unterdrücken, negieren? Und: Wie läßt sich die Dauer, die alle Entwicklungsprozesse in Anspruch nehmen, in meß- und kontrollierbare Einheiten (Phasen) zergliedern und nach einer sozialen Nutzen-Kosten-Rechnung wieder zusammenfügen?

Für das *forschende* Herangehen an diese Fragen lagen bereits in Grundzügen Verfahren vor, die in den diversen Institutionen entwickelt und erprobt worden waren:

1. Der Auseinandersetzungsprozeß des Individuums mit seiner Umwelt wurde in seiner zeitlichen Dimension in sukzessive oder parallele Abschnitte geteilt, wobei diese Teilung gleichzeitig von der «Praxis» abgetrennte Ausbildungsstufen und -stätten hervorbrachte (vgl. die frühe Trennung von Anlern- und Arbeitsphasen an den Schulen der Gobelinmanufakturen).

2. Die einzelnen Ausbildungsstränge und Lernabschnitte wurden nach einem pädagogischen Schema organisiert: Ihr Aufbau erfolgte nach der «Sachlogik» der zu erlernenden Gebiete und nach dem didaktischen Prinzip des «Elementaren» bzw. nach dem Prinzip der schrittweisen Herstellung von Lebensweltkomplexität: vom Einfachen zum Komplizierten, vom Nahen zum Fernen usw.

3. Für jeden einzelnen Strang oder Abschnitt wurden bestimmte Ziele (Ausbildungsziele) gesetzt, deren tatsächliche Erreichung durch Prüfungen kontrolliert wurde. Diese Ziele waren einerseits als «Erziehungsziele» andererseits als «Entwicklungsziele» formuliert.

4. Damit jedem Individuum gemäß seinem Alter, Niveau und seiner sozialen Stellung spezifische Aufgaben zugewiesen werden konnten, wurden Verhaltenskataloge, Aufgabenreihen und Prüffragen zusammengestellt (pädagogische Tableaus); jedes Individuum war so in eine Zeit- und Aufgabenreihe eingespannt, wobei es an jeder Stelle seines Lebenslaufes nun ein bestimmtes «Niveau» repräsentierte und entsprechend diesem «Rangplatz» auch pädagogisch weiterbehandelt werden konnte.

Es scheint sich also meine These zu erhärten, daß sich durch die gesellschaftliche Realität in der Disziplinar-Gesellschaft *alle forschungsrelevanten Vorarbeiten* bereits erledigt hatten, als die Psychologen ihr wissenschaftliches Interesse am Kind zu formulieren begannen: Zeitbegriff, Entwicklungsdefinition, Erziehungsauftrag, Inspektions- und Kontrollverfahren, Meß- und Normierungstechniken – und nicht zuletzt «Kinder» bzw. das, was die Disziplinar-Gesellschaft aus ihnen gemacht hatte.

Es ist wahrscheinlich nicht verfehlt, die zusätzliche Annahme zu formulieren, daß das aufkommende wissenschaftliche Interesse, das die Erwachsenen zu pädagogisch-psychologischen Forschungen veranlaßte, sich gerade jenen Zuständen verdankt, unter denen die Erwachsenen selbst *das Leiden an der Gesellschaft* erlernten, Zustände, die von der «Kapitalisierung» aller Lebensbereiche auf der Grundlage kumulativer Prozesse geprägt waren. So betrachtet ist das wissenschaftliche Interesse der Kinder- und Jugendforschung nicht nur von der Suche nach dem Fremden und Unbekannten in der eigenen Vergangenheit motiviert, sondern unmittelbarer Ausdruck von Defiziterfahrungen, Ausdruck von Erinnerungen an die andersartige Qualität zyklischer Lebenspraxis. Wieso sind aber – trotz Kapitalisierung aller Lebensbereiche – solche Erinnerungen möglich?

Wie schon erwähnt, war die Kapitalisierung eine *Tendenz*, dominant, aber nicht ohne Brüche. Indem Rationalität und Technik das Bewußtsein der Erwachsenen nicht völlig in Beschlag nehmen konnten, gab es noch Augenblicke und Situationen im Alltag der Menschen, in denen – wie verdreht und verkümmert auch immer – Vorstellungen von einem spontanen und ganzheitlichen Denken, Fühlen und Wollen, von Identität und Harmonie Platz greifen konnten. Vermutlich waren es *auch* solche Augenblicke, die die bürgerlichen Väter und Mütter motivierten, systematische Aufzeichnungen über ihre heranwachsenden Söhne und Töchter anzufertigen, um so das «Wesen der Kindheit» experimentell zu erkunden. In diesen Augenblicken, in denen man die verlorenen Ideale nur mehr im «Ursprünglichen», im «Primitiven», wiederzufinden glaubte, mußte das kleine Kind perspektivisch als das «fortschrittlichste» Wesen überhaupt erscheinen. Man ahnte, daß sich der Heranwachsende anschicken könnte, jene Entwicklungsmöglichkeiten zu realisieren, die einem selbst verschlossen waren, jene zyklischen Einheiten auszugestalten, die man selbst der Kapitalisierung opfern mußte.

Die Tragik, die darin besteht, daß zyklische Einheiten gerade dadurch gesprengt werden, daß man mit analytisch verfahrenden Technologien in diesen Bereich eindringt und ihn zu zergliedern beginnt, war damals unbegriffen. Sie blieb es auch noch lange Zeit. So begann die entwicklungspsychologische Forschung systematisch das zu zerstören, was sie eigentlich interessierte und wonach sich alle Erwachsenen sehnten: *die Kindheit und die Jugendzeit*. Dabei konnte ohnehin nur mehr das zerstört bzw. wissenschaftlich rekonstruiert werden, was die Disziplinar-Gesellschaft noch nicht zerstört hatte – Reste von Ursprünglichkeit, Reste von Originalität, Reste von «Gegenmöglichkeiten» und Alternativen.

Mit der Art und Weise, wie diese «Reste» als eigenständige «wissenschaftliche» Phänomene entstehen und in das Blickfeld von Pädagogen und Psychologen kommen konnten, beschäftigt sich das nächste Kapitel.

3. Pädagogisierungstendenzen in der Fabrik-Gesellschaft

a) Freisetzung von Arbeitskräften – Bildungskarrieren nach unten

Die Ausdehnung der wesentlichen bürgerlichen Freiheiten auf alle Bevölkerungsgruppen im 19. Jahrhundert, wie etwa die freie Wahl des Arbeitsplatzes, tangierte auch die Stellung der Kinder und Jugendlichen. Sie konnten nun nicht mehr so leicht feudaler Herrschaft unterworfen werden; dazu war die Einwilligung der Erziehungsberechtigten notwendig, und bei erreichter Volljährigkeit konnten sie selbst ihre Stellung kündigen.

In Preußen beispielsweise wurde dieser Übergang mit dem Oktoberedikt von 1807 bzw. der neuen Gesindeordnung von 1810 gesetzlich eingeleitet. Im Vergleich zu England befand sich in Preußen die Produktion zu dieser Zeit noch auf einem technologisch so unterentwickelten Stand, daß sich die massenhaft freigesetzten Arbeitskräfte aus den landwirtschaftlichen Sektoren in den Städten zusammenrotteten, von Handel und Gewerbe je nach Konjunkturlage beansprucht wurden oder eben der Verarmung preisgegeben waren. Die Kinder versuchten sich durch Heimarbeit, durch Taglöhnerdienste in der Landwirtschaft, durch einfache Arbeiten in den Manufakturbetrieben oder durch Betteln und Diebstahl am Leben zu erhalten.

Dieser kriminalisierende Pauperismus brachte neue Zwänge hervor, die die Heranwachsenden nun auf eine andere Art in Abhängigkeit hielten. Die freigesetzten jugendlichen Arbeitskräfte wurden, sofern sie keine «Anwender» fanden, mit dem neuen Stigma der «Randständigkeit» versehen, eine Etikettierung, die zwischen Arbeitsscheuen, Landstreichern, Abweichlern, Verbrechern, Wahnsinnigen und Arbeitslosen keinen Unterschied machte. Für alle Randständigen wurde ein Netz befürsorgender und Arbeitskraft abschöpfender Institutionen geschaffen, aus dem selten jemand lebend oder gar «resozialisiert» wieder herauskam.

Das verzweigte System von Auffanginstitutionen sorgte für Disziplinierung, Ausmusterung und Verstoßung. Es war ein System, das Kinder autoritär dressierte und Delinquenz fabrizierte. Es bildeten sich «Disziplinarkarrieren» heraus, die sowohl an einen Bildungsweg wie an eine berufliche Laufbahn erinnerten. Der Weg führte von Heimen, durch Wohltätigkeitsvereine oder Polizei überwacht, zu Strafkolonien oder -bataillonen, dann in Gefängnisse, Krankenhäuser oder Asyle. Diese Laufbahnen waren schon zu Beginn des 19. Jahrhunderts genau abgesteckt.

Als Beleg zitiert M. Foucault an dieser Stelle einen Text von 1846 des Autors M. de Jonnès, der die Sozialeinrichtungen der Stadt Paris anpries: «Unsere Wohlfahrtseinrichtungen bilden ein wunderbar abgestimmtes Ganzes, das den Bedürftigen von der Wiege bis zur Bahre nicht einen Augenblick ohne Unterstützung läßt.

Oben: Kinder bei der Bergwerksarbeit, um 1840
Mitte: Schornsteinfegerjunge, betäubt durch Giftgase, 1841
Unten: Kinderarbeit in einer Buntpapierfabrik, 1858

Geboren wird der Unglückliche unter den Findelkindern; er kommt in die Kleinkinderbewahranstalt und von da ins Asyl; von da kommt er mit sechs Jahren in die Grundschule und später in die Erwachsenenschule. Wenn er nicht arbeiten kann, wird er von den Wohltätigkeitsbüros seines Bezirkes aufgenommen; wenn er krank wird, kann er zwischen zwölf Spitälern wählen ... Wenn der arme Pariser schließlich das Ende seiner Karriere erreicht, warten sieben Heime auf sein Alter; das gesunde Leben im Altersheim verlängert seine unnützen Tage häufig weit über die des Reichen hinaus» (zit. nach Foucault 1977, S. 387).

Ob damals viele Randständige und Arme die «unnützen Tage» überhaupt erreicht haben, muß bezweifelt werden. Die Arbeitskraft der Internierten wurde total ausgenutzt. Die grundlegende Trennung in geschickte und ungeschickte Arbeiter in der Frühphase der kapitalistischen Produktionsweise förderte diesen Abschöpfungs- und Verwertungsprozeß. Die Asyle und Waisenhäuser stellten ein Reservoir dar, auf das die Manufakturbetriebe deshalb so gut zurückgreifen konnten, weil sich dort «naturwüchsig» Bedingungen einstellten, die dem noch einfachen «kooperativen Charakter» der Arbeitsprozesse entsprachen. Auch unter ethischen Gesichtspunkten fand man die Anwendung der kindlichen Arbeitskraft, rekrutiert aus den Waisenhäusern, durchaus gerechtfertigt:

«Eines der gewinnträchtigsten staatlichen Waisenhausunternehmen wurde das 1722 von Friedrich Wilhelm I. gegründete Potsdamer Militärwaisenhaus. Von Anfang an wurden hier die Jungen unter Aufsicht eines Spinnmeisters mit dem Spinnen feiner Wolle beschäftigt. (...) Im Generalreglement von 1724 heißt es: ‹Die Grenadiers- und Soldatenkinder (sollen) nicht allein wohlversorgt und in ihrem Christentum, Schreiben und Rechnen gehörig informiert, sondern hiernächst auch zu einer annehmlichen Profession gebracht werden, damit sie nicht allein einmal zu Gottes Ehre leben, sondern auch ihr Brodt, wie es christlichen und rechtschaffenen Untertanen eignet und gebühret, mit ihrer Hände Arbeit hiernächst schaffen können.› (...)

Gemäß diesen Grundsätzen wurden die Kinder auch nach außerhalb zur Arbeit verkauft. Wenige Jahre nach Eröffnung der Anstalt, 1725, erhielt der Potsdamer Unternehmer Daum einen Vertrag, der ihm die Zustellung von 50 bis 60 Kindern sicherte. Einem anderen Manufakturbesitzer wurden so viele Jungen für seine Wollmanufaktur zugeleitet, wie er nur brauchte. (...) Die Arbeitszeit im Sommer dauerte von 5 bis 12 und von 1 bis 4 Uhr. 1725 erhielt die Anstalt ein Mädchenhaus. Die Zahl der im Waisenhaus untergebrachten Kinder wuchs allein in den Jahren 1724 bis 1740 von 500 auf etwa 2000. (...)» (Schumann/Korff/Schuhmann 1976, S. 33f.; Quellenhinweise ebenda).

Später, als vom Gesetz her die Kinderarbeit zunehmend eingeschränkt wurde, gingen die Fabrikaufträge direkt an die Heime und «Armenarbeitsschulen», wo die vier- bis 14jährigen Kinder mit Spinn- und Flechtarbeiten, Zündholzfabrikation, Tütenkleben, Kaffeelesen u. a. beschäftigt wurden. Von den daraus erzielten Gewinnen bekamen die Schulen sehr wenig und die Kinder meistens gar nichts (vgl. dazu die ausführliche Dokumentation über die Armenschule in Pirna von Lange 1978).

Die Folge dieser Vernachlässigung von an sich «produktiven» Institutionen war, daß die Internierten oft zwischen den verschiedenen Arbeitshäusern und Asylen hin- und hergeschoben wurden, daß sie sich sammelten und wieder zerstreuten – je nachdem, wo sich die Disziplinarkarrieren gerade bündelten. So konnte ein Beobachter und Kenner der Fürsorgesituation zu Beginn unseres Jahrhunderts (1906 in Wien) zu Recht folgendes anklagen:

«Statt dem Arbeitssuchenden im jugendlichen Alter, statt dem schulentlassenen Kinde beim Eintritte in das selbständige Erwerbsleben eine hilfreiche Hand zu bieten und vor dem Verfalle in Arbeitsscheu, Bettelei und Landstreicherei zu bewahren, sah man ruhig zu, bis er so tief in dem Sumpfe der Verwahrlosung versunken ... für die Zwangsarbeit ‹reif› war. In den für die Jugendlichen bestimmten Korrigendenabteilungen dieser Anstalten traf der Notionierte (der Berichterstatter; P. G.) die auf der Landstraße aufgelesene und auserlesene schlechte Gesellschaft vereinigt wieder. Von einer Ausgestaltung dieser Abteilungen zu Besserungs- und Erziehungsanstalten war unter der Herrschaft dieses Gesetzes keine Rede» (H. Reicher 1906; zit. nach Feldbauer 1980, S. 132).

Damals, als H. Reicher seinen Bericht schrieb, begannen Ärzte und Wissenschaftler auf ein zentrales Folgeproblem der an die Expansionsgrenzen gestoßenen Fabrik-Gesellschaft aufmerksam zu werden: Die Disziplinarkarrieren fanden vielfach in einem sehr frühen Stadium ein tödliches Ende. Die Disfunktionalität des frühen Todes der Internierten – die Sterberate in Findlingshäusern lag nicht selten bei 90 Prozent – wurde zum Anlaß, die hygienischen Bedingungen der Heime medizinisch zu untersuchen und zu verbessern. Nachdem der medizinische Fortschritt auf dem Gebiet der Infektionsbekämpfung so weit war, daß die Sterberate rasch auf die Hälfte fiel, dann aber nicht mehr weiter reduziert werden konnte, entdeckte man ein für die spätere Entwicklungspsychologie bedeutsames Phänomen: den physischen und psychischen Verfall bei Heimkindern trotz einwandfreier hygienischer Bedingungen (anaklitische Depression, Marasmus). Aus dem ersten Jahrzehnt des 20. Jahrhunderts liegen Beschreibungen dieses Phänomens vor, die auf die katastrophalen Folgen von früher Vernachlässigung und sozialer Isolation aufmerksam machen (z. B. von H. Funkelstein aus dem Jahr 1899, von M. Pfaundler aus dem Jahr 1909 oder von G. Jugendreich aus dem Jahr 1910; diese frühen Untersuchungen sind z. B. zitiert bei Schmalohr 1968 und Pechstein 1974). Eine sozialwissenschaftliche Analyse der Folgen von Disziplinarkarrieren setzte allerdings erst nach dem Zweiten Weltkrieg ein. Besonders bekannt wurden die ab 1945 erfolgten Hospitalismus-Forschungen von R. Spitz und von 1960 an die sogenannte «Asyl-Soziologie», die mit dem Namen von E. Goffman eng verbunden ist.

Das Ende der Karriere nach unten:
Arbeitslosigkeit –
Obdachlosigkeit – Tod
(Bilder des Jahres 1930)

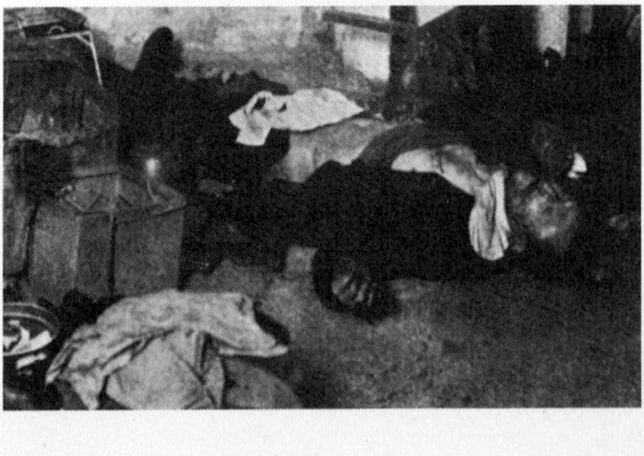

b) Zum Dilemma pädagogischer Separation

Es kann hier nicht darum gehen, in historischen Detailschilderungen nachzuzeichnen, wie gleichzeitig mit der Integration der Jugendlichen in den Arbeitsprozeß die allmähliche pädagogische Separation erfolgte, d. h. die Herausbildung pädagogischer Schonräume, die – von der Produktion getrennt – für immer mehr Kinder und für immer breitere Sozialschichten relevant wurden. Vom Ergebnis her gesehen kann als gesichert gelten, daß dieser Entstehungszusammenhang des Phänomens «Kindheit» bzw. «Jugend» – von der Arbeiterschaft hart erkämpft – schließlich spezielle pädagogische «Entwicklungsphasen» hervorbrachte, in denen die methodische Herstellung von Arbeitsvermögen für eine spätere lohnabhängige Tätigkeit erfolgte.

Diese *pädagogische Separation* kommt der Entlassung von Kindern und Jugendlichen in einen *doppelt vorbelasteten* Raum gleich: Sie wurden freigesetzt, (zum einen) um als Gegenstände für Projektionen von Erwachsenen zu dienen, die auf die «unzivilisierten» Phasen der Kindheit und Jugend all ihre Allmachts-, Angst- und Inferioritätsgefühle abwälzten, (zum anderen) um Objekt von pädagogischen Strategien im Dienste disziplinarischer und qualifikatorischer Zurichtung für den kapitalistischen Arbeitsprozeß zu werden.

Die Entstehung pädagogischer Schonräume als vom unmittelbaren Produktionsprozeß abgetrennte Herstellungsräume für entsprechend spezialisierte und qualifizierte Arbeitskräfte, stellte selbst nur die eine Seite des Vergesellschaftungsprozesses dar. Auf der anderen Seite begann der Prozeß der Umwandlung von Arbeit in Lohnarbeit und von Produktionsmitteln in Kapital zunehmend alle ausgesonderten Sozialisationsbereiche (Familie, Schule, Ausbildung, Freizeit) zu durchdringen: «Dieser Prozeß läßt sich beschreiben als eine Erweiterung der gesellschaftlichen Produktion auf alle Sektoren des sozialen Lebensprozesses, als ein Übergreifen und Durchdringen dieses Lebensprozesses durch die kapitalistische Produktionsweise, so daß einerseits eine wirkliche Verallgemeinerung von sozialen zu allgemeinen ökonomischen Verhältnissen stattfindet und sich andererseits die ökonomischen Verhältnisse tatsächlich auch zum sozialen Inhalt der Sektoren und Dimensionen des Lebensprozesses entwickeln» (Onna 1976, S. 160). Während also einerseits pädagogische Schonräume entstanden, die Kinder vom ökonomischen Verwertungsprozeß zu schützen hatten, drang die Ökonomie, gleichsam hinter dem Rücken der Beschützer, als eine für alle Lernprozesse gültige Kapitalisierungsstrategie in die Schonräume ein. In den separierten Schonräumen wurden daher auch die Interaktionsbeziehungen zunehmend «kapitalisiert», d. h., sie wurden als kumulative und akkumulierbare Prozesse strukturiert, wodurch sie tendenziell die Form von Warenbeziehungen annahmen.

Diese Seite des Vergesellschaftungsprozesses setzt sich im Hinblick auf seine Subjekte weitgehend «bewußtlos und blind» durch, in vielen Fällen auch gegen deren subjektive Intentionen. So werden z. B. innerfamiliäre Interaktionsbeziehungen häufig «zwanghaft kompensatorisch» organisiert, d. h., man sucht nach Erfahrungen, die sich zur Vergesellschaftungstendenz «bewußt gegenteilig» verhalten: «Zur Kompensation der psychischen Belastungen und Beschädigungen, die aus der Versachlichung und *Mittelbarkeit* des gesellschaftlichen Zusammenhangs in der Zirkulations- und Produktionssphäre folgen (Isolation, Konkurrenz, Mißtrauen), kommt es in der Familie im allgemeinen zu einer Suche nach *Unmittelbarkeit um jeden Preis*; nach einem Gegenbild zur geldvermittelten Beziehung» (Ottomeyer 1976, S. 95; Hervorh. im Orig.).

Zusammenfassend läßt sich sagen, daß der kapitalistische Vergesellschaftungsprozeß den Lebenszusammenhang der Heranwachsenden gleich mehrfach zerrissen hat: Sie waren nun aus dem Produktionsprozeß ausgegliedert, waren dadurch «zwar vorübergehend von den destruktiven und deformierenden Wirkungen der Lohnarbeit befreit, (hatten) diese Befreiung jedoch nur um den Preis des Verlustes historisch möglich gewordener selbständiger gesellschaftlicher Praxis erlangt» (Liebel 1976, S. 32). Sie waren aber nicht nur von der Realität der Arbeit und damit von der Möglichkeit getrennt, ihre eigenen materiellen Grundlagen zur persönlichen Reproduktion zu schaffen, sie waren zusätzlich «Substitutionsobjekte» für diejenigen Eltern, die den Familienbereich kompensatorisch zu den Entfremdungselementen am Arbeitstag organisierten und die dann, wenn sie auch hier Mißerfolg und Inferiorität erleben mußten, entsprechend gewalttätig wurden: «Das Kind ist in solchen Fällen nur dazu da, die Bedürfnisse der Eltern zu befriedigen, und jedesmal, wenn das als Eltern-Substitut fungierende Kind die von ihm erwartete Liebe nicht gibt, wird es geschlagen» (deMause 1977, S. 20).[7]

c) Folgeprobleme sich ausbreitender Test-Rationalität

Die Vorstellung, daß über gezielte «Prüffragen» und über die Verrechnung von codierten Verhaltenselementen die Entwicklung des Kindes noch besser verfolgt bzw. disziplinierend kontrolliert werden konnte, war lediglich eine konsequente Weiterentwicklung und pädagogische Anwendung des allgemeinen Rationalisierungsgedankens, den die positive Ökonomie hervorgebracht hatte. Die verschiedenen *Prüffragen-Tableaus*, mit denen damals gearbeitet wurde, kannten noch keine Differenzierung in Funktionsbereiche der Intelligenz. In ihrer Art nahmen sie aber zweifellos genau die Struktur vorweg, die man später zur wissenschaftlichen Überprüfung von intelligentem Verhalten einsetzte.

Startzeichen für die Verwissenschaftlichung der Prüfungspraxis gaben die ersten Intelligenz- bzw. Entwicklungstests: A. Binet, der als bekannter Physiologe und Psychopathologe 1890 Direktor des psycho-physiologischen Laboratoriums an der Sorbonne in Paris geworden war, entwarf (gemeinsam mit seinem Kollegen Th. Simon) im Auftrag des französischen Erziehungsministeriums ein Testsystem zur Unterscheidung von normalen und schwachsinnigen Kindern. Demnach war auch dieser Anfang wissenschaftlich-sortierender Arbeitsprozesse durch eine starke Beteiligung der Medizin, oder genauer: der Neurologie, gekennzeichnet. Dafür gibt es, abgesehen von der Karriere A. Binets, folgenden Grund:

Die experimentelle Erforschung der Gehirntätigkeit durch Neurologen hatte während des Ersten Weltkrieges und während der kriegerischen Auseinandersetzungen davor vielfältiges «Material» erhalten; in die Krankenhäuser wurden zunehmend Patienten eingeliefert, die Schuß- und Splitterverletzungen am Kopf hatten; auch die traumatischen Schockerlebnisse psychischer Art mußten behandelt werden. Hinzu kam, daß die Kriegswirren die bürgerliche Moral erschüttert und in eine Krise gestürzt hatten.

Die aufstrebende Sozialwissenschaft wußte von Anfang an gesellschaftliche Erschütterungen methodisch auszunutzen. Der Zugriff auf das sich in Umwälzung befindliche Forschungsfeld war von ähnlicher struktureller Gewalt wie die gesellschaftlichen Auseinandersetzungen selbst. Nicht umsonst schrieb der bekannte deutsche Psychiater Emil Kraepelin 1895, daß auf seinem Forschungsgebiet «der Kampf mit dem Objecte» unter Heranziehung aller «Hülfsmittel» im vollen Gange sei: «Was aber vor allem diese Pionierarbeit zum Range echter Wissenschaft erhebt, ist die Gewissheit, dass wir jeden Fußbreit eroberten Landes auch zu unserem Eigenthum machen können» (Kraepelin 1895, S. 66).

Um diese Besitzergreifung voranzutreiben, bediente er sich vor allem der «experimentellen Psychologie»; denn sie kann *herstellen*, was sonst dem Zufall überlassen wäre – «indem sie nicht auf den günstigen Zufall wartet, der ihr den Erkrankenden in den Weg führt, sondern einfach sich selbst die Bedingungen schafft, unter denen psychische Störungen sich entwickeln» (ebd., S. 29). Die experimentelle Verwendung mancher Ursachen psychischer Krankheiten, z. B. «der Kopfverletzungen am Menschen» (ebd., S. 29), möchte Kraepelin allerdings ausgeschlossen sehen.

Das französische Binet-Simon-Testsystem fand neben Deutschland, wo O. Bobertag 1909 eine adaptierte Version herstellte, in vielen Ländern rasche Verbreitung. Es wurden verschiedene Testversionen erstellt, die an Differenziertheit kaum mehr zu überbieten waren. In jedem Fall blieb aber die Grundstruktur, die gleichzeitig mehrere Vorteile bot, erhalten: Es gab Testreihen, die nach der Altersstufe der Kinder gestaffelt waren (ursprünglich vom 3. bis zum 12. Lebensjahr), für jede Altersstufe gab es zudem mehrere Fragen, die auf verschiedene Teilfunktionen des Leistungsverhaltens abzielten.

Die historische Entwicklung der Testpsychologie zeigt, daß sie von Anfang an ein Interesse an bestimmten Teilprozessen intellektuellen Wachs-

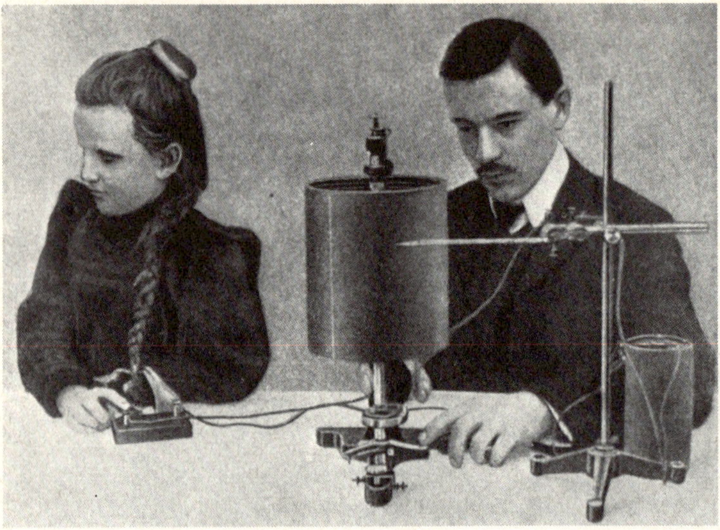

Reaktionsversuch um die Jahrhundertwende

Rekruten im Ersten Weltkrieg beim Army-Alpha-Test

tums hatte (vgl. bes. Schmid 1977 u. 1978). In diesem Sinn galt ein Test als gut, wenn er eine Teilfunktion der Intelligenz zu isolieren vermochte. So hatte schon im Jahre 1897 ein Psychologe der «Gründerzeit», nämlich H. Ebbinghaus, einen sogenannten Lücken-Test entworfen, um spezifische Gedächtnis- und Kombinationsfähigkeiten überprüfen zu können. Die zeitliche Zergliederung des Individuums, die Reglementierung von Körper und Geist, der Wille zur ordnenden Erfassung und Zuweisung – all dies wurde einer Rationalität untergeordnet, die schließlich schlechthin als Bedingung der Möglichkeit für «Entwicklungsprüfungen» galt.

Bei einer kritischen Betrachtung der Test-Rationalität muß man die verschiedenen sozialen Erwartungen und Ansprüche berücksichtigen, die hinter der rapiden Ausbreitung dieses Phänomens standen. Blieb um die Jahrhundertwende «der Konflikt zwischen dem Interesse der Wirtschaftsbürger an wissenschaftlich-technischer Intelligenz und dem Interesse der konservativen Bourgeoisie an der Aufrechterhaltung des Bildungsprivilegs der Gymnasien» (Jaeger/Staeuble 1978, S. 240) vorerst noch unausgesprochen, so trat jedoch sehr rasch und in verschiedenen Varianten ein gesellschaftlich vermitteltes, pädagogisches Interesse auf, Entwicklungsprozesse jeder Art in den Griff zu bekommen, um *Kriterien für Zuweisungsverfahren* zu erhalten:

a) Die Leistungen sollten *nach unten* abgegrenzt werden, um Einweisungskriterien für die Internierung in Heime, Asyle, Kliniken usw. zu bekommen. Darüber hinaus sollten die Verfahren aber stets auch den «reinen» Forscherdrang befriedigen. Über diese Doppelfunktion schreibt z. B. der Psychologe E. Stern: «Dann aber stellt uns heute die Fürsorge die Notwendigkeit einer Unterbringung zahlloser Kinder in Pflegestellen (oder Anstalten) vor die Aufgabe, ein begründetes Urteil über den Entwicklungsstand der Kinder abzugeben, denn nur auf Grund eines solchen erscheint die ‹richtige› Unterbringung der Kinder möglich. Ganz abgesehen aber auch von diesen rein praktischen Notwendigkeiten vermögen diese Untersuchungen uns naturgemäß auch einen sehr wichtigen Einblick in die Entwicklungsprozesse zu geben» (Stern 1935, S. 1350).

Das besonders Problematische an dieser Abgrenzungstendenz nach unten ist, daß nicht nur quantitativ Intelligenzgrenzen festgesetzt wurden, unterhalb derer Schwachsinnsformen ausgesondert werden konnten, sondern daß auch qualitative Differenzierungen vorgenommen und diese den Individuen als persönliches «Schicksal» bzw. «Ungeschick» vorgehalten wurden. Es ging also nicht nur um Kriterien für die Einweisung in eine Institution; die Sozialisationswirkungen der Institutionen selbst wurden noch zu Lasten der Internierten registriert, d. h. als «Beweise» für ihre Begabungsdefizite angeführt. Selbst wenn das Individuum unter solchen Bedingungen noch irgendwelche «Teilbegabungen» aktivieren konnte, war die (notwendige) Funktionslosigkeit noch persönliches Versagen – wie das folgende Beispiel grotesk, aber eindringlich zeigt:

«An zweiter Stelle steht die Untersuchung der *Merkfähigkeit* und des *Gedächtnisses*. Diese sind nicht mit der Intelligenz identisch, noch bedeuten sie an sich schon ein Zeichen für eine besondere Intelligenz. Es gibt sogar hochgradig Schwachsinnige, die über ein ausgezeichnetes Gedächtnis verfügen, das ganz allgemein sein oder sich nur auf bestimmte Tatbestände beziehen kann. So erinnere ich mich eines Schwachsinnigen, der in einer Anstalt, die wir früher besichtigten, untergebracht war und der sämtliche Bibeltexte, über die der Pfarrer der Anstalt in den letzten Jahren gepredigt hatte, mit dem Datum und dem Anlaß, aus dem die Predigt stattgehabt hatte, hersagen konnte. Aber diese Art von Gedächtnis bedeutet für den Betreffenden keinen Wert, er weiß mit seiner umschriebenen Teilbegabung nichts anzufangen» (Stern 1935, S. 1279; Hervorh. im Orig.).

Durch einen Kunstgriff wird hier das Individuum noch zusätzlich diffamiert: durch die Unterscheidung von «Gedächtnisleistung» und «Intelligenzleistung», wobei unterstellt wird, daß das Gedächtnis als reine Funktion auftreten und bestenfalls das Rohmaterial für intelligentes Verhalten zur Verfügung stellen kann.

b) Die Entwicklung des Leistungsverhaltens sollte als *Mittelwert* erfaßt und genormt werden. Dazu waren die «natürlichen» Leistungen des Durchschnittskindes zu erheben. Der Idealfall «normaler» Entwicklung lag vor, wenn das durch den Test ermittelte «Intelligenzalter» (IA) dem Lebensalter (LA) entsprach. Dazu ein Beispiel: «Von einem vollkommen ‹normalen› Kind von sechs bzw. sieben Jahren müßte erwartet werden, daß es die seinem Alter entsprechenden – und allen früheren Altersstufen entsprechenden – Aufgaben zu lösen imstande ist, aber bei Aufgaben von acht Jahren und darüber hinaus versagt» (Stern 1935, S. 1338).

Da diese Rechnung nur in den seltensten Fällen so glatt ging, fand man ein einfaches Rechenverfahren, das zusätzlich die «Vergleichbarkeit» der getesteten Individuen sicherte: Man dividierte das getestete «Intelligenzalter» durch das (biologische) Lebensalter und erhielt auf diese Weise – nach der Multiplikation des jeweiligen Resultats mit der Zahl Einhundert – den sogenannten Intelligenzquotienten.

Da der Ausbau des staatlichen Schulwesens den Ruf nach wirksamen Zugangskontrollen förderte, war für ein rasch zunehmendes Bewußtsein von der Wichtigkeit der Testpsychologie gesorgt. Im Jahre 1925 publizierte O. Bobertag gemeinsam mit dem Volksschullehrer E. Hylla die Arbeit «Begabungsprüfung für den Übergang von der Grundschule zu weiterführenden Schulen». In dieser Abhandlung wurde die Selektionsfunktion von Entwicklungs- und Intelligenztests eindeutig herausgestellt: Der «Durchschnitt» sollte von der geistigen Elite geschieden werden.

Die «Arbeitsschauuhr»: Leistungstest und Leistungsmessung am Arbeitsplatz

c) Entwicklungstests verfolgten also auch die Intention, das leistungsmäßige «Oben», *die Höchstleistung*, festzustellen. «Bei den Begabungsauslesen sollen die Zöglinge ermittelt werden, die eine *überdurchschnittliche Begabung* zeigen, es handelt sich also gleichsam um eine ‹Auslese nach oben›, es müssen also maximale Anforderungen an die Prüflinge gestellt werden. Das gleiche gilt häufig bei den Berufsauslesen» (Stern 1935, S. 1276; Hervorh. im Orig.).

Daß in diesem Zusammenhang «Berufsauslesen» auftauchen, ist insofern bedeutsam, als die Tests zur Berufsauslese in erster Linie auf das Erreichen einer bestimmten «Bewegungsgeschwindigkeit» abzielten. Das verdient um so mehr Beachtung, als ursprünglich viele Tests nur auf die intellektuelle, motorische «Geschicklichkeit» abgestellt waren. Aber gerade in den ersten Jahrzehnten des 20. Jahrhunderts – Hand in Hand mit dem Aufkommen des sogenannten *Taylorismus* in der Arbeitswissenschaft – hatte sich herauskristallisiert, daß *die Zeit* das ausschlaggebende Kriterium bei jeder Leistungsmessung sein müsse.

«Auch bei dem sehr bekannten und viel angewandten ‹Perltest›, der von Descoeudres ausgearbeitet worden ist, spielt die Bewegungsgeschicklichkeit eine sehr wesentliche Rolle. Das Testergebnis wird durch die Geschwindigkeit beim Versuch ausgedrückt. Descoeudres ließ 20 zylindrische Glasperlen von 4 mm Durchmesser der Höhlung auf einen mit einer Nadel versehenen Faden von 25 cm Länge aufziehen. Die Aufgabe lautete: ‹Zieh diese Perlen jetzt so schnell wie möglich auf.› (...) Ist hier die Geschwindigkeit den Versuchspersonen überlassen, so ist die Ausführung von Bewegungen mit einer bestimmten, vorgeschriebenen Geschwindigkeit nicht minder wichtig. Solche kommen bei nahezu allen beruflichen Verrichtungen heute in Frage; insbesondere die Fließbandarbeit hat es notwendig gemacht, daß der Arbeiter seine Geschwindigkeit dem Arbeitstempo, das ihm gegeben ist, anpaßt. Die berufliche Verwendung hängt in einem gewissen Ausmaße davon ab, ob der Betreffende hierzu fähig ist» (E. Stern 1935, S. 1316).

Dieser Abschnitt soll mit dem zusammenfassenden Hinweis abgeschlossen werden, daß sich die beiden zuletzt genannten Disziplinen – die Testpsychologie und die Arbeitspsychologie – unschwer der gleichen «Sozialgeschichte» zuordnen lassen. Ihre gemeinsame Entwicklung kann dargestellt werden «als eine *sich in Stufen vollziehende Verfeinerung arbeitsplatzbezogener Sozialisationsstrategien*, als stufenweise Erschließung neuer Intensifikationspotentiale» (Groskurth/Volpert 1975, S. 30; Hervorh. im Orig.). Ihr gemeinsames Grundtheorem fußt auf der Annahme einer uneingeschränkten psycho-physischen Konditionierbarkeit des Menschen. Beides hat schwerwiegende Folgen für das zugrunde gelegte Menschenbild, denn solange sich in einem geschlossenen Sozialisations- und Konditionierungsprozeß materielle oder ideelle Belohnungssysteme ökonomisch-rational umsetzen lassen, kann die *empirische Ungleichheit* des Menschen nicht mehr länger von ihm selbst als eine veränderbare begriffen werden. Sie muß gleichsam als «höhere Fügung» erscheinen. Der bekannte zeitgenössische Psychologe H. J. Eysenck hat dies auf eine besonders zynische Art und Weise neuerdings wieder ausgedrückt: «Es ist einer der segensreichsten Aspekte der menschlichen Ungleichheit, daß verschiedene Leute verschiedene Fähigkeiten, Charaktere, Temperamente haben, welche sie für verschiedenerlei Arbeit geeignet machen. Wo der Introvertierte mit einem Beruf wie etwa dem des Gärtners, bei dem er in Isolation arbeiten könnte, glücklich wäre, würde ein Extrovertierter z. B. mit dem des Verkäufers glücklich sein, bei dem er von seiner geselligen Art Gebrauch machen könnte; (...) und vielleicht paßt auch die personale Eigentümlichkeit des Fließbandarbeiters genau zu einer Beschäftigungsweise, die ihn vor Unterbrechung durch andere Leute schützt und ihn in seinen eigenen Gedanken unbehelligt läßt» (Eysenck 1975, S. 256).

d) Zusammenfassung: Die Verwissenschaftlichung des «Naturzustandes»

Was nun die Entstehungsgeschichte der Sozialwissenschaften, speziell der pädagogisch orientierten Kinder- und Jugendpsychologie betrifft, so lassen sich die bisherigen Ausführungen wie folgt zusammenfassen:

Die Kinder- und Jugendforschung hat von Anfang an ihr Erkenntnisinteresse daran ausgerichtet, daß es möglich sein muß, die verlorengegangene «Natürlichkeit» analytisch zu erfassen und wissenschaftlich als «Naturzustand» des Kindes (ebenso wie des «Wilden») zu rekonstruieren. Deshalb steht die pädagogisch-psychologische Kinder- und Jugendpsychologie in einem ursächlichen Zusammenhang mit jenen anthropologischen Forschungsrichtungen, die, obgleich sie andere «Untersuchungsgegenstände» haben, die gleiche analytische Interessenrichtung aufweisen – nämlich Einflüsse von Zivilisation und Kultur von anlagemäßig gegebenen Dispositionen zu trennen, «Entwickeltes» von «Unentwickeltem» zu scheiden.

Wilhelm Preyer, unumstrittener Pionier der Kinderpsychologie, schrieb 1895 in der Vorrede zur vierten Auflage seines Buches «Die Seele des Kindes» darüber folgende bezeichnende Passage:

«*Forschungsreisenden* sei die Vergleichung des Verhaltens der *kleinen Kinder unzivilisierter Völker* mit dem der deutschen, wie ich sie in diesem Buche beschrieben habe, besonders empfohlen. Die Kultur breitet sich immer mehr und immer schneller aus, so daß es in einer nicht fernen Zukunft schon recht schwer sein wird, ein europäischen Einflüssen völlig entzogenes Kind zu finden.

Gerade die *Menschwerdung* eines solchen ist nicht allein an sich von großem Interesse, sondern auch deshalb, weil sie lehren kann, inwiefern die Kinder der Kulturvölker in den ersten Lebensjahren verweichlicht und durch Dressur in der natürlichen Entfaltung ihrer körperlichen und geistigen Anlagen benachteiligt werden.

Aber auch ausgedehnte Beobachtungen und Versuche an ganz jungen *Tieren* von der Art, wie ich sie anstellte, ohne bis jetzt in Deutschland darin Nachfolger gefunden zu haben, sind in hohem Grade wünschenswert, um endlich der *vergleichenden und genetischen Psychologie*, als Wissenschaft und Erkenntnisquelle, zu ihrem Rechte zu verhelfen» (Preyer 1895; hier zit. nach der 7. Aufl. von 1908, S. X; Hervorh. von P. G.).

Hier klingen bereits alle Aspekte an, die später auch tatsächlich von der entwicklungspsychologischen Forschung aufgenommen wurden. Implizit ist in diesem Zitat auch schon die *politische Perspektive* enthalten, die 40 Jahre später unter dem deutschen Faschismus ausgebaut wurde: Die Kinder- und Jugendpsychologie habe jene körperlichen und geistigen Anlagen aufzuspüren, nach denen sich die Erziehung des Volkes insgesamt richten könne. Aufgrund dieser projektiven «völkischen» Heilserwartung «stellt *die Jugend des Volkes eine Gegebenheit von höchster Bedeutung dar*. In ihr erscheinen die natürlichen Entwicklungsanlagen des Volkes mit besonderer Reinheit. (...) Sie steht organischem Leben noch näher als die Erwachsenen, bei denen Verbildung und berufliche Spezialisierung sich schon störend bemerkbar machen» (Kroh 1935, S. 23; Hervorh. im Orig.).

«Jugend» und «Kindheit» werden also nicht perspektivisch nach vorne als gesellschaftlich notwendige Vorbereitungszeiten und Ausbildungsphasen definiert, sondern «regressiv»: Kindheit und Jugend werden zu Phasen, die dem «organischen Leben» näher stehen. Die größere Nähe garantiert «Ursprünglichkeit» und «Natürlichkeit». Sie bedarf – logischerweise – des Schutzes.

Im *Schonraum der Erziehung* (und unter der Beobachtung des Wissenschaftlers) sollen sich das Instinktive und rein Funktionelle störungsfrei entfalten. Diese Einstellung zu einer «freien Entfaltung» ist freilich ambivalent: Erziehung und Dressur werden abgelehnt, wo man sich einen unverstellten Zugang zu den «Anlagen» erhofft. Für Konditionierung und Drill wird das Kind dagegen dort freigegeben, wo die Erwachsenen hoffen, den Heranwachsenden zu ihresgleichen machen zu können, wo sie glauben, den Prozeß der «Menschwerdung» um jeden Preis fördern zu müssen:

«Schon in den ersten Lebenswochen beginnt diese *Dressur*, in welcher *die Natur* selbst den Lehrmeister spielt, später greifen die *erwachsenen Menschen* ein, die das Kind zu ihresgleichen machen wollen, und schließlich unterzieht sich der Heranreifende und Erwachsene aus Einsicht und freiem Entschluß noch allerhand *Zusatzdressuren*. (...) Für die in höherem Grade dressierbaren *Tiere*, für die Tiere mit ‹plastischen›, bildbaren Anlagen, hat die Natur eine Ausbildungszeit vorgesehen, in der sie noch mehr oder weniger dem Schutz und dem Beispiel der Eltern und Artgenossen unterstehen, um für den vollen Ernst des Lebens vorbereitet zu werden. Diese Zeit heißt *Jugend*, und mit der Jugend hängt aufs engste zusammen das Jugendspiel. *Junge Hunde, Katzen und das menschliche Kind* spielen, Käfer und Insekten dagegen, auch die hochorganisierten Bienen und Ameisen, spielen nicht. Das wird kein Zufall sein, sondern auf einem *inneren Zusammenhang* beruhen» (K. Bühler 1918; zit. nach der 4. Aufl. von 1924, S. 8f.; Hervorh. von P. G.).

Dieses Zitat – durchaus repräsentativ, wie ich noch zeigen werde – stützt die Vermutung, daß die ständige Rede von der notwendigen Dressur einen Dompteurjargon» (K. Rutschky) verrät, den die Erwachsenen in ihren

Erzieherrollen praktizieren und der wiederum auf einen dahinterliegenden Projektionsmechanismus aufmerksam macht: Erziehung legitimiert ihre Dressurabsichten über die Parallelisierung von Menschenkind und Tierjungem. Die Parallelität Ontogenese/Phylogenese ist also mehr als nur eine Forschungsperspektive. Sie steuert Regression und Repression in der Erziehungspraxis: «Die pauschale Verurteilung der von den Kindern bewiesenen Fähigkeiten und der von ihnen gewonnenen – sicherlich prekären – Lebensmöglichkeiten macht sie in einer sadistischen Infantilisierung erst zu den ‹Tieren› als dem Naturstoff, der der Erziehung vorgegeben ist, damit sie Menschen daraus formt» (Rutschky 1977, S. XXV).

4. Reflexion und Zwischenergebnis: Zur Theorie von Kindheit und Jugend

In der bisherigen Darstellung ging es darum, eine Verbindung zwischen dem Zerfall von zyklischer Sozietät und der Entstehung von «Kindheit» und «Jugend» als eigenständige Bereiche herzustellen. Diese Verbindung stellte sich über die Dialektik des sogenannten *«Zivilisationsprozesses»* her, oder anders gesagt, über die Expansion jener *gesellschaftlichen Beziehungsform, die sich in der Trennung von notwendiger Arbeit und Mehrarbeit* manifestierte. Diese Trennung – von der Produktionsweise der «großes Industrie» vorangetrieben – brachte nicht nur das Phänomen des «privaten» Reichtums hervor, sondern auch das des «privaten Reichs». Damit ist jene familiäre Sphäre gemeint, die, wegen ihrer Abgetrenntheit von der materiellen Produktion, verstärkt «Familien-Sinn» produzierte. Der Familien-Sinn mußte das Fehlen der gegenstandsvermittelten Kooperation zwischen Eltern und Kindern, das Fehlen einer gemeinsamen Handlungsperspektive, auf irgendeine Weise kompensieren. Er schuf «Kindheit» und «Jugend» – gleichzeitig als *qualifikatorische Defizit- und narzißtische Projektionsräume*.

Weil die Heranwachsenden durch die neu entstandene Familienform der bürgerlichen Kleinfamilie an der gemeinsamen produktiven Arbeit nicht mehr beteiligt waren, weil ihre Möglichkeiten, sich sachbezogene Qualifikationen praktisch anzueignen, aufgrund der Eigentums- und Berufsverhältnisse äußerst beschränkt waren, wurden sie «tendenziell ein passives Opfer elterlicher Beeinflussung» (Vinnai 1977, S. 205). Dadurch konnte sich die Wahrscheinlichkeit erhöhen, daß Kindern und Jugendlichen enge Sozialisationsmuster aufgezwungen werden. Befürsorgung, Erziehung, Unterweisung und Disziplin traten an die Stelle kooperativer Arbeitsbeziehungen zwischen Eltern und Kindern: «Erziehung und Disziplinierung sind seither fast identisch. In der traditionellen Gesellschaft sind die Fortschritte der Erziehung die Fortschritte der Disziplin» (Rutschky 1977, S. IL).

Übermächtige Eltern und autoritäre Lehrer traten den Heranwachsenden als «Lehrende» gegenüber. Ein aus der intellektuellen Überlegenheit abgeleiteter «Zivilisationsauftrag» machte die Expansion in die Lebenswelt der Lernenden notwendig. Die qualitativen Besonderheiten, die die Erwachsenen den Kindern und Jugendlichen zuzuschreiben begannen, sollten dieses Vorgehen zusätzlich rechtfertigen.

Entdeckung der Kindheit und Jugend heißt also, daß sich in der isolierten Kleinfamilie eine einfühlende Wahrnehmung von Schwäche und Unfertigkeit entwickeln konnte. Diese Wahrnehmung kam nicht plötzlich, sondern im Zuge der sogenannten Vergesellschaftung des Menschen: «... erst der vergesellschaftete Mensch (...) kann ungesellig sein, entwickelt das Bedürfnis nach Intimität oder sogar Einsamkeit. Die Wahrnehmung der Differenz von Kindern und Erwachsenen, einer Differenz, die auch real immer größer wurde, drängte sich auf, als die Konfrontation zwischen beiden so unvermeidlich und dauerhaft wurde wie in der immer enger zusammenrückenden Familie» (Rutschky 1977, S. XLIV).

Unvermeidlich und dauerhaft war auch die Herausbildung von *«Entwicklungsstadien»* in dem von den Erwachsenen entworfenen «Prozeß der Menschwerdung». Diese Herausbildung erfolgte in strenger Entsprechung zu den abgestuften gesellschaftlichen Anforderungen, die von den verschiedenen Institutionen diktiert wurden. U. Holzkamp-Osterkamp spricht diesbezüglich von *«Bedarfsplänen»*, die nach Maßgabe des Standes der gesellschaftlichen Gesamtentwicklung in unterschiedlich differenzierter Form vorliegen und die von all jenen Ansprüchen wohl zu unterscheiden sind, die der menschliche Organismus im Laufe der Zeit ausgebildet hat (vgl. Holzkamp-Osterkamp 1976, S. 71f.).

Die Teilhabe an diesen gesellschaftlichen Bedarfsplänen – sei es die institutionell erzwungene oder die durch Eigenmotivation erwirkte – war und ist unhintergehbar; sie ist dem *form- und inhaltsgleich*, was den «Prozeß der Menschwerdung» ausmacht.

Die *Formen kindlicher Subjektivität*, die sich innerhalb der verschiedenen gesellschaftlichen Bedarfspläne ausbildeten, erhielten – ebenso wie die «Entwicklungsstadien» selbst – einen autonomen Status, einen Eigenwert, der ihnen von Natur aus zugehörig erschien. «Entwicklungsstadien», d.h. jene Zeitabschnitte, in denen die kindlichen Subjekte nach gesellschaftlichen Bedarfsplänen zugerichtet wurden, und «Subjekt-Formen» traten untereinander in Beziehung, wobei Kinder und Jugendliche lediglich als *Instrumente* dieser Bewegung begreifbar sein durften. Die Heranwachsenden, zu keinem Zeitpunkt wirklich Subjekte ihrer Entwicklung, verfügten demnach nicht über ihre eigenen Entwicklungsbedingungen. Sie waren als vergesellschaftete Individuen den gesellschaftlichen Bedarfsplänen so ausgeliefert, als wären diese Teile der menschlichen «ersten Natur».

Das «Geheimnisvolle» an der Entdeckung von Kindheit und Jugend, das, was den spezifischen *Fetischcharakter* ausmacht, besteht also darin, daß die kindlichen Subjekt-Formen und die sie mittragenden Entwicklungsstadien dem sich damit beschäftigenden Menschen *den gesellschaftlichen Charakter seiner (kapitalistisch bestimmten) Arbeit als Natureigenschaften des Kindes* zurückspiegeln: Die Individualitätsform des Heranwachsenden erscheint den Eltern demnach nicht als Produkt ihrer «Arbeit», nicht als «elterliche Produktion von kindlicher Subjektivität», sondern als *gegenständlicher Charakter des Produktes «Kind» bzw. «Jugendlicher»*.

Der Fetischcharakter, der sich im Bewußtsein der Erwachsenen als ein *verkehrtes Bewußtsein* von der Entwicklung kindlicher Subjektivität niedergeschlagen hat, erklärt sich durch seinen Ursprung: Kinder und Jugendliche sind eben nicht organismische Natur-Produkte, sondern Produkte von untereinander unabhängigen «Privat-Arbeitern» (und das im doppelten Sinn): Produkte von Menschen, die über die mehrwertschaffende Organisationsform der *Lohnarbeit* privaten Reichtum herstellen, und Produkte von Menschen, die über die Organisationsform Kleinfamilie die Bedingungen für «private Sozialisation» miterzeugen.

Gesellschaftliche Arbeitsverhältnisse, und daraus abgeleitet, gesellschaftliche Bedarfspläne, bildeten sich erst durch den *Austausch*, also erst durch die kontaktermöglichende Institution eines *Marktes*: So wie die Produkte der Lohnarbeit erst als Waren in Tausch- oder Handelsbeziehungen ihren gesellschaftlichen Charakter erhielten, konnte sich erst über Sozialisationsagenturen ein spezieller «Markt» ausbilden, auf dem kindliche Subjektivitätsformen gleichsam «zum Austausch» gelangten. Dieser Austausch vollzog sich in Schulen, betrieblichen Ausbildungsstätten, zwischen Familien usw. Dabei wurden – bei unterstellter Gleichheit der «Produkte» – die unterschiedlichen kindlichen Subjektivitätsformen *als sachliche Verhältnisse* (z. B. als unterschiedliche «Begabungen») bzw. *als Verhältnisse von Sachen* (z. B. als unterschiedliche Anforderungen unterschiedlicher Schultypen) begriffen. Folglich ist auch verständlich, daß die Herausbildung von pädagogischen Schonräumen zeitlich mit dem Entstehen eines verkehrten Bewußtseins vom Charakter jener «Gegenstände» zusammenfällt, die ebendort «geschont» werden sollten.

III

«Nicht bloß im Geist, in den Vorstellungen, grundlegenden Begriffen und Urteilen, sondern auch im Herzen des einzelnen, in seinen Vorlieben und Wünschen spiegelt sich die Klassenordnung wider, in der sein äußeres Schicksal verläuft. Autorität ist daher eine zentrale historische Kategorie.» (M. Horkheimer: Theoretische Entwürfe über Autorität und Familie, in: E. Fromm u. a. 1936, S. 23)

Eine eigenständige Wissenschaftsdisziplin entsteht: Wie Kinder und Jugendliche buchstäblich unter die Räder einer Maschine kamen, die Erwachsene bedienten

In den vorangegangenen Kapiteln habe ich die allgemeinen historischen Voraussetzungen dargestellt, die es möglich machten, daß sich zeitliche und räumliche Strukturprinzipien als relativ autonome, abgrenzbare Sozialisationsbereiche und -etappen im gesellschaftlichen Alltag festsetzen konnten. Nun soll untersucht werden, mit welchen forschungsstrategischen und erkenntnistheoretischen Verfahren die pädagogisch-psychologische Kinder- und Jugendforschung, vornehmlich die Entwicklungspsychologie, sich dieser ausgegrenzten Bereiche bemächtigte. Dabei werde ich drei Strömungen systematisch darstellen, die man hinsichtlich ihrer je verschiedenen ideologischen und methodologischen Zugriffe auf den Gegenstandsbereich so bezeichnen könnte: genetisch-psychographische Verfahren (bes. Kapitel 1), spekulativ-teleologische Verfahren (bes. Kapitel 2 und 3), experimentell-behavioristische Verfahren (bes. Kapitel 4).

1. Längsschnittprotokolle über «biologisch angelegte Organisationsprinzipien»

Die Ausgangslage für entwicklungspsychologische Forschungen um 1900 charakterisiert W. Stern unter anderem dadurch, daß die verschiedenen pädagogischen Konzepte der Vergangenheit (A. Comenius, J. J. Rousseau, J. H. Pestalozzi, J. F. Herbart, F. Froebel u. a.) wegen ihres unmittelbaren Praxisbezugs auf die «rein wissenschaftliche Kinderforschung» nicht entscheidend einwirken konnten. Darüber, wie die eigentlich wissenschaftlichen Forschungen entstanden sind, schreibt W. Stern:

«Es sind vielmehr *Mediziner* gewesen, denen die Entstehung einer Wissenschaft vom Kleinkinde und seiner Seele zu danken ist. Sie waren ja die einzigen Forscher, die schon von Berufs wegen das Kind in seinen frühesten Lebensstadien zu studieren hatten; sie waren als *Naturwissenschaftler* mit jenen großen und neuen Fragestellungen vertraut, welche aus dem Entwicklungsproblem hervorgewachsen waren. Von Ärzten stammen schon weit zurückreichende Ansätze, die aber vereinzelt und unwirksam blieben: Tiedemanns ‹Beobachtungen über die Entwicklung der Seelenfähigkeiten bei Kindern› (schon 1787!), B. Sigismunds ‹Kind und Welt› (1856), Kußmauls ‹Untersuchungen über das Seelenleben des neugeborenen Menschen› (1859). Dann aber veröffentlichte 1882 *Wilhelm Preyer* seine ‹Seele des Kindes›, ein Buch, das geradezu als *Eröffnungswerk* der modernen Kinderpsychologie gelten kann. Zum erstenmal wurde hier das Kind – und zwar ein einzelnes Kind, der Sohn des Verfassers – zum *Objekt einer systematischen Beobachtung* gemacht. Diese setzte mit dem Moment der Geburt ein und wurde bis zum Ende des dritten Jahres Tag für Tag fortgesetzt. Als *Physiologe* räumte Preyer in seinem Studium den körperlichen Funktionen des Kindes, insbesondere der Entwicklung der Bewegungen, einen sehr breiten Platz ein. Immerhin hat er dort auch erstmalig die *Frühstadien eigentlich psychischer Entwicklungsreihen*: der Sprache, der Raumwahrnehmung, des Gedächtnisses, der Willenshandlung usw. registriert» (Stern 1914; dieses und alle folgenden Zitate sind der 6. Auflage von 1930 entnommen; Hervorh. von P. G.).

Dem Preyerschen Vorbild folgten Autoren in England, Amerika, Frankreich und in anderen Ländern. Daß sich alle diese frühen Forschungen mehr oder weniger auf Kleinkinder beschränkten, schien zum Teil «aus der Sache selbst» erklärlich: «Man will die zu verfolgende Kette eben möglichst am Anfang angreifen. Sodann wird es mit fortschreitendem Alter des Kindes immer schwerer, eine *einigermaßen lückenlose Kontrolle* über alle auf das Kind einwirkenden Einflüsse auszuüben, eine Kontrolle, die zu unterscheiden gestattet, inwieweit die beobachteten Tatsachen aus angeborenen Anlagen stammen oder durch äußere Momente veranlaßt sind» (Stern 1930, S. 5; Hervorh. von P. G.). W. Stern meint dann allerdings auch, daß sich die Kinderforschung zu streng an die Altersgrenze der Preyerschen Studie gehalten habe; aber: «vielleicht reichte auch die Geduld für das fortlaufende Tagebuchführen nicht länger als drei Jahre» (ebd., S. 6).

Eine Reihe von später veröffentlichten Langzeitbeobachtungen gab schließlich die Möglichkeit, die mit dem Untersuchungszeitraum «frühe Kindheit» gegebene Altersbegrenzung mit wissenschaftlichen Analysen zu überschreiten. Dabei stützte man sich vor allem auf die Tagebücher von E. und G. Scupin, publiziert in den Jahren 1907, 1910 und 1931, von W. und C. Stern aus dem Jahr 1907 und von E. Köhler aus dem Jahr 1926.

a) Entschlüsselung der «Geheimschrift der Seele»

Die Arbeit von *Wilhelm Preyer* «Die Seele des Kindes», also jene Studie, die von W. Stern als «Eröffnungswerk moderner Kinderpsychologie» bezeichnet wurde, erschien zwar 1882 als Buch, einer kleinen wissenschaftlichen Öffentlichkeit wurde sie aber bereits am 3. 1. 1880 anläßlich eines Vortrags Preyers über «Psychogenesis» in Berlin bekannt. Als Physiologe war W. Preyer grundsätzlich «analytisch-positivistisch» orientiert, d. h., es entsprach seinem wissenschaftlichen Interesse, sich den lebenden Menschen in Funktionsbereiche unterteilt vorzustellen, wobei er von der alten Leib-Seele-(Körper-Geist-)Dichotomie als eine die Lebenskomplexität reduzierende Grundstruktur ausging: «Die Lebenserscheinungen des Menschen in der ersten Zeit seines selbständigen Daseins in der Welt sind wiederum so verwickelt und verschiedenartig, daß auch hier eine Teilung sich bald als zweckmäßig erwies. Ich schied die körperliche Entwicklung des neugeborenen und ganz jungen Kindes von seiner geistigen Entwicklung und versuchte diese letztere in dem vorliegenden Buche zu beschreiben» (Preyer 1895 in seiner Vorrede zur 4. Auflage, S. V; dieses und alle folgenden Zitate sind der 7. Auflage von 1908 entnommen).

Bei der Strukturanalyse der Entwicklung des Kindes ging W. Preyer nach den «Grundfunktionen» des menschlichen Geistes vor: Er beschrieb zunächst die Entwicklung der «Sinne und Gefühle», dann die des Willens und schließlich die des Verstandes und der Sprache.

Als Mediziner und Physiologe war W. Preyer über die embryonale Entwicklung bestens informiert und konnte deshalb in seinem Werk die Frage nach der Herkunft der geistigen Funktionen kompetent stellen. Da für ihn klar war, «daß die geistigen Grundfunktionen, welche erst nach der Geburt hervortreten, nicht erst nach der Geburt neu entstehen» (ebd., S. VI), mußte er von theoretischen Annahmen über die Vererbbarkeit menschlicher Eigenschaften ausgehen und alle «Tabula-rasa»-Theorien zurückweisen.

«Die Seele des ebengeborenen Kindes gleicht also nicht der unbeschriebenen Tafel, auf welche die Sinne erst ihre Eindrücke aufschreiben, so daß aus diesen die Gesamtheit des geistigen Inhaltes unseres Lebens durch mannigfaltige Wechselwirkungen entstände, sondern die Tafel ist schon vor der Geburt beschrieben mit vielen unleserlichen, auch unkenntlichen und unsichtbaren Zeichen, den Spuren der Inschriften unzähliger sinnlicher Eindrücke längst vergangener Generationen. So verwischt und undeutlich sind diese Reste, daß man die Seelentafel freilich für unbeschrieben ansehen konnte, solange man ihre Veränderungen in der allerersten Jugend nicht untersuchte. Je aufmerksamer aber das Kind beobachtet wird, um so leichter lesbar wird die anfangs unverständliche Schrift, welche es mit auf die Welt bringt. Man erkennt dann, welch ein Kapital von den Ahnen jeder einzelne ererbt hat, wieviel durch die Sinneseindrücke nicht erzeugt wird und wie falsch es ist, zu meinen, der Mensch lerne fühlen, wollen, denken *nur* durch seine Sinne» (Preyer 1908, S. VIII; Hervorh. im Orig.).

W. Preyer sah also die Hauptaufgabe seiner Studie darin, die «Geheimschrift der Seele des Kindes» zu entschlüsseln. Träger der Geheimschrift war das Beobachtungsobjekt, das einzelne Kind, Medium war die wahrnehmbare raum-zeitliche Veränderung im Verhalten. W. Preyer konnte folglich davon ausgehen, daß eine kontinuierliche Registrierung aller Verhaltens- und Reaktionsweisen des Kindes Material für eine wissenschaftliche Dekodierarbeit liefern müsse.

W. Preyer führte über seinen Sohn von der Geburt bis zum Ende des dritten Lebensjahres ein *Tagebuch* – «Da ich mit zwei unerheblichen Unterbrechungen *fast täglich mindestens dreimal*, morgens, mittags und abends, mich mit dem Kinde beschäftigte und es *vor den üblichen Dressuren möglichst schützte*, so fand ich auch fast täglich eine psychogenetische Tatsache zu verzeichnen» (ebd., S. V; Hervorh. von P. G.). Darüber hinaus stützte sich der Autor auf *Tierversuche*, die er zum Teil selbst durchgeführt hatte, sowie auf bereits vorhandene Tagebuchaufzeichnungen anderer Ärzte und Wissenschaftler.

Das Resultat der Preyerschen Studie ist das erste Fachbuch der Entwicklungspsychologie: eine auf den Zeitpunkt des Auftretens hin analysierte und systematisierte Sammlung von beobachteten Verhaltensdetails. Diese Art «physiologischer Psychologie» wurde später zum Teil für phantasielos gehalten, wegen ihrer naturwissenschaftlichen Exaktheit jedoch stets auch bewundert.

Ein Beispiel für diese ambivalente Einschätzung stellt K. Bühler dar. Für ihn war Preyers Buch «voll interessanter und gewissenhafter Beobachtungen und – arm an eigenen Ideen. (...) Freilich, das Unternehmen war kühn: Mit Menschheitsproblemen in die Kinderstube gehen und sie mit keinem anderen Hilfsmittel als mit demjenigen exakter Beobachtung und peinlich genauer Registrierung der tausend anscheinend längst bekannten Nichtigkeiten des Kinderlebens fördern zu wollen – das durfte manchen, der über die engen Grenzpfähle einer wohlabgezirkelten und althergebrachten Methodik irgendeines Spezialfaches nicht hinauszuschauen vermochte, nur eben gerade den Philosophen nicht zu verblüffen ...» (Bühler 1918, zit. nach der 4. Auflage von 1924, S. 52).

Es mag schon stimmen, daß die Preyersche «Kinderstubenpsychologie» aus der Sicht von K. Bühler den theoretisch-philosophischen Ansprüchen des beginnenden 20. Jahrhunderts nicht mehr entsprach. Dennoch steht außer Zweifel, daß W. Preyer der Kinderforschung eine so nachhaltige Orientierung gegeben hat, daß vermutlich K. Bühler selbst diese Einflüsse auf seine eigene Denkrichtung (und auf die Forschungsrichtung der Wiener Bühler-Schule) gar nicht richtig einschätzen konnte. Dafür sprechen einige Parallelen in der theoretischen und methodischen Orientierung von W. Preyer und K. Bühler.

Nach W. Preyer stellt der individuelle Lebenslauf in den ersten drei Jahren ein «Paradigma» dar, also ein «Vor-Bild», ein Modell, an dem allgemeine «Entwicklungsgesetze der Natur» ablesbar sein sollten. Deshalb wollte W. Preyer seine Forschungen und Analysen auch von der pädagogischen Formel «zuerst Natur ohne Dressur, dann Kultur» (Preyer 1908, S. IX) leiten lassen. Seine Orientierung war also primär *biologisch*.

Bezüglich des Entwicklungstempos und des Ausprägungsgrades gesteht W. Preyer «individuelle Verschiedenheiten» zu. Die Reihenfolge des Auftretens «der einzelnen Entwicklungsmomente» (ebd., S. VI) hielt er für unveränderbar. Ziel der «autogenetischen Psychologie», wie er sie anstrebte, müsse es sein, durch eine «immer reichlichere und zugleich kritischer fortgesetzte Sammlung von Beobachtungen an sehr vielen ungleich veranlagten Kindern» letztlich zu einer «empirischen Geschichte der Vernunft» (ebd., S. IX) zu gelangen.

Auch für die Bühler-Schule stellt der individuelle Lebenslauf ein «Paradigma» dar, das dem Forscher bei einer richtigen Art der Entschlüsselung die Phasen der Menschwerdung offenbaren kann. K. Bühler hat in seinem Werk «Die geistige Entwicklung des Kindes» (erstmals 1918) zum größten Teil auf biographisch angelegte Studien aufgebaut. Über weite Strecken stützte er sich auf seine eigenen Tagebücher sowie auf die der Ehepaare Stern und Scupin und auf das Buch von W. Preyer. Ziele und Methoden der Kinderpsychologie sind bei K. Bühler freilich klarer ausformuliert als bei W. Preyer – so etwa dort, wo sich K. Bühler auf *erfahrungswissenschaftliche Forschungsmethoden der Biologie* bezieht: «Man kann jedenfalls die aufeinanderfolgenden Phasen in der Menschwerdung des Kindes in ähnlicher Weise psychologisch erforschen wie der Biologe die Entwicklung des Pflanzen- und Tierkörpers erforscht, man kann auch dort Erfahrungsgesetze suchen und finden» (Bühler 1924, S. 56).

Heute erscheint es ziemlich klar, daß damals bei der Erforschung und vergleichenden Analyse von Kinderbiographien auch der Wettstreit, welches Psychologenkind das adäquatere «Paradigma» abgeben würde, Pate gestanden hat. Der spezifisch «bürgerliche» Charakter der Entwicklungspsychologie hat offensichtlich sehr viel mit dem sozialen Entstehungszusammenhang dieser «Paradigmata» zu tun.

Die Preyerschen Passagen, bei denen Forschungsarrangements dargestellt werden, lesen sich deshalb nicht zufällig wie *Milieuschilderungen*. Ein Beispiel soll nun zeigen, daß bei W. Preyer etwas vorherrschend gewesen sein muß, das ich ein «verkehrtes Bewußtsein seiner Praxis» nennen möchte, einer Praxis, die er selbst mit den Worten «zuerst Natur ohne Dressur» charakterisiert hat.

Auf der Ebene reflektierter Forschungspraxis will Preyer seine physiologische Psychologie nach dem Prinzip «Natur – später Kultur» ausgerichtet verstanden wissen. Auf der Ebene alltäglicher Beobachtung und Beschäftigung mit seinem Kind muß aber ein harter Forschungsdrill geherrscht haben. Über die Versuche, seinem Sohn die ersten Farbunterschiede beizubringen, berichtet er u. a. folgendes:

«Als ich in der 85. Woche die ersten systematischen Prüfungen mit gleichgestalteten ungleichfarbigen Spielmarken vornahm, ließ sich noch keine Spur einer sprachlichen Farbunterscheidung erkennen ...» (Preyer 1908, S. 6). – Vom Ende des zweiten Lebensjahres an hat Preyer mit seinem Kind «viele hundert Farbprüfungen» vorgenommen, «wochenlang täglich in der Frühe, dann wieder nach wochenlangen Pausen in anderer Weise fast täglich ...» (ebd., S. 7). Der Erfolg dieser «Prüfungen» stellte sich erst allmählich ein: «Als wiederholt die beiden Ausdrücke ‹rot› und ‹grün› mit Vorlegung der entsprechenden Farben vorgesagt worden waren, und (...) immer abwechselnd gefragt wurde: ‹Wo ist Rot?› ‹Wo ist Grün?› erfolgte nach gänzlich resultatlosen Versuchen in der 86. und 87. Woche und nach einer Pause von 22 Wochen am 758. Lebenstage 11mal eine richtige, 6mal eine falsche Antwort; am folgenden Tage waren die Antworten 7mal richtig, 5mal falsch, am darauffolgenden 9mal richtig, 5mal falsch» (ebd., S. 7).

Manchmal trat bei seinem Sohn ob dieser ständigen Prüfungen «Unlust» ein, «welche bei einem so jungen Kinde sehr oft die Farbprüfungen unmöglich macht» (ebd., S. 7). Dennoch konnte W. Preyer durch seine Benennungs- und Befragungsdressuren das Kunststück erreichen, daß sein Kind noch vor Erreichen des dritten Lebensjahres zehn (!) verschiedene Farben auseinanderzuhalten und zu benennen vermochte. – «Damit ist denn bewiesen», schreibt K. Bühler über diese Untersuchung, «daß das Kind zu Beginn des dritten Lebensjahres schon recht komplizierte Unterscheidungsaufgaben zu bewältigen imstande ist» (Bühler 1924, S. 191).

Das Interessante an diesem Beispiel – das hier nur verkürzt wiedergegeben werden konnte – erscheint mir der Umstand zu sein, daß es sich hier gleichsam um einen klassischen Fall handelt, wo sich hinter dem Rücken des Wissenschaftlers und verdeckt durch die «Natur»-Ideologie ein Forschungsdesign durchgesetzt hat, das das Kind auf abstrakte Merkfähigkeit und Zuordnungsleistungen abrichtet, und wo trotz der expliziten Ideologie, daß «die Natur» dem Kind die Aufgaben stellt (vgl. Bühler 1924, S. 195), die Dominanz des leistungsorientierten Oberschichtmilieus unverkennbar ist. Diese Paradoxie gipfelt in dem Satz, jeder Leser könne erkennen, «mit welcher Liebe und Sorgfalt die Vorstufen der Farberkenntnis, d. h. die instinktartigen und dressurmäßigen Reaktionen auf Farbreize studiert worden sind» (Bühler 1924, S. 196).

An Hand des Farbenbeispiels ist auch aufweisbar, daß «Entwicklung» letztlich für ein Phänomen gehalten wurde, das von der menschlichen Praxis, sowohl der Eltern als auch der betroffenen Kinder, völlig unabhängig und von ihr unbeeinflußbar sei. Entwicklung erschien so als ein Prozeß, den «Organismen» – kraft ihrer Anlagen und ihrer höheren Be-

«... Anlagen jedenfalls bringen die Individuen mit, und der Plan ihres Werdens besteht in einem Inbegriff von Gesetzen, die zu finden die Aufgabe der Entwicklungslehre ausmacht.» (Karl Bühler 1924, S. 55)

stimmung – aus sich selbst heraus vollzögen: «Die Organismen sind *Zweckgebilde*, es kann dahingestellt bleiben, wodurch und wie sie es geworden sind; *Anlagen* jedenfalls bringen die Individuen mit, und der *Plan ihres Werdens* besteht in einem Inbegriff von Gesetzen, die zu finden die Aufgabe der Entwicklungslehre ausmacht» (Bühler 1924, S. 55; Hervorh. von P. G.).

Dieses Zitat deutet auf das Selbstverständnis hin, das alle biographischen Forschungen der ersten Hälfte des 20. Jahrhunderts teilten. Der Unterschied zwischen der «Kinderstubenpsychologie» Preyers und späteren Untersuchungen besteht lediglich darin, daß sich als Hauptziel der entwicklungspsychologischen Forschung eine eindeutigere Intention durchsetzte, die man als theoretische Perspektive so charakterisieren könnte: Es geht nun darum – um nochmals mit K. Bühler zu sprechen –, aus Kasuistik und anwendungsorientierter Kinderpsychologie die «großen Phasen und Gesetze der Entwicklung», die «Strukturgesetze» sowie ihre Ursachen (die «treibenden Kräfte»), herauszupräparieren (Bühler 1924, S. 53f.).

b) Lebenslauf und «vollmenschliche Existenz»

Die Arbeit von *Charlotte Bühler* zur Thematik «Der menschliche Lebenslauf als psychologisches Problem» bietet einen guten Einblick in die Intentionen und Verfahrensweisen strukturpsychologischer Forschung empirischer Ausrichtung (vgl. dazu auch Riegel 1975, S. 103f.). Allerdings handelt es sich bei dieser Arbeit keineswegs um den ersten Versuch der Autorin, psychologische Lebenslaufforschung zu betreiben. Im Jahr 1921 erschien erstmals, auf der Grundlage von drei Tagebüchern, ihre Arbeit «Das Seelenleben des Jugendlichen», in dem sie bereits einen ähnlichen methodischen Weg verfolgte wie später z. B. in ihrer Schrift «Jugend und Arbeit in ihrem psychologischen Verhältnis» (1927) oder eben in dem Hauptwerk von 1933 «Der menschliche Lebenslauf als psychologisches Problem».

Die *Lebenslaufforschung* nach Bühlerschem Ansatz ging von Evidenzen aus: Jeder weiß von sich, daß er ein Mensch ist und ein Leben «realisiert», d. h. nach einer Bestimmung lebt, die er irgendwie in sich fühlt: «Jeder hat es erlebt, daß er im Leben eine ‹Bestimmung› sucht, daß er das ‹Richtige› tun will, daß er ‹Erfüllung› finden will» (Bühler 1933, S. 5). Diese Suche nach einer Bestimmung ist für Ch. Bühler eine Grundtatsache im menschlichen Leben, ein «Kriterium vollmenschlicher Existenz» (ebd., S. 68). – «Es sind also zunächst einmal nur diese von jedermann irgendwie erfahrenen Tatbestände, die *deskriptiv* hier erfaßt werden. Aber darüber hinaus geschieht nun allerdings doch noch ein weniges mehr. Es wird nämlich erstrebt und versucht, aus der Fülle der Phänomene, die unser Leben und Erleben konstituieren, die *letzten und wesentlichen* herauszuarbeiten und in ihrem *systematischen* Zusammenhang darzustellen» (ebd., S. 6; Hervorh. im Orig.).

Ch. Bühler schlug vor, bei der psychologischen Erfassung des Lebenslaufs drei Materialgruppen zu unterscheiden:

a) Daten, die über den Lebenslauf als *biologischen Ablauf*, «als Aufbau und Abbau eines Körpers und seiner Funktionen» (ebd., S. 4), Auskunft geben (Körperwachstum, Krankheiten, Geschlechtsreife usw.);
b) Daten, die das *individuelle Verhalten* und das *persönliche Erleben* betreffen und die in Biographien dokumentiert sind (Aussagen über Gefühle, Lebensplanungen, Selbsteinschätzungen usw.);
c) Daten, die als «objektive Ergebnisse» des Lebenslaufes anzusprechen sind, und die als *Produkte* eine «historische Rolle» spielen, d. h. den konkreten Menschen, der sie geschaffen hat, überdauern. Diese Produktorientierung erhebe den Menschen in gewisser Weise über das Tier, das zwar auch Produkte verschiedener Art herstellen kann. – «*Der Mensch dagegen ist imstande, solche Produkte zu erzeugen, die weiterwachsen, während er schon abstirbt und deren Wachstum ihm ganz oder teilweise zugute kommt:* ein Kapital, ein Unternehmen, ein geistiges Produkt, dessen Ansehen und Erfolge zu seinem Schöpfer zurückkehren. Diese spezifisch menschliche Produktion stellt ein eigentümliches, die Expansion des Menschen steigerndes und verlängerndes Phänomen dar» (ebd., S. 53; Hervorh. im Orig.).

Nach Ansicht von Ch. Bühler sind es nun aber gerade nicht die individuellen Umstände, unter denen ein Leben realisiert wird, die den Psychologen zu interessieren haben. Der Psychologe müsse versuchen – wie schon oben zitiert – die «letzten und wesentlichen» Phänomene herauszuarbeiten und in einen systematischen Zusammenhang zu stellen.

Wenn also beispielsweise der Lebenslauf von W. v. Humboldt zu analysieren ist, so interessiert den Forscher diese Person nicht, «weil er ein Romantiker war, weil er aus der und der Familie stammte, weil er mit Goethe und Schiller in Kontakt kam, weil er ökonomisch so gestellt war, daß er sich ein relativ freies Leben erlauben konnte (...) usw. Das heißt, uns interessiert an dieser Stelle *weder das Individuelle noch das Typologische als solches und auch nicht seine Genese*. Sondern uns interessiert Humboldt (sic) nur insoweit, als er eine *allgemeine menschliche Erfahrung* in besonders ausgeprägter Weise erlebt und beschrieben hat, so daß wir vermöge seiner die *formale Struktur dieses Phänomens* ganz besonders prägnant vor uns haben» (Bühler 1933, S. 6; Hervorh. im Orig.).

Diesem Forschungstyp liegt also eine *prinzipielle, methodisch legitimierte Gleichgültigkeit gegenüber den Inhalten und konkreten Bedingungen menschlichen Lebens zugrunde*. Es ist für diesen Typ der Lebenslaufanalyse völlig gleichgültig, ob die «Produktion» darin besteht, daß in der Phase der erhöhten Leistungsfähigkeit und «Schaffenslust» Bücher geschrieben, Felder bestellt, Maschinen verkauft, Menschen bekehrt, belehrt, ausgebeutet oder vernichtet werden. Ausschlaggebend ist die Frage, ob in gewissen biographischen Phasen, die als Zeitabschnitte den Lebenslauf strukturieren, *Ereignisse kumulieren*. Kriterium ist also einmal die Zu- und Abnahme der Leistung, «die *quantitative Verteilung der Leistung* über den Lebenslauf» (Bühler 1933, S. 203; Hervorh. im Orig.). Zum anderen gilt es, die Frage zu beantworten, ob die Individuen selbst das Gefühl haben, daß ihrem Leben eine «Bestimmung» zugrunde liegt. – «Gemeinsam ist den sehr verschiedenen Menschen, die (...) ein Lebensziel haben, vor allem dieses, daß sie nicht nur leben, sondern (...) *für etwas* leben, *auf etwas hin* leben, das sie dann ihre Bestimmung oder den ‹Sinn› ihres Lebens nennen» (ebd., S. 124; Hervorh. im Orig.).

Wenn sich die Analyse individueller Schicksale gegenüber jeder inhaltlichen Frage abschotten kann, ist auch die ideale Voraussetzung für eine statistische Verarbeitung von Lebensläufen gegeben. Ch. Bühler legte ihrer Studie ca. 250 Lebensgeschichten zugrunde. Rund 50 davon wurden bei «einfachen alten Leuten» in einem Wiener Versorgungshaus erhoben. Das Hauptmaterial, ca. 200 Lebensgeschichten, entnahm Ch. Bühler der schöngeistigen Literatur biographischen und autobiographischen Typs: «Hierbei erfolgte die Auswahl der Persönlichkeiten lediglich unter dem Gesichtspunkt, möglichst mannigfaltiges Material *aus verschiedensten Lebenskreisen* zu gewinnen. Für die Auswahl zu ausführlicherer Bearbeitung war dann vor allem maßgebend der Gesichtspunkt der *Reichhaltigkeit und Zuverlässigkeit der zugänglichen Quellen*» (ebd., S. 3; Hervorh. im Orig.).

Das Kriterium der «Reichhaltigkeit» brachte verständlicherweise solche biographischen Dokumente in den Blickpunkt der Analyse, die von oder über Persönlichkeiten angelegt wurden, die es in irgendeinem «Lebenskreis» zu Berühmtheit gebracht hatten (deshalb tauchen Namen wie v. Humboldt, Tolstoi, Wilde, Keller, Edinson, Maria Theresia, Casanova, Liszt, Caruso usw. auf).

Die *strukturpsychologische Lebenslaufanalyse* stellt mithin selbst ein Paradigma dar, ein Forschungsvorbild, das überall dort zur Anwendung kam, wo dokumentiertes biographisches Material vorlag, das durch phänomenologische Deutungsversuche so lange bearbeitet wurde, bis für den Wissenschaftler generelle Verlaufs- und Sinnstrukturen sichtbar wurden. Dem eigenen Selbstverständnis nach könnte dieses Paradigma auch die *«Wissenschaft vom normalen Leben»* genannt werden. Ch. Bühler fordert ausdrücklich die systematische Herausarbeitung von «Kategorien und Strukturen des *normalen* Lebens» (ebd., S. 8; Hervorh. im Orig.). Ihrer Ansicht nach läßt sich damit dieses Verfahren von den Intentionen des Psychoanalytikers S. Freud abheben, der nach Bühlers Ansicht die «Verfehlungen des menschlichen Lebenslaufes» (ebd., S. 8) erforschte.

Der Normalitätsbegriff, der hier – wie bei allen strukturpsychologi-

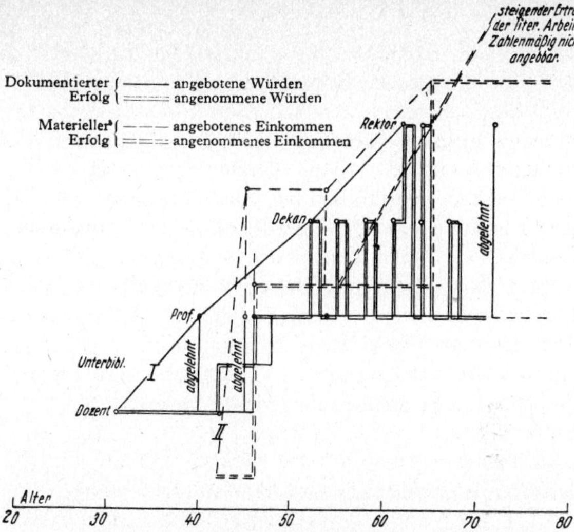

Immanuel Kant.

Abb. 22. Dokumentierter und materieller Erfolg[1]).

[1]) Es wurde hier der Versuch gemacht, nach einem einheitlich gewählten Maßstab die einzelnen Stufen der Laufbahn schematisch darzustellen neben einer exakten Statistik des jeweiligen Einkommens.

Siehe noch die zwei anderen Kant-Kurvenbilder im Paragraphen „Werkstatistik" und „Werkphasen".

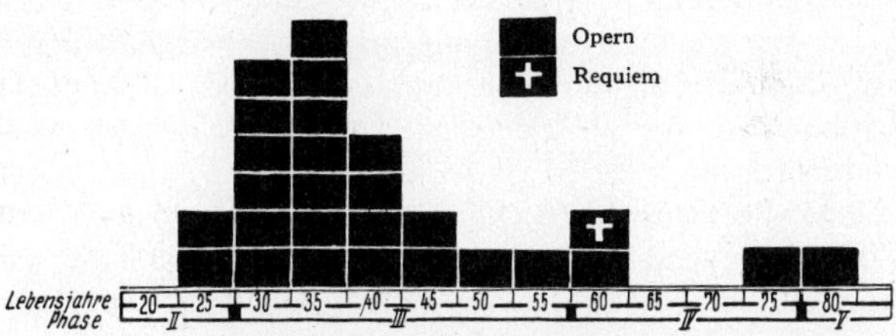

Giuseppe Verdi, Opernkomponist (1813—1901).

Abb. 23. Werkstatistik[2]).

[2]) Die Kolonne beispielsweise „30" bezieht sich hier auf die Lebensjahre 27—32 usw.

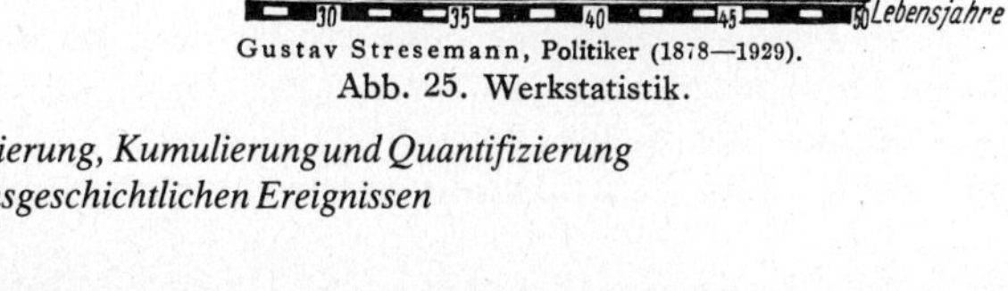

Gustav Stresemann, Politiker (1878—1929).

Abb. 25. Werkstatistik.

Formalisierung, Kumulierung und Quantifizierung von lebensgeschichtlichen Ereignissen

schen Arbeiten der Bühler-Schule – zugrunde gelegt wurde, ist freilich mehr als nur problematisch: Er grenzt alle Lebensformen als «anormal» aus, die sich der Kohärenz und Logik üblicher Verlaufs- und Sinnstrukturen (entworfen im Oberschicht- bzw. Künstlermilieu) verschließen. Alle die psychischen Reaktionsformen, die die Psychoanalyse als innere Widersprüchlichkeiten, Konflikte und Verdrängungen aufgedeckt hat – also auch die verklemmte psychische Struktur der bürgerlichen Schichte selbst –, müssen als «Verfehlungen des menschlichen Lebenslaufes» gewertet werden. So analysierte Ch. Bühler z. B. auch einen Fall, der «anerkanntermaßen jenseits des Normalen» (ebd., S. 110) lag: die Lebensgeschichte des Dichters Oskar Wilde, dessen homosexuelle Neigungen bei Ch. Bühler als «Willensschwäche», «Genußsucht» und letztlich als «zur Perversion entwickelte Sexualität» gedeutet werden.

c) Die empirische Erforschung «geistiger Menschwerdung»

Eine Analyse des gesamten Lebenslaufes ist nichts anderes als die Ausweitung der entwicklungspsychologischen Frage (im «altersbegrenzten» Sinn) nach der formalen Struktur der «Menschwerdung» auf die der menschlichen Existenz bis zu ihrem Ende. Ch. Bühler deutet dies an, wenn sie schreibt: «Diesen Plan (nämlich die Beschreibung der «allgemein menschlichen Erfahrung»; P. G.) verfolgen wir in derselben Einstellung, die sich uns beim Studium der Entwicklung von Kindheit und Jugend bewährt hat, daß wir erst die allgemeinen *Entwicklungsregeln* kennen müssen, ehe wir die durch bestimmte Umstände hervorgebrachten Modifikationen erfolgreich untersuchen können» (Bühler 1933, S. 7; Hervorh. im Orig.).

Den Plan, allgemeine Entwicklungsregeln herauszufinden, verfolgte auch *Elsa Köhler*, eine Schülerin von K. Bühler, als sie daran ging, die «Persönlichkeit des dreijährigen Kindes (Annchen)» zu analysieren (1926). Ihre Studien erstreckten sich demnach auf einen kürzeren Zeitraum, als dies bei W. Preyer oder Ch. Bühler der Fall war, und zudem war ihr Forschungsobjekt ein Kind aus der Familie von Freunden, also nicht ihr eigenes. Ansonsten gibt es viele Gemeinsamkeiten mit den bisher diskutierten Arbeiten: Die Autorin verfolgte, ganz im Sinne der Bühler-Schule, ein Forschungsinteresse, das darauf ausgerichtet war, biologisch-genetische Phasen und Gesetze im Entwicklungsverlauf nachzuzeichnen. Dabei wandte sich E. Köhler bewußt der Kinderpsychologie und nicht der gesamten Lebenslaufforschung zu, denn: «Sowohl Phasen als Gesetze sind dort, wo ihr biologischer Sinn am reinsten hervorleuchtet, am bedeutungsvollsten für den Einblick in die Struktur des menschlichen Geistes überhaupt» (Köhler 1926, S. 1).

Nach E. Köhler stellt die strukturpsychologische Monographie «den

Versuch dar, voraussetzungslos, auf dem Boden strenger Tatsachenforschung zu ermitteln, wie in einem dreijährigen Kinde Geistiges *wird* und sich *organisiert*. Damit tritt zum erstenmal eine Untersuchung auf, die in doppelter Hinsicht Anspruch darauf erhebt, ein Beitrag zur Persönlichkeitsforschung zu sein» (ebd., S. 12; Hervorh. im Orig.).

E. Köhler sieht in der strukturpsychologischen Forschung eine Synthese von «gesetzeswissenschaftlicher», d. h. erfahrungswissenschaftlicher, und geisteswissenschaftlicher Orientierung innerhalb der pädagogisch-psychologischen Kinderforschung: «Es begegnen einander *Sprangers ‹Psychologie des Jugendalters›* (Leipzig 1924), die ohne eine, wenn auch verhüllte Konzession des Verfassers an die biologisch-genetische Forschung nicht hätte geschrieben werden können, und *Bühlers ‹Geistige Entwicklung des Kindes›*, in der von der Biologie aus dem Werden der geistigen Strukturen ab ovo nachgespürt wird» (Köhler 1926, S. 2; Hervorh. im Orig.).

Wie ist diese versuchte Synthese von zwei so unterschiedlichen Richtungen, wie sie in den Personen von E. Spranger und K. Bühler repräsentiert sind, zu verstehen? – In bezug auf ihre eigene strukturpsychologische Monographie schreibt Köhler: «Mit *gesetzeswissenschaftlichen* Kriterien gemessen erscheint die Arbeit als eine phänomenologische, auf genetisch-psychographischem Wege vollzogene Gesamtaufnahme der geistigen Entwicklung *eines* Dreijährigen. (...) Von dieser Seite her gesehen stellt sich die Untersuchung somit als Materialsammlung dar, und ihr Wert hängt von der Exaktheit und dem Umfange der beigebrachten Tatsachen ab. Die hier angewendete Methode war *Beobachtung*. Mit *geisteswissenschaftlichen* Kriterien gemessen erscheint diese Studie als ein Versuch, innerhalb *einer* Psyche die Vielfalt des geistigen Lebens zu einem Ganzen ‹zusammenzuschauen› und diesem Ganzen einen letzten objektiven Sinn zu geben. (...) Die hier angewendete Methode heißt *Deutung*» (ebd., S. 12f.; Hervorh. im Orig.).

Um zu gewährleisten, daß die «Materialsammlung» auch tatsächlich zustande kam, bedurfte es eines festen, gewohnheitsmäßigen Bezugs zwischen Beobachter, Situation und Kind. Forschungsstrategisch ging E. Köhler deshalb so vor, daß sie versuchte, sich selbst als deutungsmächtige Beobachterin – vermittelt über standardisierte Beobachtungssituationen – im Bewußtsein des Beobachtungsobjekts einen Platz zu verschaffen. Sie beschreibt dies so: «Der regelmäßige Ablauf der Geschehnisse zwischen 2;5 und 2;7 (= Kindesalter) brachte es mit sich, daß Annchen das Kommen und Gehen von ‹Tante Else› als eine selbstverständliche Sache hinnahm und daß hauptsächlich das Erlebnis ‹Stadtpark› (ich hatte absichtlich meine Spaziergänge dorthin verlegt) sich mit ‹Tante Else› fest zu assoziieren begann. Wohl ging man auch dann und wann in den Prater; allein *dort hatte ich weniger Macht*. Die älteren Vorstellungskomplexe waren bereits so stark und festverknüpft, daß die Vorstellung ‹Tante Else› nicht mehr recht – wenigstens nicht unlöslich – darin untergebracht werden konnte» (ebd., S. 35; Hervorh. von P. G.).

Da nach Ansicht von E. Köhler eine einzelne strukturpsychologische

Monographie lediglich ein in sich abgeschlossenes Bild der «Lebensform *eines* Dreijährigen» darstellen kann, kommt dieser Forschung für die gesetzeswissenschaftliche Frage nach der «Lebensform *des* Dreijährigen» nur ein hypothetischer Wert zu. Das am Einzelfall gewonnene «Sehen von Problemen» dient demnach nur der Konstruktion von Hypothesen, die durch weitere Monographieforschungen zu bestätigen sind: «... *so steigert sich von Monographie zu Monographie der objektive Geltungswert des Gefundenen nach Maßgabe der Wiederholung der Phänomene*» (ebd., S. 6; Hervorh. von P. G.).

E. Köhler orientierte sich offenkundig an der Methodologie der Lebenslaufanalyse (und Tagebuchauswertung) von Ch. Bühler, die – wie schon erwähnt – Tagebuchaufzeichnungen zu einer Art phänomenologisch gestützter Statistik verarbeitete. Darüber hinaus gibt es aber noch einen weiteren gemeinsamen Bezugspunkt: *das Phasenkonzept*. Was für manche Entwicklungspsychologen die «Pubertät» ist, also jenes krisenhafte Alter, in dem sich angeblich zum erstenmal in der Auseinandersetzung mit den eigenen physischen und psychischen Prozessen eine Werthierarchie aufbauen und verfestigen kann, ist für andere Kinderpsychologen das Alter um das dritte Lebensjahr, in dem sich die angeblich biologisch angelegten Organisationsprinzipien im Gefühls- und Geistesleben erstmals bemerkbar machen – sich im Hinblick auf die Pubertätskrise gleichsam «prognostisch» ankündigen (vgl. Köhler 1926, S. 11). Unabhängig davon, ob nun eine «kritische Phase» angenommen wurde oder nicht, die Forscher der Bühler-Schule gingen davon aus, «auf dem Wege der fortschreitenden Abstraktion zur phänomenologischen Festlegung eines letzten charakteristischen Lebensinhaltes und einer ebensolchen Lebensform» zu gelangen (ebd., S. 10).

E. Köhler versuchte diese «letzte Lebensform» des Dreijährigen auf einer *doppelten Materialbasis* zu erarbeiten. Einmal bemühte sie sich um «Realdokumente» (Zeichnungen des Kindes, festgehaltene sprachliche Äußerungen usw.), dann um «Deskriptionen»; letzteres sind Aufzeichnungen des Forschers über Verhaltensweisen des Kindes sowie über Umweltreize, die mit diesen in einem ursächlichen Zusammenhang stehen. E. Köhler schreibt, daß sich der Forscher bei der Rekonstruktion kindlicher Verhaltenseigenschaften bezüglich seiner «Deskriptionen» um Absicherungen («Kautelen») bemüht sein müsse, da *Fehlerquellen* unvermeidlich seien:

«Da diese Fehlerquellen ganz in der Psyche des Beobachters liegen, der sich irren, etwas übersehen, sich anderes einbilden kann, wird er bedacht sein müssen, sich Kautelen zu verschaffen. In meinem Falle waren solche Kautelen meistens direkt, manchmal indirekt, durch Zeugenschaft anderer Beobachter gegeben. Ich habe alle Deskriptionen von Tatsachen, die Zeugen hatten, durch diese Zeugen nachprüfen lassen. Tatsachen, die ich allein miterlebt habe, entbehren dieser Beglaubigung, werden aber – mit

Rücksicht auf die sonstige Wahrheitsbeflissenheit der Verfasserin – immerhin noch als Dokumente gelten dürfen» (Köhler 1926, S. 17).

Offensichtlich setzt E. Köhler voraus, daß ein dreijähriges Kind nur «originäre» Verhaltensweisen zeigen kann, also noch nicht in der Lage ist (z. B. wegen der Anwesenheit bestimmter Personen), interaktionsspezifische Verhaltenstaktiken anzuwenden. Solche würden freilich den rein deskriptiven Zugang zu den «geistigen Objektivationen» erschweren.

Realdokumente und Deskriptionen sind zwar für den beobachtenden Psychologen die primären Informationsquellen. Da er aber gleichzeitig ein «beseelter Beobachter» ist, *registriert* er nicht nur Verhaltensweisen, sondern *selektiert* sie auch nach einem beziehungsstiftenden Muster: «Unwesentliches, für den Zusammenhang Belangloses ist unterdrückt, Wesentliches, Wichtiges ist von positiver Abstraktion begünstigt worden. An dieser Stelle wird also zum erstenmal ersichtlich, daß Beobachtung und beziehungserfassendes Denken zu gemeinsamer Leistung berufen sind» (ebd., S. 19).

Nach E. Köhler muß der Strukturpsychologe auf drei Ebenen *konstruktive Beobachtungs- bzw. Deutungsarbeit* leisten:

a) Einmal ist es die eben erwähnte «beziehungs*erfassende* Denkarbeit», die die Beobachtung leitet und den Psychologen davor bewahrt, Tatsachenmaterial wahllos registrieren zu müssen; «... der Beobachter liegt sozusagen ‹auf der Lauer› an den Stellen, wo er Charakteristisches erwartet» (ebd., S. 27).

b) Dann wird eine «beziehungs*herstellende* Denkarbeit» gefordert, eine intellektuelle Leistung des Beobachters, die in der konstruktiven Vervollständigung lückenhafter Verhaltens- und Motivationskomplexe besteht. E. Köhler schreibt über diesen Teil des Verfahrens: «Die Rekonstruktion des kindlichen Erlebnisses als Ganzes war als Aufgabe gestellt. Realdokumente und Deskriptionen als bereits vorliegendes Material fungierten als Komplexglieder, die Suche nach dem fehlenden Gliede oder den fehlenden Gliedern des psychischen Totalverlaufes – eine Denkoperation der Beobachterin – brachte diese Rekonstruktion zustande» (ebd., S. 21).

c) Schließlich stellt sich die Aufgabe der *«Zusammenschau»* untergeordneter Strukturen zu einer «exakten Persönlichkeitsformel» (ebd., S. 30): «Die einzelnen Sinnkategorien, in die das Erleben des Kindes gefaßt worden ist, erscheinen nun als untergeordnet, weil innere Zusammenhänge höherer Ordnung geahnt werden. (...) Die weitere Denk- und Abstraktionsarbeit hat das Verständnis für den objektiven Sinn des kindlichen Erlebens in eine höhere Zone gehoben: von nun ab ist der Blick von oben herab nach verschiedenen Richtungen hin gestattet. Biologische Sinndeutung, Deutung nach Maßstäben objektiver Geistigkeit – alles wird möglich, und es hängt nur mehr vom Untersucher ab, welchen Weg er gehen will» (ebd., S. 30).

«... Der Beobachter liegt sozusagen ‹auf der Lauer› an den Stellen, wo er Charakteristisches erwartet.» (Else Köhler 1926, S. 27)

Das folgende Beispiel soll zeigen, wie E. Köhler dieses dreistufige Verfahren einsetzt. Bei dem noch nicht dreijährigen Kind (Annchen ist zwischen 2;8 und 2;9) beobachtet die Forscherin ein plötzliches Hinwenden zur Mutter, das in seiner Gefühlsqualität sehr widersprüchlich zu sein scheint. Annchen möchte alles von der Mutter gemacht bekommen, was früher das Kindermädchen erledigte. Wenn dies nun nicht nach Annchens Willen geschieht, «so löst die Enttäuschung leidenschaftliche Affekte aus, A. weint, schreit, schlägt um sich und gerät in Paroxysmen; (...) Läßt sich die Mutter in solchen Augenblicken herbei, ihr das Verlangte zu gewähren, so entwickelt sich fast immer eine andere, nicht weniger rätselhafte Situation. Auf eine augenblickliche Beruhigung folgt im Nu eine neue Provokation. Es ist, als begehrte A. die Mutter, nicht um sich an ihr zu erfreuen und bei ihr Beruhigung zu suchen, sondern um sich an ihr zu reiben, sie zu reizen und gegebenenfalls ihren Willen dennoch durchzusetzen» (ebd., S. 128).

E. Köhler sucht zunächst den Grund für diese «dramatischen Vorgänge (...) in einer bis zur Entladungsfähigkeit gesteigerten Sensibilität des Kindes, die auch auf körperliche Vorgänge zurückführbar sein könnte» (ebd., S. 128) – gemeint ist hier die Auswirkung einer Reise, die Mutter und Kind in einer Hitzeperiode gemacht hatten. Da dies aber keine ausreichende Erklärung für die lang anhaltende «Nervenüberreizung» zu sein scheint, wird gemäß der Methode der «Komplexergänzung» nach weiteren Gliedern einer übergeordneten strukturellen Deutungskette gesucht. Dabei findet E. Köhler, daß gerade in diesem Zeitraum, in dem so «jähe Eruptionen des Gefühls- und Willenslebens» (ebd., S. 129) auftraten, sich das Denken «stationär» verhalten hat: «Während ich in der vorigen Epoche von Woche zu Woche Denkfortschritte notierte, erschien mir zwischen den Leistungen von 2;7 und 2;9 kein merkbarer Unterschied zu herrschen» (ebd., S. 129). Gleichzeitig nahmen die Monologe, die Annchen vor dem Einschlafen führte, ein «jähes Ende» (ebd., S. 129).

Nun kann die strukturpsychologische Zusammenschau erfolgen: «Der frühkindliche Monolog, eine seltsame Form des Illusionsspieles, verschwindet, weil eine Auseinandersetzung mit der realen Welt stattgefunden hat. Diese Auseinandersetzung erfolgt zunächst wohl denkend, aber sie erfolgt auch dadurch, daß die jäh emporschießende Gefühlswelle die Haltung des Kindes der Umwelt gegenüber bestimmt. (...) Es sind kleine innere Dramen, die sich da abspielen müssen, für die wir Erwachsenen wohl kein Verständnis mehr haben können. Das Kind erscheint launenhaft und boshaft und ist doch nur der Spielball dunkler unbekannter Triebkräfte, die im Seelengefüge ihr harmonisches Zusammenwirken suchen. Nimmt es wunder, daß unter der Übermacht der realen Welt alles andere zusammenstürzt?» (ebd., S. 130)

An dieser Stelle kann jetzt die Ausarbeitung der «Persönlichkeitsformel» zur Charakterisierung der nun fast Dreijährigen einsetzen: «Subjekt und Objekt sind von nun ab für das Fühlen getrennt. Aber auch das latente Denken arbeitet wohl schon an der reinlichen Scheidung: Das höhere Ich wird geboren» (ebd., S. 130).

Zeichenerklärung:
Schwarz: Gesteigerte Tätigkeit
Weiß: Mäßige Entwicklung
Schraffiert: Ausfallserscheinungen und Rückgang

ÜBERSICHTSTABELLE DER GEIST

Darstellung der positiven Ab

	Psychische Teilleistung	I	II	III	Begründung ad I (Erste Beobachtungsperiode)
	Sinneswahrnehmung	◐	◐	○	Niedere Sinne nicht voll entwickelt
	Gestaltwahrnehmung	●	○	●	Gestaltauffassung sehr rege, besonders bewegte G
	Farbenwahrnehmung	●	●	●	Alle Farben bekannt, doch kein sonderliches Interes Farbe als das Raumfüllende mit Stoff verwec
	Raumwahrnehmung	●	●	●	Großes Orientierungsvermögen
	Zeiterfassung	○	◑	●	Langsame Entwicklung; gegen Ende Fortschr
	Zahlerfassung	◑	◑ (schraffiert)	◍	2 und 3; 4 vorübergehend in einem Lichtbl
	Vorstellung	●	◑	●	Sehr rege – zum Schematisieren neigend
	Gedächtnis	◑	◑	●	Beginnende rege Gedächtnistätigkeit
	Kausalitätserfassung	●	◑	●	Greifbare Entstehung der Kausalitätserfassu
	Begriffsbildung	●	◑	●	Auf dem „Zickzackwege"; Erkenntnisbereitsch
	Verschiedene Denkleistungen	●	◑	●	Rege Denktätigkeit (siehe Tabelle I)
Sprache	Klanggestalt	●	●	●	Phonetische Feinhörigkeit, Klangspiele
Sprache	Wortschatz	●	◑	●	Selbstschöpferischer Sprachersatz, Wortschatz als a empfunden
Sprache	Grammatik	●	◑	●	Im Verhältnis entwickelt; kindertümliche Re
Bildhafte Darstellung	Aktives Verhalten	◍	◍	◍	Zirkuläres Nichtkönnen und Nichtwollen
Bildhafte Darstellung	Bildbetrachtung	●	●	●	Monologe als Kommentare, Suchen nach Bildzus hängen
Ausdruck	Deutung des Ausdrucks	●	●	●	Besondere Begabung
Ausdruck	Mimik und Nachahmung	●	●	●	Besondere Begabung
	Spiel	◐	●	●	Keine Funktionslust beim Spiel auf Grund körperli geschicklichkeit; das Rollenspiel wird entde
	Gefühl	○	●	◑	Oft noch undifferenziert, strebhaft, gegen Ende differ
	Soziales Verhalten	●	◑ (schraffiert)	◍	Sympathetisches Verhalten Kindern gegenüber, B nach Gesellschaft
	Beginn ästhetischen Genießens	○	○	◑	Anfänge des Fabulierens
	Wille	◑	●	◑	Kleine determinationsgebundene Handlungen, geg zunehmend
	Ansätze moralischen Verhaltens	○	◑	◑	0

NTWICKLUNG von 2;5 bis 3;6

ominierender Leistungen

Begründung ad II (Zweite Beobachtungsperiode)	Begründung ad III (Dritte Beobachtungsperiode)
Wie bei I	Entwicklung der rückständigen Sinne
Kein merkbarer Fortschritt	Rege Tätigkeit; „das Wesentliche" (Karikatur, das Groteske)
Nuancen bekannt	Farbe als wesentliches Attribut behandelt
ßes Orientierungsvermögen im Freien und allein	Wie bei II
n regen Interesses an der Zeit; gegen Ende jähes Erkennen (2;11)	Regstes Interesse; Erkennen der Periodizität
Rückgang	Stillstand (Rückgang gegenüber I)
Etwas verlangsamte Entwicklung	Regste Tätigkeit; willensmäßige Erzeugung von Vorstellungen
Zunehmende Latenzzeiten	Zunehmende Latenzzeiten
verlangsamte, stellenweise regressive Entwicklung	Regste Tätigkeit; höhere Probleme: Ursprungsfragen usw.
uf dem „Zickzackwege"; Tasten an Begriffen	Regste Tätigkeit; Fragen nach Dingen vom Symbol aus
Etwas verlangsamte Entwicklung	Regste Tätigkeit; deutliche Schlüsse
Wie bei I	Wie bei I und II; phonetische Reminiszenzen
verlangsamte Entwicklung; Vermehrung auf Grund äußerer Einflüsse	Regste Tätigkeit; Neuschöpfungen
Etwas verlangsamte Entwicklung	Angleichung an die Umgangssprache
Wie bei I	Wie bei I und II; die Darstellungsfähigkeit geht auf Sprache und Mimik über
Fortschritt: Zeichnen „auf Bestellung"	Fortschritt: Zeichnerische Darstellung „auf Bestellung" führt zur Erzählung
Wie bei I	Wie bei I; Karikatur, das Groteske
Wie bei I	Wie bei I; Karikatur, das Groteske
Rollenspiel nach Ablehnung anderer Spiele	Das Rollenspiel kulminiert; sogar Fremde werden einbezogen
Krise	Beruhigung; gegenständliche Gefühle; gelegentlich chokartig einsetzende Affekte
ssiv auf Grund wachsender Ichbetontheit; asoziales Benehmen	Rückschritt: asoziales Benehmen (Eifersucht)
Kein merkbarer Fortschritt	Märchenerzählen
Krise	Funktionsbereit, aber nicht dominierend
Gegen Ende der Periode Werterlebnisse	Gegen Ende Entdeckung der Möglichkeit des Lügens; Werterlebnisse

d) Zusammenfassung und Diskussion: die bürgerliche Monographie

Dieses Kapitel begann mit der Diskussion einer Arbeit, die aus der «Gründerzeit» der pädagogisch-psychologischen Kinderforschung stammt. Damit war das Interesse auf Untersuchungen gelenkt, die mit Monographien arbeiteten, d. h., die versuchten, am Einzelfall, am individuellen Lebenslauf, allgemeine Strukturen und Entwicklungsgesetze aufzuzeigen – stets mit der Perspektive, die Materialbasis durch *Kumulation von Beobachtungen* zu erweitern. Die meisten Studien widmeten sich bestimmten Stadien des Lebenslaufes, oft waren es diejenigen, die «wegen ihrer Nähe zum Lebensursprunge an sich schon geeignet (waren), *biologisch rein* gesehen und gedeutet zu werden» (Köhler 1926, S. 15; Hervorh. im Orig.): das erste Lebensjahr und die frühe Kindheit. Daneben schienen auch jene Stadien von Interesse gewesen zu sein, in denen aus Gründen angenommener körperliche oder seelischer Reifungsvorgänge *emotionale Krisen* (und in der Folge: Erziehungsprobleme) vermutet wurden. Damit kamen die sogenannten Erregungsphasen, das «Trotzalter» und die «Pubertät», ins Blickfeld der Forschung. Aber auch diese Arbeiten waren zunächst «an der *Biologie* orientiert, da die psychischen Tatsachen der Pubertät nur im Zusammenhang mit der *physischen Reifung* und dem *biologischen Sinn* der Pubertät verständlich werden konnten» (Bühler 1927; Vorwort zur 4. Auflage von «Das Seelenleben des Jugendlichen»; zit. nach dem Neudruck von 1975, S. 9; Hervorh. von P. G.).

Das *Ziel* der diskutierten Studien lag darin, eine Formel zu finden, die paradigmatisch das «normale» Leben repräsentieren sollte, d. h., die auf kurzem Wege verstehbar machen sollte, weshalb sich ein Individuum, z. B. *«das Kind»*, in einem bestimmten Alter so und nicht anders verhält. Diese Formel, die den charakteristischen «letzten Lebensinhalt» (E. Köhler) ausdrückt, hatte idealerweise nicht nur für eine Entwicklungsphase, sondern für das gesamte Leben des untersuchten Individuums bzw. für die «allgemeine menschliche Erfahrung» (Ch. Bühler) überhaupt zu stehen: Das mehrfache, zu immer größeren Abstraktionen aufsteigende Deutungsverfahren hatte dann die «biologische Lebensformel» (E. Köhler) auf den richtigen Begriff gebracht, wenn die Organisationsstrukturen im geistigen Aufbau des Individuums mit denen seiner Gattung zusammenfielen.

Für die interpretative Vermittlung zwischen Individuum und Gattung galt (entsprechend der Logik dieses Verfahrens), daß dies um so besser geleistet werden könne, je früher die Kinder von der Forschung erfaßt würden. In der Wiener Schule der Kinderpsychologen Ch. und K. Bühler wurden diese Zusammenhänge erstmals für die Entwicklungspsychologie expliziert und mit empirischen Verweisen zu belegen versucht – mit Erfolg, wie E. Köhler meint: «Daß (Karl) Bühler aber die biologische Formel von einem einzigen Kinde, dem seinen, abheben kann, obwohl er die Frage der individuellen Differenzen anschneidet, beweist, wie leicht in so frühem Stadium noch zwischen Individuum und Gattung hin- und hergelesen werden kann» (Köhler 1926, S. 15).

Das Forschungsparadigma der strukturpsychologischen Interpretation bzw. Lebenslaufanalyse war vom Material her stets *klassenspezifisch*. Das Dokumentations- und Beobachtungsmaterial, das zur Auswertung kam, bestand in erster Linie aus Aufzeichnungen über die Entwicklung von Kindern der «gehobenen Schichte». Die diesbezüglichen Kritiken an der Repräsentativität dieses Materials – z. B. an der bevorzugten Orientierung der Monographieforschung an der tagebuchschreibenden «Mittelklassejugend» – reicht fast so weit zurück wie diese Forschungen selbst, zumindest aber bis in die frühen dreißiger Jahre (vgl. Bernfeld 1931 und Lazarsfeld 1931).

Es wäre ein lohnenswertes Forschungsvorhaben (das ich aber hier nicht durchführen kann), die Kritik an der Klassenspezifität am Material und im Detail zu belegen. Ich möchte dazu nur folgendes Zitat anführen, das in seiner Art typisch ist, weil das «Forschungsfeld» indirekt und knapp – die um Distanz und «Objektivität» bemühte Autorin läßt für die Milieuschilderung nur wenig Raum – in vielen sozialen und gesellschaftlichen Dimensionen treffend charakterisiert wird: «Annchen H. (um 2;6) ist ein zartgebautes, für ihr Alter großes Kind mit dunklem Haar und dunklen Augen. Ihr Blick ist oft sinnend, weit öfter noch lebhaft und munter. (...) Wenn sie einen ‹Diener› machen soll, knickt sie unbeholfen zusammen und beim Essen ist sie außerstande, selbst den Löffel zum Mund zu führen. (...) Zur manuellen Betätigung beim Spiel ist sie vollends unbrauchbar. Sie kann weder bauen noch Stäbchen oder Täfelchen legen. Wenn Erwachsene das für sie besorgen, sieht sie mit Interesse zu (...), sonst aber ist sie allem Spiel, bei dem die Handgeschicklichkeit eine Rolle spielt, abhold. (...) Das Milieu, in dem A. lebt, ist ein kulturell hochstehendes. Vater und Mutter, beide gebildet, auch psychologisch interessierte Menschen, beschäftigen sich viel mit dem Kind, das in zwangloser Ordnung aufwächst und ein geregeltes Tagewerk hat, in dem nur *ein* Mangel auffällt: A. kommt nur selten mit anderen Kindern in Berührung» (Köhler 1926, S. 38f.; Hervorh. im Orig.).

In den Beobachtungsprotokollen, Tagebuchaufzeichnungen und Forschungsnotizen der Kinderpsychologen dieser Zeit findet man in der Tat wenig Anhaltspunkte der Art, wie sie heute in der Sozialisationsforschung zur Schichtbestimmung herangezogen werden: Beschäftigungsort und Arbeitsverhältnis des Vaters (oder der Mutter), Schulbildung der Eltern, Ausmaß und Intensität der Zuwendung der Eltern zum Kind (gemeinsam verbrachte Freizeit u. a.), Besitz von Spielzeug, Büchern usw. Man müßte sich also die Mühe machen, die Monographien nach jenen spärlichen Andeutungen systematisch zu durchsuchen, die eine Rekonstruktion des Milieus ermöglichen würden, in dem die von W. Preyer, K. Bühler, E. Köhler usw. untersuchten Kinder lebten. In diesem Zusam-

Das Forschungsobjekt «Annchen» (2 Jahre, 6 Monate) und sein eigentlicher «Sozialisationshintergrund»

menhang stellt sich z. B. die Frage, weshalb es bisher in der Literatur nie problematisiert wurde, daß offensichtlich ausschließlich die jeweiligen Eltern Entwicklungsaufgaben trainiert und Entwicklungsschritte beobachtet haben. Dabei muß es in fast allen Familien, in denen sich ein wissenschaftliches Interesse an den eigenen Kindern entwickeln und die Zeit für oft jahrelange Beobachtungsstudien aufgebracht werden konnte, zusätzliche «Bezugspersonen» gegeben haben. In den Publikationen der bisher diskutierten Autoren werden solche Personen gelegentlich – in Rollen mithelfenden Personals – erwähnt: Pflegerinnen, Kindermädchen, Köchinnen, Büglerinnen usw.

Die These, daß das «Personal» in vielen Fällen eine für die Entwicklung des Kindes relevante Position einnahm und mit den Kindern oft in «natürlicheren» Interaktionsbeziehungen stand als die forschenden Eltern, ist am vorliegenden Material nur mehr schwer überprüfbar; dazu sind die entsprechenden Hinweise auf Milieubedingungen insgesamt zu spärlich. Wo jedoch das Vorhandensein von Personal nicht gänzlich totgeschwiegen wird, zeugen die entsprechenden Stellen von der *«Herrschaftsbeziehung» in der forschenden Kontemplation*: Die Distanz zwischen der «Herrschaft», nämlich den forschenden Eltern, und dem «Personal» wird so zum Ausdruck gebracht, daß dem Dienstpersonal stets eine gewisse Primitivität zugeschrieben wird.

E. Köhler charakterisiert beispielsweise das Kindermädchen von Annchen so: «Sie ist derb und unkompliziert, von unerbittlicher Strenge bei kleinen Vergehen, sonst aber wohlwollend» (Köhler 1926, S. 39). Vielfach wird auch die Beziehung zwischen Personal und Kind als oberflächlich dargestellt; so z. B. bei E. Köhler, wenn sie über den Kummer der Mutter wegen des Aufbegehrens von Annchen schreibt: «Während das Kindermädchen in eindeutiger, fast immer furchteinflößender, aber im Grunde *gleichgültiger* Weise gewisse Forderungen durchsetzt, besteht vielleicht bei der Mutter, bei aller Konsequenz und pädagogischen Leistungsfähigkeit, eine ungünstig wirkende Voraussetzung: *Sie ärgert und kränkt sich* über das seltsame Gebaren des Kindes» (ebd., S. 128; Hervorh. von P. G.).

Auch in der Arztfamilie Preyers wurden die charakterlichen Qualitäten des Personals nicht hoch eingeschätzt. W. Preyer sieht sogar die Objektivität seiner Forschungsergebnisse gefährdet, würde er den Beobachtungen und Aussagen des Personals Glauben geschenkt haben. Deshalb empfiehlt er: «Am wenigsten darf man sich auf Berichte der Wärterinnen, Pflegerinnen und anderer im wissenschaftlichen Beobachten ungeübter Personen verlassen. Oft habe ich solche nur durch ein kurzes ruhiges Kreuzverhör dahin gebracht, daß sie die Irrtümlichkeit ihrer Angaben selbst einsahen, namentlich wenn es sich um Beweise für die ‹Klugheit› der Säuglinge handelte» (Preyer 1908, S. 322).

Trotz der möglichen Belege für den Nachweis der Klassenspezifität des

Materials, aus dem die Entwicklungspsychologie ihre Erkenntnisse schöpfte, bleibt dieser Vorwurf in gewisser Weise abstrakt: Einmal gab es keine tagebuchartigen Aufzeichnungen über Kleinkinder aus proletarischem Milieu, zum anderen ging es der strukturpsychologischen Forschung überhaupt nicht um die inhaltliche Formbestimmtheit individuellen Lebens, sondern um die Erarbeitung *formaler* Kategorien und *idealer* Lebenslauftypen, die allemal nur durch die *Abstraktion vom wirklichen Menschen* (der nach K. Marx das «Ensemble der gesellschaftlichen Verhältnisse» ist) und durch die *Konstruktion eines «menschlichen Wesens als ein dem einzelnen Individuum innewohnendes Abstraktum»* (K. Marx) zustande kommen konnten.

2. Auf der Suche nach den höchsten, letzten und einzig wahren «Idealstrukturen»

Die strukturpsychologische Interpretation von Lebensläufen (vgl. vorangegangenes Kapitel) arbeitet insofern nach einer «verstehenden Methode», als sie (wechselweise) einmal den Einzelfall als einen allgemeinen Fall zu verstehen versucht – an dem biologisch angelegte Organisationsprinzipien abgelesen werden können –, zum anderen die Phaseneinteilungen und Sinnkategorien für letzte Wesensprinzipien hält, an denen Einzelfälle gemessen und überhaupt erst verstehbar sein sollen.

In Anlehnung an die Terminologie von *Eduard Spranger*, der sich in der Zeit zwischen 1920 und 1930 den Status eines Experten für verstehende Methoden in der pädagogisch-psychologischen Kinderforschung erworben hatte, bedeutet dieses «Verstehen» ein *kategorial geformtes Nacherleben* (Spranger 1924; die folgenden Zitate sind der 27. Auflage von 1963 entnommen); «kategorial» meint hier die «allgemeine(n) Verknüpfungsformen des Denkens, die für die gegenständliche Welt (in diesem Falle: die seelisch-geistige Wirklichkeit) konstitutive, d. h. ihre gesetzliche Ordnung ausdrückende Gültigkeit haben» (Spranger 1963, S. 21).

Um die Erarbeitung eines solchen kategorialen Begriffsapparates, mit dessen Hilfe die gesetzliche Ordnung der gegenständlichen Welt zum Ausdruck gebracht werden sollte, ging es offensichtlich allen Forschungsansätzen, die sich zu Beginn des 20. Jahrhunderts auf die Untersuchung von Kindheit und Jugend spezialisiert hatten. Alle Studien dieser Zeit wollten Entwicklung rekonstruieren als «nachprüfbare Darstellung eines einmaligen, durch innere Gesetzlichkeit geregelten Geschehnisablaufes» (Köhler 1926, S. 30). Unterschiede zwischen den verschiedenen Forschungsrichtungen zeigen sich dort, wo die Antworten auf die Frage nach den Kriterien differierten, unter denen die in den Verstehensprozeß eingebrachten Kategorien für «wahr» zu gelten hatten.

Ch. Bühler sieht für die Gültigkeit der strukturpsychologischen Interpretation der von ihr ausgewerteten Jugendtagebücher in der «Häufigkeit gleichartiger Belege» das Wahrheitskriterium. Damit wird indirekt das statistische Prinzip des Fehlerausgleichs beansprucht: Wenn die von den Jugendlichen geschilderten Gefühle im gleichen Tagebuch in verschiedenen Kontexten auftreten, so sind diese Gefühlsregungen als *objektive und alterstypische* Erscheinungen zu betrachten, wenn aber unter gleichen Bedingungen (in der gleichen Altersstufe) einander widersprechende Gefühle beschrieben werden, so sind diese Aufzeichnungen für die Erstellung einer Altersstufencharakteristik nicht auswertbar, diese Selbstdarstellungen sind mithin auch nicht «objektiv». Zusätzlich führt Ch. Bühler noch die spezifische Gefühlssituation ins Treffen, in der sich der Tagebuchschreiber befindet: Der Jugendliche möchte über sich selbst, über seine inneren Vorgänge, Klarheit erhalten, und deshalb strebt er nach objektiver Berichterstattung. Er schreibt unter einer nur von ihm selbst gestellten Aufgabe, nämlich der gewissenhaften Selbstanalyse. Insofern könne man seine Situation mit der eines nach Wahrheit strebenden Wissenschaftlers vergleichen.

E. Köhler versucht die Gültigkeit ihrer Interpretationen der «Persönlichkeitsformel» noch expliziter und strenger als Ch. Bühler methodisch nach zwei Seiten abzusichern: Die *biologische Betrachtungsweise* soll gewährleisten, daß aus dem Beobachtungsmaterial letzte unreduzierbare persönlichkeitsbildende Prinzipien extrahierbar sind (vgl. Köhler 1926, S. 30). Durch eine Anlehnung an die *geisteswissenschaftliche Betrachtungsweise* soll erreicht werden, daß der individuelle Entwicklungsprozeß stets fortschreitend an den «Idealstrukturen des objektiven Geistes» meßbar ist (ebd., S. 30). Ihre eigene Studie an Annchen sieht E. Köhler als Beweis dafür an, daß man tatsächlich über die am Einzelfall angewandten verschiedenen Methoden zu den großen «Werttypen» gelangen kann, die E. Spranger als «Lebensformen» (1914) – «mit Mitteln innerer Wesensschau und idealer Konstruktion» (Köhler 1926, S. 235) – aufgestellt hat. So soll an dem dreijährigen Annchen, an seinem ganzen «geistigen Habitus», schon das beobachtbar gewesen sein, was nach E. Spranger den «theoretischen Menschen» ausmache: «A.'s Lebensinhalt um 3;6 ist die Erfassung und Beherrschung des Erkennbaren mit allen Mitteln des abstraktiv vorgehenden Geistes, ihre Lebensform das Hingegebensein an diese Aufgabe. Dieser geistige Habitus aber entspricht dem Wesen des theoretischen Menschen» (Köhler 1926, S. 235).

E. Köhler hat sich in ihrer Arbeit ausführlich mit den Methoden des Verstehens und Deutens auseinandergesetzt. Mit E. Spranger stimmt sie im wesentlichen dahin gehend überein, daß das Verstehen einer «Einzelseele» seinen höchsten Richtpunkt in den Werten hat, «die die ewigen und ganz allgemeinen Sinnrichtungen als Gesetze bestimmen» (Spranger, zit. nach Köhler 1926, S. 32) und daß die Basis des Verstehens «in der möglichst anschaulichen Nachbildung der individuellen, subjektiv begrenzten Erlebnis- und Aktstruktur» (ebd., S. 32) bestehe.

E. Spranger wird von E. Köhler nur insofern kritisiert, als sie ihm vorhält, diese «Basis» zwar theoretisch richtig postuliert, selbst aber nie «exakte Detailarbeit» am Einzelfall geleistet zu haben.

a) Eine verstehende Entwicklungspsychologie «vom überlegenen Standpunkt aus»

«Ein Volk ist wie ein Baum, an dem ein Zweig immerfort in Blüte steht.» – Dieser Satz, verbunden mit einem «Gruß an die deutsche Jugend», steht im kurzen Vorwort, das E. Spranger 1955 zur 24. Auflage seines Buches «Psychologie des Jugendalters» geschrieben hat. Mit dieser Auflage wurde die Grenze von 100000 gedruckten Exemplaren überschritten, weitere Auflagen folgten – 1963 die 27.

Das Phänomen des «Erfolges» und der Verbreitung dieses Werkes kann hier nicht untersucht werden. Personale und ideengeschichtliche Traditionen an den deutschen Universitäten waren an dieser Entwicklung jedenfalls nicht unbeteiligt (vgl. Maikowski/Mattes/Rott 1976). In Anknüpfung an den vorangegangenen Abschnitt interessiert zunächst, wie sich die Sprangersche Jugendpsychologie methodisch ausweisen und als eine «Wissenschaft vom normalen Leben» begründen konnte.

Wie schon früher angedeutet, sichert E. Spranger die Gültigkeit seiner psychologischen Interpretationen über das Jugendalter durch die *Methode des Verstehens*, einer Methode, die seiner Meinung nach über das bloße «Nacherleben» hinausgeht. Das Nacherleben ist an die Grenzen der Anschaulichkeit und damit an die Leistungsfähigkeit einer rein «beschreibenden Psychologie» gebunden (Spranger 1963, S. 21). Das Verstehen ist dagegen auch «ohne solche adäquate anschauliche Illustration» (ebd., S. 21) möglich. – «Erkenntnistheoretisch gesprochen: Die Erkenntnisleistung des Verstehens ruht nicht ausschließlich auf dem empirischen Faktor der nachgebildeten unmittelbaren Erlebnisinhalte, sondern sie beruht auf kategorialen Formen, auf Sinnbändern, die das Denken dem Erfahrungsstoff der inneren Erlebnisse aufprägt, durch die es Ordnungen und Zusammenhänge aus dem Gewirr der mannigfaltigen Zustände und Abläufe in der zu verstehenden Seele heraushebt» (ebd., S. 21).

Die «empirischen Faktoren» haben folglich bei E. Spranger nur einen begrenzten Erkenntniswert. Aus diesem Grund kann er z. B. den Versuchen von Ch. Bühler, Tagebücher von Jugendlichen auszuwerten, um so zu einer «Theorie der psychischen Pubertät» (Ch. Bühler) zu gelangen, nicht voll zustimmen: «Der Quellenwert solcher Tagebücher ist groß. Aber er ist nicht ganz so hoch, wie Charlotte Bühler ihn veranschlagt, weil der junge Mensch sich selbst noch nicht im Zusammenhange sieht, noch weniger über sich hinaussieht, sondern allenfalls mit Staunen, ja manchmal mit Entsetzen sich zusieht» (Spranger 1963, S. 51).

Die Aussagen von Jugendlichen können also niemals selbst für die kategoriale Wahrheit der von ihnen realisierten Gefühlsregungen herangezogen werden. Sie haben noch keine begriffliche Vorstellung von der «idealen Form ihrer eigenen Seele», einzelne Sinnrichtungen und Wertstrebungen sind noch entweder vermischt oder subjektiv-unverbunden nebeneinander. Jugendliche können sich nach der Sprangerschen Theorie demnach nie selbst ganz verstehen. Erst wenn man das Stadium der Jugend verlassen hat, «wenn man nicht mehr in ihr befangen ist, wenn man das Leben, seine Formen, seine historischen und gesellschaftlichen Bedingtheiten schon umfassender kennt, als man sie von der Erlebnisweise der Jugend aus sehen kann» (ebd., S. 20), dann ist man über die «Sichtbegrenzung und Zufälligkeit des erlebenden Subjekts» (ebd., S. 21) erhaben und zu einem ganzheitlichen Verständnis befähigt.

Die Methode des Verstehens – sofern sie über die bloße Subjektivität dessen, was dem Zuverstehenden selbst bewußt und gegenwärtig ist, hinausführt – beruht nach E. Spranger auf der Annahme, daß es «übergreifende Sinnzusammenhänge» gibt, «die das subjektive Leben bedingen, ohne in die subjektive Sinnerfahrung selbst hineinzufallen» (ebd., S. 22). Nach Auffassung der verstehenden Psychologie sind wir Menschen «in hohem Maße bedingt und geformt durch einen Bestand überindividueller geistiger Gebilde (wie Wirtschaft, Wissenschaft, Staat, Sittlichkeit, Religion der betreffenden Kultur), die uns gefangennehmen, leiten und beherrschen» (ebd., S. 23).

Für dieses Überindividuelle, das nach E. Spranger den «objektiven Geist» ausmacht, gilt dasselbe wie für das Individuelle: Es präsentiert sich dem Menschen nicht nur vielfältig, sondern auch strukturiert: Es handelt sich um «geistige Gebilde», die in einem teleologischen Zusammenhang stehen und auf «Wertverwirklichung» angelegt sind. – «Wir können daher für unsere Psychologie nach der sie beherrschenden methodischen Grundvoraussetzung auch den Namen *Strukturpsychologie* einführen» (ebd., S. 24; Hervorh. im Orig.). Indem die seelisch-geistigen Strukturen wegen ihrer Zielgerichtetheit (Teleologie) zu immer höheren Verwirklichungsstufen drängen, ist die Sprangersche Strukturpsychologie gleichzeitig auch eine «verstehende Entwicklungspsychologie». Sie richtet ihr Hauptaugenmerk darauf, wie die «Entfaltung des individuellen Seelenlebens von innen heraus zu größerer innerer Gliederung und Wertsteigerung der psychischen Leistungseinheit» (ebd., S. 30) voranschreitet. Die hier angesprochene *«Wertsteigerung»* findet an der «Teilhabe am objektiven Geist» und in der «gesteigerten Geistigkeit überhaupt» (ebd., S. 31) ihr Endziel.

Diese Zielperspektive ist für E. Spranger insofern keine formale Setzung, als für ihn der objektive Geist inhaltlich doppelt bestimmt ist: Er umfaßt nicht nur die «historisch-gesellschaftliche Wirklichkeit» als einen überindividuellen Sinnzusammenhang, sondern auch die «idealen Forderungen», den «normativen Geist, der – bildlich gesprochen – über dem jeweils verwirklichten objektiv-historischen Geist als richtungsgebend schwebt» (ebd., S. 29). Es sind für E. Spranger folgende Wertgebiete, die immer und überall – wenn überhaupt «menschliches Geistesleben» sein soll – in mehr oder weniger großer Differenzierung vorkommen: «... biologisch-ökonomische Werte, Erkenntniswerte, ästhetische Werte. Als Formen der gesellschaftlichen Verbundenheit treten hinzu: soziale Werte und Machtwerte.

Wo alle diese gesonderten Sinnrichtungen in der geistigen Lebenseinheit zusammentreffen, liegen die religiös-ethischen Werte: die religiösen Werte ausdrückend den höchsten Sinn der Welt; die ethischen ausdrückend den höchsten Sinn des personalen Lebens» (ebd., S. 29).

Ich fasse die Sprangersche Konzeption einer «verstehenden Entwicklungspsychologie» kurz zusammen: Der Jugendliche kann den überindividuellen Sinn seiner Entwicklung selbst nicht verstehen. Er ist sich nicht bewußt, daß viele seiner inneren Erlebnisse in einem strukturellen Zusammenhang stehen und – weil jene zur Wertverwirklichung tendieren – einen bestimmten *Entwicklungssinn* haben. So kann der Jugendliche z. B. den Entwicklungssinn seiner Krisen und Schwankungen nicht erahnen. Wenn im Jugendalter dennoch eine Zielhaftigkeit und Normgerichtetheit bewußt erlebt wird, so wird sich dies selten mit dem decken, «was vom Standpunkte normativ gewandter objektiver Geistigkeit die eigentliche individuelle Idealform wäre» (ebd., S. 30).

Durch solche «Setzungen» (die die «eigentliche Idealform» betreffen) bezieht der verstehende Entwicklungspsychologe einen «überlegenen Standpunkt» (ebd., S. 30). E. Spranger begründet dies damit, daß «stillschweigende Richtpunkte der Beurteilung» vorhanden sein müssen, will man über Stadien der Differenzierung des Wertstrebens gültige Aussagen machen. Die besondere Aufgabe der verstehenden Entwicklungspsychologie bestehe eben darin, «gewisse Erscheinungen gerade als Entwicklungserscheinungen zu verstehen und sie damit einer Teleologie einzuordnen» (ebd., S. 31), über die der junge und unreife Mensch noch nicht verfügt, weil sie über sein Subjekt «hinausgreift».

b) Das heimliche Elitemodell

Obwohl die «Psychologie des Jugendalters» von E. Spranger auf weite Strecken als Legitimation und Interpretation der «Jugendbewegung» angesehen werden muß, verfolgte der Autor weiterreichende Absichten. Er verfolgte das Ziel, einen «allgemeinen Seelentypus» soweit herauszuinterpretieren, wie es ihm das Maß des geschichtlichen Überblicks «über die letzten 150 Jahre» gestattet hatte (Spranger 1963, S. 39). Da seine Interpretation nur für die heutige Kulturstufe und überwiegend für die «deutsche Seelenstruktur» Gültigkeit beansprucht, warnt E. Spranger vor einer darüber hinausgehenden Verallgemeinerung: Er möchte lediglich einen Beitrag zur «Psychologie des deutschen Jugendlichen» (ebd., S. 38) leisten. – «Schon der jüdische Jugendliche zeigt wesentlich abweichende Züge – was vielfach übersehen wird –, und dem russischen Seelentypus gegenüber haben wohl wir alle trotz scheinbarer Annäherung schon das mahnende Gefühl weitgehender Fremdheit» (ebd., S. 39).

Innerhalb dieses abgrenzbaren «deutschen Seelentypus» hat E. Spranger «überwiegend den gebildeten Jugendlichen im Auge» (ebd., S. 39). Über Unterschiede, die durch das soziale Milieu bedingt sein könnten, vermag die Sprangersche Strukturpsychologie eher großzügig hinwegzusehen, weil ja die Entwicklung des Jugendlichen jedweder Herkunft und Ausbildung von einem inneren Formprinzip geleitet ist. – «Der Stufengang, den der Jugendliche gehen muß» (ebd., S. 89), ist invariant, und Umwelteinflüsse können bestenfalls den Ablauf modifizieren: «Ob Bildungsunterschiede, die in die seelische Struktur eingreifen, einen wesentlichen Unterschied in diesen Entwicklungserscheinungen begründen, wage ich nicht zu entscheiden, bezweifle es aber» (ebd., S. 85). An einer anderen Stelle zeigt sich E. Spranger schon eher unterscheidungswillig: «Die seelischen Strukturunterschiede zwischen proletarischer und sogenannter bürgerlicher Jugend im heutigen Deutschland sind nicht groß; sie sind bestimmt nicht so groß wie etwa die zwischen städtischer und ländlicher Jugend» (ebd., S. 39). Auch aus anderen Stellen seines Buches geht hervor, daß E. Spranger trotz angenommener Innensteuerung Unterschiede zwischen gesellschaftlichen Gruppen ganz gut in seine «Koordinaten des Verstehens» einzuordnen weiß. Allerdings benötigt er dazu kein empirisch-soziologisches Schichtmodell: Da die Wertgebiete eine allgemeine und ewige Sinnrichtung als hierarchische Struktur ausbilden, die einzelnen Wertgebiete in sich eine Differenzierung nach «primitiveren» und «kultivierteren» Formen verleihen, gelingt es unschwer, verschiedene *klassenspezifische Lebensformen* zu taxieren. Wie E. Spranger dabei verfährt, läßt sich an Hand eines Beispiels aufzeigen.

Zunächst ist davon auszugehen, daß in jedem Jugendlichen ein «politisches Urpathos» lebendig ist, das seinen biologischen Ursprung im «Daseinstrieb», im «Streben nach Lebensraum», im «Willen zur Macht» hat (ebd., S. 191). Nach diesen gesetzten Annahmen («Macht an sich ist also nicht unsittlich» und «Daseinstrieb ist schon biologisch Wille zur Macht» [ebd., S. 191]) muß nun, um eine Taxierung innerhalb der Werthierarchie vornehmen zu können, der Psychologe *Formen* der Machtausübung einerseits und *Wertgehalte* der Machtausübung andererseits zu unterscheiden wissen.

In seiner Wirkungsweise kann sich der Wille zur Macht in roher, primitiver Gewalt («die rein äußerlich zwingt») oder in der Kraft des Geistes, «die überredet, überzeugt, mit fortreißt, durch Suggestion, Gründe oder Lebensnotwendigkeit» (ebd., S. 189), manifestieren. Die Formen des Machtstrebens stehen also bereits in einer strukturellen Bezogenheit auf den «normativen Geist». Dazu ein weiteres Zitat: «Sind in der *Form* des Machtstrebens überindividuelle, geschichtlich herausgearbeitete echte Wert*gehalte* gebunden, so wird dieser Machtwille sittlich höher stehen als das bloße Lebensrecht und der Lebensanspruch des zufälligen Individuums» (ebd., S. 189; Hervorh. im Orig.). Zu diesen «echten Wertgehalten» muß sich die Jugend – grundsätzlich noch den eher «primitiven Formen der Politik» verhaftet – erst durchringen, d. h. zunehmend das «vitale Kraftgefühl» zugunsten ideeller Einflüsse zurückdrängen.

E. Spranger ist klar, daß mit diesem Hierarchiekonzept stets die höheren Schichten in Affinität zu den «echten Werten», zur ethisch legitimierten Machtausübung stehen, die niederen Schichten aber jener primitiven Politik verhaftet bleiben, die sich über den Klassenkampf zu Wort meldet und mit der man bei «geordneten Verhältnissen» leicht fertig wird:

«Die *Jugendlichen der unteren Schichten*, bei denen diese natürliche Seelenlage durch den gesellschaftlichen Druck auf ihre ganze Klasse verstärkt wird, bedeuten daher für alle Gesellschaften und Zeiten einen *typischen Herd revolutionärer Tendenzen. Man wird bei geordneten Verhältnissen mit ihnen fertig.* Aber dieser Gärungsstoff ist naturnotwendig da. Er kann als rohe Gewalt, aber auch als ideelle Macht auftreten. Dieselbe Erscheinung wiederholt sich einige Stufen höher, in etwas kultivierteren Formen, als das politisch unruhige Element der Studentenschaft» (ebd., S. 191; Hervorh. von P. G.).

Trotz aller halbherzig eingeführten (und zum Teil wieder zurückgenommenen) Differenzierungen in den Lebensformen von Jugendlichen, ist es Sprangers Grundintention, zu einem Verständnis der «*normalen* jugendlichen Seele» zu gelangen. Aus diesem Grund ist dem *definitorischen Normierungsakt*, der bei E. Spranger «das Normale» vom Abnormalen trennt, besondere Aufmerksamkeit zu schenken.

In der Sprangerschen Theorie ist es – wie bereits erwähnt – der «normative Geist», der den «ewigen Sinnrichtungen» die feste Hierarchie aufprägt, der das Höhere vom Tieferen, reine Natur von gesellschaftlicher Umwelt, hohe Geistigkeit von dumpfer Triebhaftigkeit scheidet. Indem auch der «normative Geist» dem «Urgesetz der Form», dem «Urgesetz des Wachstums» (ebd., S. 15) folgt, ist sein Wirken nicht statisch zu sehen. Es bewegt sich im Rahmen jener *Dynamik*, die nach G. Canguilhem jeden Definitionsakt, in dem Normalität festgelegt wird, charakterisiert. Diese Dynamik ist stets von einer *Polemik* getragen, die «das Normale» dem Menschen aufzwingt, um ihm gleichzeitig «das Abnormale» (als Negativ) vorzuhalten: «Eine Norm, ein Richtmaß, dient dazu, geradezumachen, zu richten und wieder aufzurichten. Normieren und normalisieren, das bedeutet: einem Daseienden, Gegebenen *eine Forderung aufzwingen*, von der aus sich Vielfalt und Disparatheit dieses Gegebenen als ein nicht bloß fremdes, sondern *feindliches* Unbestimmtes darstellen. *Polemisch* ist der Begriff gerade darin, daß er den der eigenen Geltung nicht unterworfenen Bereich des Gegebenen *negativ qualifiziert* und doch auf seiner Einbeziehung beruht» (Canguilhem 1977, S. 163; Hervorh. von P. G.).

Der «normative Geist» ist *dynamisch*, weil er dem «Urgesetz» jeden Wachstums unterworfen ist, und er ist *polemisch*, weil er die «Lehre vom Organischen» zu einer «Theodizee der Natur» (Spranger 1963, S. 89) erhebt und auf diese Weise zu einer «reinen» Lehre macht, die ihre setzende Normierungsmacht nicht offenlegt. Diese «Reinheit» kann unter anderem deshalb beansprucht werden, weil diese Lehre alle Phänomene, die «aus dem Grauen des wüst Phantastischen, ‹genialer› Entartung und krankhafter Abgründe» (ebd., S. 15) entspringen, definitorisch abgrenzt und einer «anderen Lehre» (der Psychoanalyse Freuds) überläßt.[8] Die Normen, die aus diesem Normalisierungsakt hervorgehen, werden dementsprechend auch von den Individuen «rein», d. h. naturgegeben, wahrgenommen: *«Das Normale» bleibt unbegriffen.*

Durch eine Analyse jener Abschnitte, in denen E. Spranger über «Erotik» und «Sexualität» im Jugendalter schreibt, wird – wie an keiner anderen Stelle – deutlich, daß «das Normale» in der Tat im Resultat eines durchgeführten normativen Plans besteht; oder in neuerer Diktion ausgedrückt: «Das Normale» ist mit der sozialisatorisch hergestellten Normalität insofern identisch, als man beide Phänomene, die Setzung und das Resultat, als gesellschaftliche Produkte, als «Realisierungen sozialer Verkehrsformen» (Lorenzer 1979, S. 72) anzusehen hat.

Ich skizziere hier einige Schritte, denen solch eine Analyse zu folgen hätte: Zunächst führt E. Spranger Erotik und Sexualität als zwei getrennte Erlebnisbereiche ein. Er stützt sich dabei nicht nur auf antikes philosophisches Schrifttum, in dem diese Trennung auch schon vollzogen wurde, sondern er zieht auch neuere autobiographische Dokumente heran, an Hand derer er interpretativ erschließt, «daß die Natur in den Entwicklungsjahren beide Seiten (die Erotik und die Sexualität; P. G.) für das Erlebnis noch getrennt hält» (Spranger 1963, S. 83).

Dieser «Natur»-Zustand, ein Zustand der Reinheit und Unschuld, ist gefährdet: «Wie die jugendliche Seele in sich selber rein ist, so ist auch der jugendliche Leib schön, allein weil er jugendlich ist. In diese reine Form der Natur wirkt nun eine hemmende Umwelt oder ererbte innere Verbildungstendenz immer schärfer hinein» (ebd., S. 89). Hier kann nun der Sexualtrieb als zerstörende Kraft wirken; er tut dies besonders dann, wenn – durch die Umwelt gefördert – «von erotischer Seite her im entscheidenden Moment der rettende Ekel» (ebd., S. 111) nicht einsetzt. Fällt diese «Schutzabwehr» weg, ist der Jugendliche sittlich für immer verloren: «Das Schlimmste für einen Jugendlichen aber ist es, wenn in einem unbehüteten Moment der Gegenstand tiefer Erotik zum sexuellen Genuß gewählt wird. An dieser inneren Unwahrhaftigkeit (denn beides ist in Wahrheit noch getrennt) zerbricht das Beste im Menschen. Die ideale Welt ist dann zerstört und kann in der Regel nicht wieder aufgebaut werden» (ebd., S. 111).

«Grauen und Entsetzen» begleiten diesen Sturz in die rein sinnliche Lust; bewahrt wird nur der davor, der entweder eine «reiche Veranlagung» hat («Die reicher Veranlagten finden den Weg zu der höheren Stufe von selbst»; ebd., S. 89), oder der eine «feste Form der Seele» bereits gefunden hat: «Nur die feste *Form* der Seele, in der alle Kräfte gemäß ihrem Rang und Wertanspruch zu einem gebundenen System geordnet sind, behütet auch vor der sexuellen Not» (ebd., S. 128f.; Hervorh. im Orig.). Dieses gebundene System von Rangordnungen verdankt sich dem «Herrscherwillen» des Individuums, weil es in diesem inneren Hierarchisierungsprozeß «die untergeordneten Kräfte meistert, damit die höheren zur Geltung kommen» (ebd., S. 129).

Alle hier in kurzer Form zusammengefaßten Feststellungen über Erotik und Sexualität im Jugendalter haben für E. Spranger selbst «rein psychologische» Hintergründe. Mit persönlichen Ansichten über Moral, Ethik

«Das Schlimmste für einen Jugendlichen aber ist es, wenn in einem unbehüteten Moment der Gegenstand tiefer Erotik zum sexuellen Genuß gewählt wird.» (Eduard Spranger 1963, S. 111)

oder gar Pädagogik haben diese Feststellungen nichts gemein. Sie sind psychologischer Natur, «sofern wir die Seele als eine Struktur ansehen, deren Entwicklung durch ein Formprinzip geleitet ist (Entelechie). *Dieses Formgesetz muß zugleich als Normgesetz erlebt werden, wenn das Wachstum gesund bleiben soll.* Ohne Überwindung geht es dabei nicht» (Spranger 1963, S. 129; Hervorh. von P. G.).

Nur mit psychologisch begründeter «Überwindung» geht es allerdings auch bei E. Spranger nicht. Deshalb erfährt die Ideologie vom «gesunden Wachstum» mit der vom *«geistigen Führertum»* eine entsprechende Ergänzung. Die «Pädagogik» ist nun nicht mehr wegzupsychologisieren. Sie trägt alle Züge eines missionarisch-kolonialistischen Behütungs- und Befürsorgungsverhältnisses: «Der Ältere und Führende in einem solchen Verhältnis, das von dem pädagogischen Urerlebnis durchdrungen ist, sieht aus dem Jüngeren und Geführten die plastischen Umrisse seiner zukünftigen Form gleichsam *heraus*: ‹So mußt du sein, denn so verstehe ich dich.› Der Suchende und seiner selbst noch nicht Gewisse andererseits fühlt sich in den Reiferen *empor*: Er wird, wenn dieser wirklich sein Idealmensch ist, für lange Zeit von ihm innerlich abhängig. Mit seinen Augen sieht er die Welt; ihn bildet er im kleinen wie im großen, bewußt und unbewußt in seinem ganzen Wesen nach. Das kann bis in leibliche Züge hinein gehen: Kopfhaltung, Gang, Mienenspiel, Sprechweise» (ebd., S. 165; Hervorh. im Orig.).

Was E. Spranger hier als «pädagogisches Urerlebnis» ausgibt, entpuppt sich als die planmäßig zu vollziehende Formierung des Geistes und der Körpergliedmaßen nach jenem Prinzip, das M. Foucault als «Mikrophysik der Macht» eindringlich beschrieben hat (vgl. Kapitel II). Daß E. Spranger zudem das «Führerprinzip» mit Worten anpreist, die eben aus jenem Bereich stammen, in dem Geist und Körper immer schon nach Plan abgerichtet wurden – aus dem militärischen Bereich –, ist sicher auch kein Zufall.

E. Spranger sagt vom jungen Menschen: «Er muß erst einmal *abhängig* werden von fremder Persönlichkeit, um selbst Person zu werden. Nicht gerade von einem Geiste, der in sich schon absolut fertig ist; der versteht zu wenig *die Kämpfe des Anfangenden*; sondern von einem Menschen, dem nichts Menschliches fremd ist und der schon *einige siegreiche Schlachten* hinter sich hat» (Spranger 1963, S. 166; Hervorh. von P. G.).

M. Foucault hat aber auch gezeigt, daß es nicht immer der äußere, physische Zwang war und ist, der die Menschen in eine ihnen fremde Abhängigkeit bringt und sie dort festhält, sondern daß es Sozialisationsinstanzen und -mechanismen schwer durchschaubarer Art sein können, die den Menschen lehren, bestehende Herrschaftsverhältnisse im gesamten Denken, Fühlen und Handeln zu bejahen, in fortgesetzter Abhängigkeit von gegebenen Ordnungen zu leben. Das heißt: Es ist mit Institutionen zu rechnen, die es schaffen, daß *die Autorität* «ein Kennzeichen der gesam-

«... Mit seinen Augen sieht er die Welt; ihn bildet er im kleinen wie im großen, bewußt und unbewußt in seinem ganzen Wesen nach. Das kann bis in leibliche Züge hineingehen: Kopfhaltung, Gang, Mienenspiel, Sprechweise ...» (Eduard Spranger 1963, S. 165)

ten Existenz» (M. Horkheimer) wird. So betrachtet, interpretiere ich die Sprangersche Jugendpsychologie als Phantasie *und* als versteckte Aufforderung – über die Konstruktion einer «normalen deutschen jugendlichen Seele» hinaus –, eine *autoritäre Gesellschaft* zu begründen, zu stabilisieren oder sie wiederherzustellen.

c) Eine Pädagogik «entwicklungsgemäßer Wertsteigerung»

Nach den bisher angeführten Belegen (von W. Preyer bis E. Spranger) kann kaum mehr in Zweifel gezogen werden, daß die entwicklungspsychologische Kinder- und Jugendtheorie in konkreten Vorstellungen über Autoritätsverhältnisse und Machtansprüche, die im sogenannten pädagogischen Bezug zu herrschen haben, ihren sozialen Ursprung hat. Strategisch gesehen, vermögen insbesondere Theorien wie die Sprangersche eine *pädagogische Praxis* zu begründen, deren *«Rationalität»* darin besteht, daß sie sich auf eine *Entwicklungslogik kumulativer Wertsteigerung* berufen kann. Die Rationalität, die dieser Entwicklungslogik immanent ist, ist eine *ökonomische* (im weiten Sinne): Sie läßt die politische Ausnutzung von postulierten Entwicklungsstadien, -übergängen und -schritten zur Produktion (bzw. Sozialisation) eines autoritätshörigen Sozialcharakters selbst noch als pädagogische Maßnahme der «Wertsteigerung» zugunsten des Produkts «Jugendlicher» erscheinen, wenn auch diese «Wertsteigerung» nur mehr durch psychologische Manipulation an der Persönlichkeit des Jugendlichen und durch dessen Identitätsverlust erreichbar ist.

Für die *politische Ausnutzbarkeit* der Sprangerschen, wie auch jeder anderen biologistisch-sozialdarwinistischen Entwicklungstheorie sprechen Art und Weise, wie sich im Faschismus der «völkische Gedanke», der Rassismus, der Judenhaß, die Judenverfolgung und -vernichtung gleichsam «logisch» anschließen bzw. ableiten konnten. Alles das, was E. Spranger für die Zeit des Jugendalters fordert (vgl. Spranger 1963, S. 165–167), die Abhängigkeit von einer «fremden Persönlichkeit», die Normierung der Jugend «bis in leibliche Züge hinein», die «Hingabe mit Haut und Haar» usw., wurde im Faschismus zu einem Ausmaß an Realität, die der Sprangerschen Vorstellung von einem «gesunden Wachstum» und von einer Übereinstimmung von «Formgesetz» und «Normgesetz» eigentlich nichts substantiell Neues mehr hinzuzufügen hatte.

Die pädagogisch-politische Ausnutzung von «Entwicklungsstadien» geschieht stets durch einen Rekurs auf Theorien, die einen genetischen und hierarchischen Aufbau von irgendwelchen Subsystemen (ethische Werte, kognitive Lernschritte, Produktionsverfahren usw.) postulieren. Die konkrete «Ausbeutung» solcher Konzepte besteht dann in der *strategischen Ableitung eines pädagogischen Mittel-Zweck-Schemas*; z. B. eine

Wie deutsche Jugend sein soll: kampferprobt, heldisch, sich selbst bezwingend (– mit einem Wort: «rassisch-nordisch»)

Phase «primitiver Politik» bedarf des Führertums, eine Phase «magischen Denkens» bedarf der zivilisatorischen Aufklärung, eine Phase «naiver Moralität» gefestigter Erziehervorbilder, eine Phase der «Autoritätsgebundenheit» klarer Direktiven von Autoritäten usw.

Auf diese Weise können pädagogisch-psychologische Erziehungslehren aus der Logik des Entwicklungsganges bzw. der Entwicklungsstufe *«Entwicklungstatbestände»* auf der Ebene des kindlichen Verhaltens ableiten, die dann ihrerseits auf der Seite des Erziehers eine bestimmte Handlungslogik (gleichsam selbstlegitimatorisch) hervorrufen.

Ein anschauliches Beispiel hierfür bietet *Heinz Remplein*, der mit geradezu erschreckender Offenheit den ideologischen Charakter der genetisch-hierarchischen Entwicklungskonzeption hervorkehrt und so weit operationalisiert, daß praktikable Handanweisungen für Erzieher resultieren. In dem Abschnitt über «Die seelische Entwicklung in der Vorpubertät» schreibt er:

«In der Gesamthaltung sind Knaben und Mädchen dieses Alters *noch Kinder*: das verraten sie in ihrer *Spielfreudigkeit* und ihrer *Autoritätsgebundenheit*. Das Bedürfnis zu spielen ist auch jetzt noch sehr stark und muß entsprechend berücksichtigt werden ... (...) Freilich muß man auch *unerbittlich in der Forderung der Pflichterfüllung* sein: Die Kinder müssen rechtzeitig zu ernster und konzentrierter Arbeit angehalten werden. Man kann billigerweise jetzt noch nicht von ihnen erwarten, daß ihnen der Sinn des Satzes ‹non scholae sed vitae discimus› voll aufleuchtet. Deshalb muß der Erzieher einen gewissen heilsamen Zwang ausüben ... (...) Der Erziehung bereitet das späte Kindesalter im allgemeinen keine große Schwierigkeiten. Zwar führt der Kraftüberschuß zumal der Knaben oft zu Streichen und gibt dem Lehrer wiederholt Anlaß zu Klagen über Unruhe; aber *normale Anlage und geordnete häusliche Verhältnisse vorausgesetzt*, sind die Kinder dieses Alters *leicht zu führen*. Das liegt in ihrer *Autoritätsgebundenheit* begründet: Sie nehmen die Gebote und Verbote der Erwachsenen als selbstverständliche Gegebenheiten hin ... (...) *Diese Grundhaltung naiver Moralität gilt es erzieherisch auszunutzen:* indem man das Verhalten der Kinder durch feste Gebote regelt, auf deren Respektierung man bedingungslos sieht. Die Kinder sind an Gehorsam zu gewöhnen: freilich nicht durch Ausübung autoritärer Befehlsgewalt, sondern durch Vermittlung der Einsicht in die Notwendigkeit gegenüber Vorschriften ...» (Remplein 1964; Hervorh. von P. G.)

Auch R. Maikowski, P. Mattes und G. Rott weisen darauf hin, daß biologistische Konzeptionen, wie sie von E. Spranger, aber auch von anderen Persönlichkeitstheoretikern entwickelt wurden, vorzüglich geeignet sind, «innerhalb des institutionalisierten Erziehungswesens Bewußtseinsformen der Lehrer und Erzieher von psychologischen Theorien her zu prägen» (Maikowski/Mattes/Rott 1976, S. 164). Gerade dadurch, daß diese Konzeptionen eine simple Trennung bzw. Addierbarkeit von «Anlage» und «Umwelt» suggerieren, können sie für den Pädagogen eine Entlastungsfunktion übernehmen. Eine solche «pädagogisierte Psychologie» kann jene Phänomene im Erziehungsprozeß, die dem Pädagogen vielleicht unerklärbar oder widersprüchlich erscheinen, unter dem Anspruch wissenschaftlicher Erklärung als «Anlage»-Probleme oder Probleme schlechter «häuslicher Verhältnisse» identifizieren.

Der Pädagoge, dem entwicklungspsychologisch verpacktes Rezeptwissen angeboten wird, muß dem Schein verfallen, die Rezepte würden sich logisch aus den Entwicklungseigenheiten von Kindern und Jugendlichen, die sich in bestimmten «Phasen» befinden, ergeben. Wird beispielsweise von kompetenter Seite her festgestellt (und H. Remplein bezieht sich vielfach auf Arbeiten von K. und Ch. Bühler, W. Stern, E. Spranger u. a.), daß Kinder oder Jugendliche einer bestimmten Alters- bzw. Entwicklungsstufe «leicht zu führen» sind, weil die «Autoritätsgebundenheit» zu den Entwicklungseigenheiten dieser Phase gehört, so scheint es «natürlich» (und nicht etwa Resultat autoritärer gesellschaftlicher Verhältnisse und Anforderungen) zu sein, daß die Zöglinge «Gebote und Verbote der Erwachsenen als selbstverständlich hinnehmen». Zur projektiven Formulierung «Kinder und Jugendliche *verlangen* eben nach Autorität» ist es dann nur mehr ein kleiner, jedoch unausbleiblicher und notwendiger Schritt; denn diese Formulierung zeigt an, daß – nach der pädagogischen Strategie – *die Verinnerlichung der Autorität* als höchstes und letztes Sozialisationsziel anzusehen ist. Deshalb wird die Bildung eines starken, von Autoritäten geformten «Über-Ichs» – ein Prozeß, der besser, d. h. ökonomischer und effizienter, über liebevolle Identifikation als über physische Zwangsmittel voranzutreiben ist – bereits in der *familiären Erziehung* gefördert. Dort meist gleich doppelt: *strukturell* (die Eltern als «fremde Persönlichkeiten» repräsentieren die Werthierarchie, von der aus die Triebstruktur des Kindes disziplinierend reguliert wird) und *personell* (die Väter und Mütter als geliebte und liebende Personen garantieren als Identifikations- und Projektionsfiguren, daß das Kind seine «Hingabe mit Haut und Haar» nicht als Unterdrückung, sondern als Lustgewinn erlebt).

Für die Fortsetzung dieses doppelt abgesicherten «Förderungsprozesses» ist die *schulische Erziehung* zuständig. Obwohl die Kinder recht unterschiedliche soziale Erfahrungen, Erwartungen, Ängste, Vorurteile, kognitive und moralische Voraussetzungen in die Schule mitbringen, kann sie auf diese sozialisatorisch differenzierten Ausgangslagen nicht eingehen. Die Kinder werden in eine *formale Organisation* gestellt, die in erster Linie von den Absichten und Interessen derjenigen bestimmt ist, die diese Organisation geschaffen haben und an ihrem Fortbestand wie an ihrer «Höherentwicklung» interessiert sind. Wichtigstes Kennzeichen dieser Organisation ist der (formale) Anspruch, daß etwas gelernt werden soll, das in «Tableaus» (Lehrplänen) aufgezeichnet ist, und daß diese Lernleistung individuell zu erbringen und zu beurteilen ist.

Der Ausgangsstatus einer *Schulklasse* dürfte daher nicht zu Unrecht als ein «von oben her normiertes Zwangsaggregat» (C. Weiß) beschreibbar sein. Eine spezifischere Bestimmung erhält dieses «Zwangsaggregat» durch seine gemeinsame Erwartungshaltung (Gerichtetsein auf den Lehrer und den Lehrstoff), durch das Zusammensein im gleichen, nach ein-

Beispiele aus Büchern und Briefen: Wie man zu Geld kommen kann

«Schon am nächsten Abend…

... im Ratsweinkeller raunte Herr Jaspers bei seinem Spitzglas Roten seinem Nachbar, dem Stadtwagemeister, zu: der alte Carstens – der Narr mit seinem liederlichen Jungen – es sei aus guter Quelle, daß er vormittags mehrere seiner besten Hypothekenverschreibungen mit einer hübschen Draufgabe gegen Bares umgesetzt habe. Der Stadtwagemeister wußte schon noch mehr: das Geld, eine große Summe, war bereits am Nachmittage nach Hamburg auf die Post gegeben. Man kam überein, es müsse dort etwas geschehen sein, das rasche und unabweisbare Hilfe erfordert habe.»

Hilfe, wieder einmal, für Heinrich, den Nichtsnutz, der seinem Vater Carsten Curator ständig auf der Börse lag. Storm hat sich in dieser Novelle den Ärger über seinen trunksüchtigen Sohn Hans von der Seele geschrieben.

Summa summarum: Auch aus Büchern und Briefen erfährt man mitunter, welche Hilfe Sparbücher und Hypotheken-Pfandbriefe gelegentlich bieten können.

heitlichen Prinzipien strukturierten Raum (Schulbänke, Tafeln usw.) und durch die von außen auferlegten Normen (behördliche Anweisungen, Zeitplan, Prüfungsnormen, Inspektionen usw.).

Diese formale Vorstrukturierung schafft die Grundlage für die Hierarchisierung der sozialen Ordnung: Im «Zwangsaggregat» Schulklasse sind unter den Kindern Momente wie Macht, Einfluß und Beliebtheit knappe Ressourcen, weil sie auch als solche von den Mächtigen und Einflußreichen innerhalb der Schulbehörde, den Lehrern, Direktoren, Inspektoren usw., eingerichtet und im Rahmen des schulischen «Verstärkungssystems» eingesetzt werden. In vielen Fällen identifizieren sich die Schüler auch tatsächlich mit der offiziellen (formellen) Ordnung der Schule, d. h., daß z. B. Schüler mit guten Noten in ihrer Klasse auch die beliebtesten und einflußreichsten sind. Es gibt aber auch den gegenteiligen Fall, wo sich neben oder trotz der formellen Ordnung eine informelle herausbildet, wobei dann z. B. die Verteilung der Wertschätzung unter den Klassenkameraden weitgehend von dem durch Noten ausgedrückten Anerkennungsurteil des Lehrers abweicht.

Soweit nun der Repräsentant der formellen Ordnung das Vorhandensein einer informellen Ordnung überhaupt wahrnimmt, stellt sich für ihn die Frage, wie die informelle Ordnung in die formelle integriert werden kann, um die Lernprozesse zu optimieren, die Atmosphäre konfliktfrei zu halten und die «moralische Entwicklung» bei den Schülern zu fördern. Das pädagogisch zu erreichende «Entwicklungsziel» auf institutioneller Basis stellt demnach das Ineinanderaufgehen beider Ordnungen dar, wie es etwa C. Weiß klar vor Augen hat: «Wesentlich ist, daß in der Gruppe das Gefühl herrscht, die gestiftete Ordnung, die gesetzten Regeln und Normen seien ihre eigenen Schöpfungen» (Weiß 1970, S. 20), oder wie es O. Engelmayer als «oberste Devise für die Selbststeuerung der Gruppe» formuliert hat: «Was die Klasse in eigener Initiative an Ordnungsleistungen und Selbstdisziplin fertigbringt, befreit vom Eingreifen des Lehrers» (Engelmayer 1968, S. 174).

Von einem pädagogisch motivierten (oder wissenschaftlich angeleiteten) «Übergangsverhalten» der Erwachsenen, das es den Kindern und Jugendlichen leichtermachen sollte, von der «Autoritätsmoral» wegzukommen, ist auch späterhin wenig zu bemerken. Es scheint eher die Tendenz zu bestehen, die «Autoritätsabhängigkeit» der Kinder und Jugendlichen so lange hinzunehmen und zu verstärken, bis sich die «Solidaritätsmoral» *gegen* die pädagogischen Intentionen der Erwachsenen durchsetzt. Dies dann im nachhinein für den angestrebten und «genetisch» höherstehenden Wert auszugeben, ist polemisch, verächtlich und schlichtweg falsch. Dieses «Erziehungsprinzip» läßt sich bestenfalls karikieren, wie das folgende Beispiel zeigt.

K. Marx hat das Dilemma einer schrittweisen «moralischen» Erziehung in Richtung immer größerer Freiheit (einschließlich der fehlenden Reflexion über dieses Dilemma) schon 1842 in einem plastischen Bild dargelegt: «Alle diese Versuche (Freiheiten vorzuenthalten oder stufenweise pädagogisch zu gewähren; P. G.) erinnern an jenen Turnlehrer, der als die beste Methode des Springunterrichts vorschlug, den Schüler an eine große Grube zu bringen und ihm nun durch einzelne Zwirnfäden anzuzeigen, wie weit er über die Grube springen dürfe. Versteht sich, der Schüler sollte sich erst im Springen üben und durfte den ersten Tag nicht über die ganze Grube wegsetzen, aber von Zeit zu Zeit sollte der Zwirnfaden weitergerückt werden. Leider fiel der Schüler bei der ersten Lektion in die Grube, und bisher ist er in der Grube liegengeblieben. Der Lehrer war ein Deutscher, und der Schüler nannte sich: ‹Freiheit›» (Marx 1842; zit. nach Marx/Engels 1971, S. 58).

d) Perspektiven der Kritik

Nach Sprangers Gesellschaftsbild soll es eine Elite von Menschen geben (sozusagen «Über-Menschen»), denen kraft ihrer Teilhabe an überindividueller, objektiver Geistigkeit letztgültiges Verstehen und Normieren vorbehalten ist. Diese Elite verkörpert zweifellos jenes ins Mystische hineinreichende letzte «Entwicklungsstadium», das von Ch. Bühler, E. Köhler, E. Spranger u. a. «vollmenschliche Existenz» genannt wird und in dem personal-geistiges Leben in ethisch-religiösen Sinnrichtungen bruchlos aufgeht. Dieser Einklang mit dem «geahnten Weltganzen» (E. Spranger), diese Zusammenschau von individueller Erlebnisstruktur und überindividueller idealer Wertstruktur, diese Fähigkeit zum «vollen Verstehen», gilt letztlich auch als die höchste kognitive Leistung, als ein Wissensstandard, von dem aus sich *«Entwicklung»* generell bestimmen läßt: «Seelische Entwicklung ist also Hineinwachsen der Einzelseele in den objektiven und den normativen Geist der jeweiligen Zeit, in der Weise, daß das Wissen um überindividuelle geistige Zusammenhänge und das ihm zugrunde liegende oder darauf aufbauende Erleben immer mehr im Subjekt Wurzeln schlägt, stufenweise sich erhöhend und doch unter Wahrung der geschlossenen Einheit, die die individuelle Struktur immer deutlicher als ein geistiges Formprinzip und als angestrebte Idealform erscheinen läßt» (Spranger 1963, S. 32).

Eine «verstehende Strukturpsychologie», die sich auf solche kognitiven und normativen Standards beruft, ist den Wertstrukturen, dem Hierarchie- und Aufstiegsdenken sozialer Oberschichten zutiefst verpflichtet. Sie muß daher zwangsläufig dem Arbeiterjugendlichen sowie der Landjugend die Erreichung «vollmenschlicher Existenz» absprechen, sie muß bezweifeln, ob sich diese Jugendlichen nach ihrer «verkürzten Pubertät» überhaupt noch weiterentwickeln.

Von *sozialistischen* Positionen aus wurde dieses kolonialherrschaftliche Erziehungs- und Entwicklungsverständnis bereits im ersten Viertel dieses

Jahrhunderts kritisiert: Abgelehnt wurden biologistische Evolutionskonzepte, die zu einem einschränkenden und kontrollierenden Verständnis von «Entwicklung» geführt haben. Abgelehnt wurde insbesondere die Ideologie, die unter Berufung auf sozialdarwinistische Gesetzmäßigkeiten dem physisch, kulturell und politisch Mächtigen stets auch die Verfügungsmacht über den noch physisch Schwachen, wirtschaftlich Abhängigen und politisch Unmündigen gesichert hatte. In Frage gestellt wurden alle jene Theorien, die Entwicklungsprozesse aus mystischen Zielvorstellungen heraus erklären wollten, die auf diese Weise ein allgemeines, «klassenneutrales» Ablaufschema geltend gemacht haben, das die Existenz von Kindheit und Jugend, von «Pubertät» und «Reifezeit», als von der «Natur» planvoll eingerichtete Stadien einfach voraussetzte.

Otto Rühle hat in seinem Buch «Das proletarische Kind» schon 1911 die pädagogisch-psychologische Kinderforschung angeklagt, daß das proletarische Kind – «das verlassenste Geschöpf, das es unter der Sonne gibt» –, von den Wissenschaftlern nicht beachtet wird. Im Jahre 1925, als seine «Psychologie des proletarischen Kindes» zum erstenmal erscheint, stellt O. Rühle fest, daß seine damalige Anklage keine Früchte getragen hat: «Alle die ‹berufenen Sachverständigen› haben versagt; das Objekt der Bemühung erschien ihnen nicht lohnend genug. Betrübender ist, daß auch die sozialdemokratischen Regierungen, obwohl ihnen die Verpflichtung wiederholt nahegelegt wurde, keine Hand gerührt haben für die Förderung der Bemühungen, die der systematischen Beobachtung und wissenschaftlichen Erforschung der Wesensart des proletarischen Kindes gelten» (Rühle 1925; zit. nach der Neuauflage 1969, S. 12).

Für O. Rühle ist die Macht der Mächtigen eine *soziale Errungenschaft*; damit ist auch die scheinbare Naturhaftigkeit der Vormachtstellung und strukturellen Überlegenheit von Erwachsenen gegenüber Kindern bloßgestellt: «Die Erwachsenen verdanken ihre Vor- und Übermachtstellung gegenüber dem Kinde nicht so sehr ihrer körperlichen und geistigen Überlegenheit, als vielmehr dem in der Sozialverfassung bedingt liegenden Umstande, daß sie Träger und Repräsentanten einer Gesellschaftsstruktur sind, die sich als Erwachsenenkultur darstellt. Ihre Superiorität ist also eine vorwiegend soziale Errungenschaft» (ebd., S. 15).

Seit dem Aufkommen des Privateigentums und der Privatwirtschaft ist aber die Aneignung dieser «Errungenschaft» stets ungleich erfolgt: «Die besitzende Klasse hat den Kulturapparat der Gesamtgesellschaft usurpiert und in den ausschließlichen Dienst ihrer Klassensicherung gestellt. Der Kampf von Mensch gegen Natur schlug von hier aus um in einen Kampf von Mensch gegen Mensch, das Sicherungsstreben wurde zum Machtstreben, die kulturelle Verfügungsgewalt identifizierte sich mit der sozialen Herrschaftsgewalt, die ihrerseits die Konsequenz ökonomischer Besitztitel und materieller Produktivkräfte war» (ebd., S. 15).

In Rühles Entwicklungs- und Jugendbegriff gehen die *Milieubedingungen* ein, die «Jugend» als gesellschaftliches Phänomen zulassen bzw. verhindern können. Im letzten Fall, der meistens für proletarische Verhältnisse zutrifft, hat die Jugendforschung auch keinen «Gegenstand», den sie untersuchen könnte. – «Wie die Jugend des Proletariats nicht geboren, sondern ‹geworfen›, nicht erzogen, sondern großgeprügelt wird, so nimmt sie auch niemand bei der Hand, um sie ins Leben einzuführen – sie wird hineingestoßen. (...) Ohne Schutz und Leitung, gleicherweise geistig hilflos, unerfahren und unberaten wie schwach am Körper und arm an Gut, geht sie ihren Weg. Ein Weg in das düstere Schicksal ihrer Klasse» (ebd., S. 113). O. Rühle spielt in diesem Zitat darauf an, daß die Proletarierkinder eigentlich ohne familiären Schutz und ohne Jugendzeit heranwachsen – gemessen an der Umsorgtheit, die die besitzende Klasse ihren Kindern zukommen lassen kann.

Die skizzenhafte Darstellung des *bürgerlichen* Erziehungsmilieus, das O. Rühle vom *proletarischen* unterscheidet und keineswegs übertrieben charakterisiert, ruft unwillkürlich Assoziationen mit jenen Kindheitsschilderungen hervor, auf die sich W. Preyer, G. Scupin, Ch. und K. Bühler, E. Köhler, W. Stern u. a. stützen: «Während ein ganzes Heer von Gouvernanten und Hausmeistern, Lehrern und Erziehern, Doktoren und Professoren die Jugend der besitzenden Klasse mit geradezu verschwenderischer Obhut und Fürsorge umhegt und umschirmt, damit sie vor Schmutz und Ungemach, Gefahren und Verderbtheiten des Lebens bewahrt bleibe, lassen Not und Sorge die Proletarierbrut vor der Zeit flügge werden und treiben sie aus dem elterlichen Neste, das ihnen meist nie eine Heimstätte und Heimat war» (ebd., S. 113).

Von seinen «Reisen durch die proletarische Provinz 1930» berichtet Alexander Graf Stenbock-Fermor, daß das proletarische Milieu vor allem durch grenzenlose Ausbeutung, Lohnabbau, Arbeitslosigkeit und fortschreitende Verarmung gekennzeichnet ist, wodurch eine extreme Wohnungs- und Nahrungsnot entsteht. Aus der schlesischen Industriehauptstadt Waldenburg bringt er z. B. folgende Schilderung:

«Wir gehen durch Straßen, durch lange Reihen grauer Mietskasernen. Die Wände sind aussätzig und kahl, von Schmutz, Ruß und Alter zerfressen. Die Erde ist unterwühlt durch den Bergbau, viele Gebäude werden nur noch durch mächtige eiserne Anker zusammengehalten, Sprünge spalten die Häuserfronten. Manche Schulen und Mietwohnungen sind wegen der Einsturzgefahr geräumt.

In engen Höfen, auf den Schutthalden spielen Kinder, die schon Spuren der Lungenkrankheit auf den Wangen tragen. Sie laufen barfuß oder in Holzpantinen, die unterernährten, ausgemergelten kleinen Körper in Lumpen. Seltsam alt sind ihre Gesichter, Greisengesichter, die Augen wissen alles, sie kennen kein Geheimnis.

Es geht über ausgetretene wackelige Treppen. Wir treten in die Wohnung der Bergmannsfamilie M. Ein durchdringender Geruch von Kartoffeln, Sauerkraut, Leder, alten Kleidern, Schweiß schlägt uns entgegen. Eine rothaarige Frau erhebt sich. Der mittelgroße Raum ist voller Menschen. Zerlumpte Kinder spielen auf dem Boden, sitzen auf Stühlen, dem schiefen Sofa, auf den Betten. (...) In diesem Zimmer, gleichzeitig Küche, wohnen neun Personen. Außer den sechs Kindern

«Wie die Jugend des Proletariats nicht geboren, sondern ‹geworfen›, nicht erzogen, sondern großgeprügelt wird, so nimmt sie auch niemand bei der Hand, um sie ins Leben einzuführen. . .» (Otto Rühle 1925/1969, S. 12)

noch ein Schlafbursch in ‹Pension›. (...) In diesem Zimmer wird gekocht und gegessen, gewohnt und geschlafen. Hier werden die Kinder geboren. Hier liegen die Kranken. Hier sterben die Alten. Die Kinder sind dabei, wenn die Eltern geschlechtlich verkehren. Sie sind dabei, wenn die älteren Brüder mit ihren Bräuten schlafen. An den Wänden sind große feuchte Flecke. Die Tapete hängt an einigen Stellen zerfetzt herunter. An der einen Wand ist ein Spruch: Beklage nicht den Morgen,/der Müh' und Arbeit gibt./Es ist so schön zu sorgen/für Menschen, die man liebt.» (Stenbock-Fermor 1931/1980, S. 41 f.)

Vor dem Hintergrund der unterschiedlichen Erziehungsmilieus nimmt O. Rühle an, daß auch der *Protest*, den proletarische Jugendliche gegenüber der übermächtigen ökonomischen Drucksituation zu entwickeln in der Lage sind, anders einzuschätzen ist als jener, der von der traditionellen Jugendpsychologie als pubertäre Innenwendung beschrieben wird: «Die Bewegung der proletarischen Jugend ist im Gegensatz zur bürgerlichen Jugend nicht in erster Linie eine geistige, sondern eine wirtschaftlich-politische Angelegenheit. Sie entspringt auch der Not, doch nicht der geistig-seelischen Ichnot, sondern der ökonomisch-sozialen Klassennot. Wie jene ist sie Reaktion auf Druck, Protest gegen Unterjochung; doch weniger eine Abwehr gegen Eltern und Schulautorität als vielmehr eine Auflehnung gegen Ausbeutung und Staatsgewalt, und niemals eine Flucht, ein Auskneifen, sondern ein offener Kampf, aktives Vorgehen» (Rühle 1925/1969, S. 113).

Die bisherigen Ausführungen legen die Annahme nahe, daß dem Sozialisten O. Rühle eine pädagogisch-psychologische Forschung vorschwebt, die *auch* die Situation des proletarischen Kindes und Jugendlichen wissenschaftlich untersucht und «versteht». Diese Forschung hätte allerdings nicht von der Modellvorstellung biologisch-teleologischen Wachstums auszugehen, weil dieses Modell impliziert, daß – nach dem Postulat der geistigen «Höher»-Entwicklung –, die sinnlich erfahrene Unterdrückung und das «primitive» Aufbegehren in einem immerwährenden inneren Kampf durch die geistigen Kräfte niedergerungen werden müssen.

Den Ausgangspunkt für jene *andere Forschung* müßten die historisch entstandenen gesellschaftlichen Situationen darstellen, die als «Rahmenbedingungen» jeder Entwicklung ihre Grenzen aufherrschen. Diese Situationen sind vom latenten oder manifesten Klassenkampf bestimmt: «In der heutigen Gesellschaft ist die besitzende Klasse die Bourgeoisie, die besitzlose Klasse das Proletariat. Beide stehen einander in ökonomischer, sozialer und kultureller Feindschaft gegenüber, denn jeder Sicherungsvorteil der herrschenden Klasse ist ein Sicherungsnachteil der beherrschten und umgekehrt. Jede fühlt sich durch den Erfolg des Gegners gefährdet und bedroht. Insbesondere die proletarische Klasse, die, weil sie keine eigene Kultur besitzt und an deren Schaffung durch die Gewalt der Bourgeoisie verhindert wird, auf den Kulturabfall und Kulturkitsch der Bourgeoisie angewiesen ist» (ebd., S. 16).

O. Rühle sieht das proletarische Kind in diese feindliche *Klassenkampfsituation* von Anfang an geworfen und mehrfach eingespannt. Der proletarische Vater, ökonomisch und sozial von der wirtschaftlich, kulturell und politisch mächtigen Bourgeoisie abhängig, reproduziert in der eigenen Familie das «Herr-Knecht»-Verhältnis; denn für diese Väter gilt: «Familienoberhaupt mit Befehls- und Strafgewalt zu sein, ist die einzige Überlegenheitsposition, die ihnen noch geblieben ist. So ist das Verhältnis der Eltern zum Kind ein genaues Abbild des Verhältnisses von Oben-Unten, das wir in der ganzen heutigen Kulturwelt finden» (ebd., S. 41). – Im soziologischen Konzept von O. Rühle ist folglich die proletarische Familie stark vom dominierenden bürgerlichen Denken und Fühlen korrumpiert. Die proletarische Familie erscheint als letzte Domäne, in der sich der gesellschaftlich Entmachtete als «starker Mann» fühlen und behaupten kann, nachdem er der Verfügung über Grund und Boden, Werkstatt und Maschine, beraubt worden ist. Diese marginale Autorität des Vaters – und, ihn stellvertretend, auch die der Mutter – «bildet nun den Ankergrund der häuslichen Erziehung. Die Autorität wirkt durch ein ganzes System von Mitteln, an deren Spitze der Befehl steht. Die unmittelbare Verbindlichkeit des Befehls empfängt im Bedarfsfalle Nachdruck und Nachhilfe durch Zwang, Gewalt, Lohn oder Strafe. Als Ziel schwebt immer die bedingungslose Unterwerfung vor, der absolute Verzicht auf Geltendmachung des Eigenwillens. Damit ersteht vor uns das Bild der herkömmlichen Erziehung, die, im Grunde bürgerlichen Wesens, heute fast durchweg die Erziehung des proletarischen Kindes ist» (ebd., S. 43).

Im Gegensatz zur herkömmlichen (bürgerlichen) Entwicklungspsychologie schlägt O. Rühle vor, beim Studium des Kindes und des Jugendlichen nicht von idealiter gesetzten Lebenslaufparadigmen und als letztgültig postulierten Normen auszugehen, sondern jenen Weg einzuschlagen, den E. Spranger u. a. explizit abgelehnt haben: Zunächst ist mit einer systematischen Erforschung des wirklichen Lebens des Kindes zu beginnen, als ein Studium jener strukturellen Diskrepanzen und Brüche, die politisch-kulturelle Ursachen haben und sozial-konstitutionelle Folgen, nämlich Ausgrenzung und Unterentwicklung, nach sich ziehen.

An einem Beispiel verdeutlicht O. Rühle dieses Programm: «In noch höherem Maße als die proletarische Frau ist das proletarische Kind kulturell benachteiligt. Es steht einer plutokratischen und maskulinen Kultur gegenüber, die eine Kultur der Erwachsenen, der Senioren ist. Handelt es sich um ein proletarisches Mädchen, so drückt das Gewicht einer dreifachen Überlegenheit auf seine sozialpsychische Position. Es ist als Glied der proletarischen Klasse, als Kind und als Mädchen kulturell verkürzt, geschmälert und geprellt. Dabei ist es keineswegs minderwertig, gemessen an Knaben, auch nicht minderwertig, gemessen an den Erwachsenen – es ist nur anders. Aber dieses Anderssein erscheint im Gesichtswinkel dieser Gesellschaft als Minderwertigkeit» (ebd., S. 17).

In einem zweiten Schritt wären dann die subjektiv bedeutsamen Methoden zu

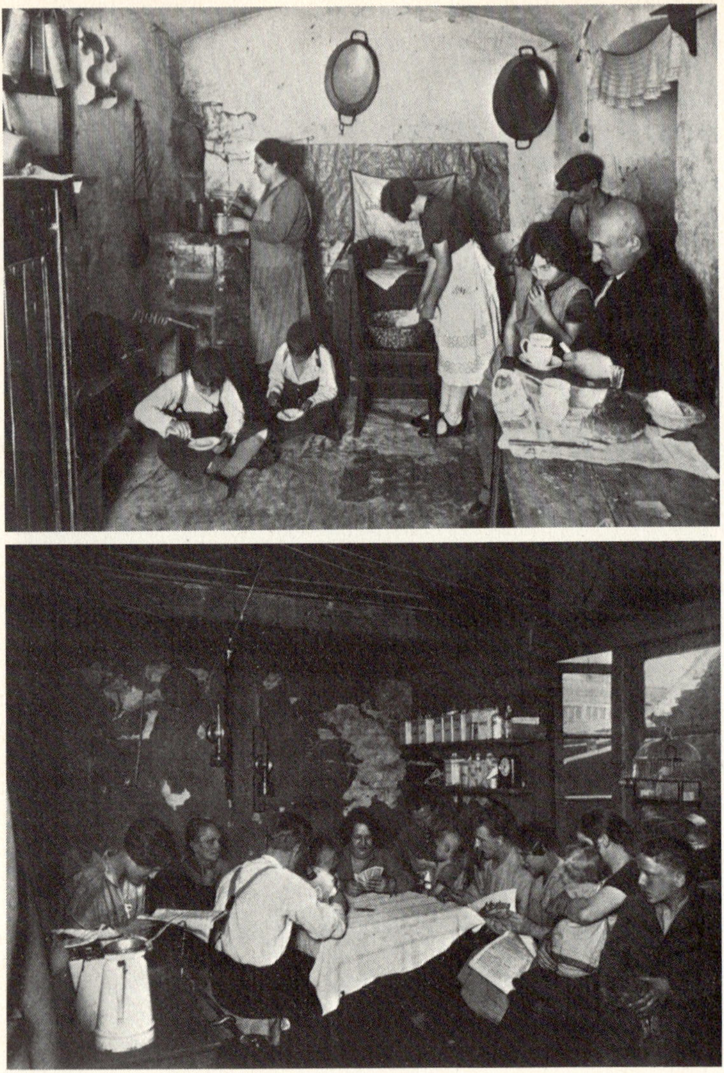

Das «proletarische Milieu» – Ursprung und Ursache des Andersseins, das in dieser Gesellschaft als «minderwertig» erscheint

erforschen, denen sich das Kind bedient, um sich gegenüber den Anforderungen der personalen und gegenständlichen Umwelt durchzusetzen: «Der zweite Schritt im Studium der kindlichen Seele ist die Auffindung und Aufdeckung der Methoden, deren sich das Sicherungsstreben des Kindes bedient, um seine Position gegenüber der Umwelt zu wahren und abzugrenzen» (ebd., S. 19).

Für diesen Schritt hält O. Rühle die Individualpsychologie von Alfred Adler für bedeutsam. A. Adler, der nicht nur einen Strang der Freudschen Theorien kritisch weitergeführt hat, sondern sich auch als einer der ersten Psychologen (nämlich schon 1924) zu den Effekten schichtspezifischer Erziehung geäußert hat, ist der Meinung – und das mag O. Rühle besonders beeindruckt haben –, daß die Erziehung zu wenig das Gemeinschaftsgefühl stärke, wodurch das Machtstreben des einzelnen zu sehr in den Vordergrund trete.

Zur selben Zeit wie O. Rühle beruft sich auch ein anderer sozialistischer Pädagoge, der Österreicher *Otto Felix Kanitz*, auf den individualpsychologischen Ansatz von A. Adler. Ebenso wie O. Rühle sieht O. F. Kanitz in der Stellung des Erwachsenen eine historisch entstandene Herrschaftsposition. In seiner 1925 erstmals erschienenen Schrift «Das proletarische Kind in der bürgerlichen Gesellschaft» macht er diese überlegene Position der Erwachsenen dafür verantwortlich, daß eine «allseitige gesellschaftliche Unterdrückung des Kindes» stattfände und überall ein «gemeinschaftswidriger und ichbetonter» Lebensplan bestehe: «Die Stellung der Erwachsenen gegenüber allen Kindern ist also nicht die Stellung der herrschenden Klasse gegenüber der beherrschten, wohl aber enthält das Verhältnis aller Erwachsenen gegenüber allen Kindern zahlreiche Züge einer Klassenherrschaft. Züge einer sehr harten, sehr grausamen, einer durch Tradition und Religion, durch Gesetz und Recht geheiligten Klassenherrschaft. (...) Diesem unterdrückten Stande (...) müssen die Kinder notwendigerweise mit Eintritt der Volljährigkeit entwachsen. Aber sie haben den für ihre geistige Entwicklung wichtigsten Teil ihres Lebens als Angehörige eines beherrschten Standes verbracht. Und diese Tatsache hat für ihr ganzes Leben entscheidende Bedeutung» (Kanitz 1925; zit. nach der Neuausgabe von 1974, S. 86).

Die «Züge einer sehr harten, sehr grausamen Klassenherrschaft» (O. Kanitz) traten wohl stets dort am deutlichsten hervor, wo sie kindliche und jugendliche Subjekte zum völligen Verschwinden und Auslöschen brachten. Der Psychoanalytiker S. Ferenczi berichtet 1929 vom Selbstmord eines Proletariermädchens, das ihm tagebuchartige Aufzeichnungen hinterlassen hat (siehe Rühle 1969, S. 174–210). Autobiographische Aufzeichnungen sind an sich für dieses Milieu ganz ungewöhnlich (vgl. dazu Schonig 1979). Die Schicksale sind aber alltäglich. A. Graf Stenbock-Fermor hat im Berlin des Jahres 1930 recherchiert. Hier, schreibt er, in dieser Schrebergartenkolonie am Rande der Großstadt, wurde ein kleines Arbeitermädchen mit dem Leben nicht fertig:

«In der Laube Straße 86b wohnt die Arbeiterfrau Polzin mit zwei Kindern: einem 17jährigen Sohn, der in die Lehre geht, und der 11jährigen Gerda. Die Frau lebt schon lange getrennt von ihrem Mann, der einmal etwas ‹ausgefressen› hat und im Zuchthaus sitzt. Die Mutter konnte das bisher ängstlich vor den Kindern verbergen. Ein Freund wohnt noch bei ihr, ein Arbeiter, die Kinder mögen ihn gern und nennen ihn ‹Onkel Rudi›. Die Frau arbeitet ebenfalls den ganzen Tag in der Fabrik. In aller Frühe fahren sie auf ihren Rädern fort und kommen um halb fünf nachmittags zurück.

Gerda begleitet morgens die Mutter und den Bruder ein Stück und geht dann in die Gemeindeschule in der Ofenerstraße. Wenn sie mittags heimkehrt, ist sie ganz auf sich angewiesen. Doch geht sie oft, fast jede freie Stunde, zu den Kindern der Nachbarin hinüber, einer rotbackigen gesunden Frau, die einige Lauben weiter wohnt.

Gerda Polzin wird überall gern gesehen. Jeder in der Siedlung kennt sie. Sie hat einen weichen Charakter: sie weint, wenn die Nachbarskinder mal Prügel erhalten. Doch meist ist sie guter Dinge und spielt und lacht mit den Mädels und Jungens.

Sie ist keine gute Schülerin, aber auch keine besonders schlechte. Sie kommt so gerade im Unterricht mit.

Eines Tages hat sie in der Klasse heimlich ein fremdes Buch zu sich gesteckt, um es mit nach Hause zu nehmen. Man findet das Buch in ihrer Mappe. Große Aufregung. Aha, Gerda Polzin hat gestohlen! Der Vater im Zuchthaus? Wohl erblich belastet! Vom Jugendamt wird eine Erzieherin geholt, die dem Kind ‹ins Gewissen› reden soll. Man droht ihr mit der Fürsorgeerziehung. Und dabei erfährt Gerda zum erstenmal, daß ihr Vater im Zuchthaus ist und deshalb die Mutter getrennt vom Vater lebt. Man weiß nicht genau, was die Erzieherin gesagt hat, etwa: ‹Gerda, dein Vater sitzt schon im Zuchthaus, wenn du stiehlst, wird man dich in die Fürsorge stecken ! . . .›

Von diesem Augenblick an gibt es einen Knacks im Inneren von Gerda. Zwei Worte bohren sich in ihr kleines Hirn: ‹Zuchthaus› und ‹Fürsorge›. Sie fühlt sich ausgestoßen und gezeichnet. Vielleicht ist das nur Täuschung. Die Kinder sind nicht anders zu ihr als sonst – aber sie glaubt plötzlich allein zu stehen. Die Angst vor der ‹Fürsorge› wächst von Tag zu Tag. Für die Arbeiterkinder gibt es kein Wort, das einen so furchtbaren Klang hat.

Äußerlich merkt man ihr wenig an. Die Mutter hat nichts vom Vorfall in der Schule erfahren.

Nur in der Klasse wird Gerda verträumter und unaufmerksamer. Dann beginnt sie, einige Tage die Schule zu schwänzen. Sie bleibt in der Laube oder läuft stundenlang durch die Straßen. Den Schulkameraden aber hat sie gesagt, sie wolle nicht mehr weiterleben und sie werde sich das Leben nehmen.

Am Montag früh ist sie wieder nicht in die Schule gekommen. Sie hat noch wie stets die Mutter und den Bruder morgens begleitet und ging wohl wieder nach Hause. In der Klasse erzählen die Kameradinnen dem Lehrer von den Reden Gerdas. Der schickt sofort einige Kinder zur Kolonie. Die Gartentür vor der Polzinschen Laube ist verschlossen. Die Kinder gehen auf die Polizeiwache. Dort winkt man ab. Am Abend wird das Mädel schon kommen. Die Kinder benachrichtigen die Nachbarin. Die Frau ist in großer Unruhe, schon seit Tagen hat sich Gerda bei ihr nicht blicken lassen. Sie versucht, die Mutter telefonisch in der Fabrik zu erreichen, doch sie erhält keinen Anschluß.

Der Nachmittag vergeht träge. Um vier Uhr schon steht die Nachbarin am Ausgang der Siedlung und wartet auf Frau Polzin. Es ist ein kalter Tag. Regenschauer schlagen herunter. Der Wind pfeift einem entgegen. Es wird schnell dunkel.

Endlich tauchen die Fahrräder auf. Die Nachbarin stürzt der Mutter entgegen.

‹Wegen meiner Gerda bist du so aufgeregt?›

‹Ja, die Kinder sprechen so verschiedenes Zeug. Gerda war die letzten Tage nicht in der Schule. Heute haben wir sie überall gesucht!›

‹Ach, mit der Gerda habe ich auch zuviel Ärger!›

Sie gehen zu dreien zur Wohnlaube. Die Mutter schließt die Gartentür auf. Sie überschreiten den Vorplatz.

An der Wand des Häuschens, hinter einer angelehnten Leiter, nach außenhin verdeckt, sehen sie Gerda stehen. Die Frauen atmen auf. Gott sei Dank! Also hat sie sich doch im Haus versteckt gehalten! Komisch, wie sie dasteht, so kerzengerade und den Kopf gesenkt, als ob sie sich schämt. Der Bruder ruft ihr zu, sie soll doch rauskommen, die Mutter sei da. Aber Gerda antwortet nicht. Er geht auf sie zu und schreit gellend auf.

Gerda hängt an einem kleinen Strick, der an einer der oberen Sprossen der Leiter befestigt ist. Ihre Füße berühren mit den Spitzen den Boden, und es sieht aus, als ob sie aufrecht, hoch gereckt auf der Erde stehe. Die Augen sind gebrochen. Das Regenwasser fließt an den schmalen gelben Wangen herunter.

Ehe Gerda ihrem elfjährigen Leben ein Ende machte, brachte sie noch sorgfältig alles im Hause in Ordnung. Sie hatte die neue Wäscheleine im Garten abgenommen, zusammengerollt und hereingeholt, um sie vor dem Regen zu schützen» (Stenbock-Fermor 1931/1980, S. 142f.).

Das dem Kind – und verstärkt dem Proletarierkind – vom ersten Tag an vermittelte Gefühl der Minderwertigkeit ist der theoretische Ausgangspunkt, der zur Frage führt, ob aus der inferioren Situation heraus eine Entwicklung von «antiautoritären», *solidarischen Protestformen* möglich ist oder ob eine bruchlose Weitergabe von «Herrenrecht und Herrenmoral» an die nächste Generation solche Protestformen verhindert. Wie auch immer die Antwort darauf ausfällt, in welche Richtung auch immer die Entwicklung voranschreiten mag, für O. F. Kanitz steht fest, daß solche Prozesse nicht nach irgendwelchen inneren Gesetzmäßigkeiten oder teleologischen Vorgaben verlaufen, sondern den *sozialen Regelhaftigkeiten des Alltags* und der *ökonomischen Tauschbeziehung* folgen. Da sowohl Alltäglichkeit wie Tauschökonomie dem Menschen nicht naturhaft vorgegeben sind, sollten nicht nur Psychologen und Pädagogen, sondern alle Erwachsene, denen die Emanzipation von Kindern am Herzen liegt, mehr tun, als nur mit «überlegenem Geist» den tieferen Sinn der Entwicklung kontemplativ ausdeuten und normativ festschreiben. – «Müssen wir wirklich so lange warten, bis die veränderte Wirtschaftsordnung auch öffentlich-rechtlich die Kinder zu gleichberechtigten Arbeitern macht, die dieselben Umgangsformen für sich in Anspruch nehmen dürfen, wie sie zwischen Erwachsenen gang und gäbe sind? Sicher wird auch dieser Teil des ‹ideellen Überbaues›, die Formen des Umganges zwischen Erwachsenen und Kindern mit der Veränderung der Wirtschaftsordnung völlig verändert werden. Sozialisten aber haben die Pflicht, schon in der Gegenwart auch auf diesem Gebiet des Alltagslebens soweit als möglich revolutionär zu sein. ‹Behandelt Kinder in den Umgangsformen wie Erwachsene!›» (Kanitz 1925/1974, S. 101).

Obwohl (oder vielleicht gerade weil) O. F. Kanitz sieht, «wie tief die Herrschergewohnheiten in den Erwachsenen wurzeln» (ebd., S. 101), verfällt er an mehreren Stellen seines Buches in solche Aufrufe wie «Behandelt Kinder in den Umgangsformen wie Erwachsene!» Wegen dieser moralisierenden Appelle, die die Erwachsenen zur «Gleichbehandlung» auffordern, ist O. F. Kanitz von *Edwin Hoernle* heftig und polemisch angegriffen worden. E. Hoernle, der mit seiner 1929 erschienenen Arbeit «Grundfragen proletarischer Erziehung» innerhalb der damaligen Auseinandersetzung um eine sozialistische Perspektive in der pädagogisch-psychologischen Forschung und Praxis die «richtige» marxistische Position für sich beanspruchte, wirft O. F. Kanitz unter anderem vor, mit seinem «Kind-Erwachsenen-Klassengegensatz» den Boden historisch-materialistischer Interpretation verlassen zu haben: «Mit einer solchen Definierung des Gegensatzes zwischen Kind und Erwachsenen hat Kanitz den historisch-materialistischen Boden verlassen und bewegt sich in der blauen Luft idealistischer Konstruktionen. (...) Es hat aber keinen Sinn, den proletarischen Eltern Moral zu predigen, solange wir sie nicht anleiten, die gesellschaftlichen Ursachen ihres ‹unmoralischen› Verhaltens den Kindern gegenüber zu erkennen und an dem Kampfe gegen diese gesellschaftlichen Ursachen teilzunehmen» (Hoernle 1929; zit. nach der Neuausgabe von 1969, S. 152).

Eine ähnliche Kritik richtet E. Hoernle gegen O. Rühle, der zwar das für eine proletarische Schul- und Erziehungspolitik notwendige soziologische Material zusammengetragen, die richtigen Konsequenzen aus seinen Untersuchungen aber verfehlt habe: «Es genügt eben nicht zu sagen, daß Inhalt, Form und Ziel des Erziehungswerkes sich aus der jeweiligen sozialen Struktur usw. ergebe; man muß den Mut haben, weiter zu folgern, daß das jeweilige Erziehungswerk nicht nur ein Produkt des Klassenkampfes, sondern auch eine *Waffe* und *ein Instrument des Klassenkampfes ist*, also von Klassen gehandhabt und zu Klassenzwecken angewandt wird» (ebd., S. 161; Hervorh. im Orig.).

Festzuhalten ist, daß sich damals die «Revolutionierung des Alltagslebens» weder im Austausch von Schlagworten noch in fraktionellen Positionskämpfen erschöpfte. Die *praktische Orientierung* war vorherrschend:

O. F. Kanitz betreute im Rahmen der österreichischen Kinderfreunde-Bewegung, die um 1925 ca. 90000 proletarische Kinder organisatorisch erfaßt hatte, selbst zahlreiche Kindergarten- und Schülergruppen. Auch O. Rühle war zu dieser Zeit in Deutschland als Organisator und Leiter von «proletarischen Kindergruppen» tätig. Sein Kritiker hatte ebenfalls Kontakte zur Praxis: Seit 1920 war E. Hoernle mit dem Aufbau «kommunistischer Kindergruppen» beschäftigt.

Obwohl zu dieser Zeit in ganz Europa praktisch-pädagogische Versuche mit Kollektiverziehung gemacht wurden, so z. B. von A. S. Makarenko in den UdSSR-Landkolonien für verwahrloste und straffällig gewordene Jugendliche, von J. Korczak in Warschau, von V. Schmid in Moskau, von S. Bernfeld in Wien usw., konnten die Erfahrungen nicht mehr zu einer eigenständigen Entwicklungstheorie nach einem proletarischen oder antikapitalistischen Paradigma systematisiert werden. Dem kam die *faschistische Machtergreifung* zuvor. O. Rühle emigrierte 1933 nach Prag und von da aus nach Amerika, ebenso S. Bernfeld. E. Hoernle emigrierte im selben Jahr in die Sowjetunion. O. F. Kanitz wird 1938 verhaftet und stirbt zwei Jahre später an den Folgen der Folterungen im KZ Buchenwald. J. Korczak wird, ebenso wie die jüdischen Kinder seines Heimes, 1942 im KZ Treblinka vergast.

Die sozialistischen Pädagogen dieser Zeit haben ihre Arbeiten wahrscheinlich nie als wissenschaftstheoretische Beiträge für die universitäre Fachwelt gesehen oder zu diesem Zwecke verfaßt. Sie verstanden sich viel zu sehr als politische Erzieher und als solche dürften sie auch kein Bedürfnis gehabt haben, die von der akademischen Wissenschaftlergemeinschaft vertretenen Kindheits- und Jugendtheorien ernsthaft aufzugreifen und theoretisch zu kritisieren. Ein so abstraktes Modell, wie es z. B. E. Spranger mit seinem normativ-objektiven Geist vorgelegt hatte, war für sie – allein schon wegen der esotherisch-elitären Sprache – vermutlich kaum nachzuvollziehen.

Dennoch blieb auch auf der akademischen Theorieebene der hierarchische Organismus-Bauplan-Gedanke nicht unkritisiert. Relativ spät, nämlich 1934, erscheint die Arbeit «Probleme einer Theorie des Lernens» des deutschen Pädagogen *Fritz Blättner*, die im Untertitel die eigentliche Stoßrichtung des Aufsatzes nennt: «Beitrag zu einer historischen Jugendkunde». Obwohl Blättners Angriff gegen die «biologische Psychologie» – dieser Ausdruck steht bei ihm vor allem für die Arbeiten von Ch. und K. Bühler und E. Spranger – in eine vermittelnde Position einmündet und obwohl der Autor jeden Hinweis auf alternative (z. B. marxistische) Positionen vermeidet, wird er von Zeitgenossen als obsoleter Außenseiter betrachtet, als ein Wissenschaftler, dessen Theorien einem «Rückfall in eine überwundene Milieulehre» gleichkommen. *Oswald Kroh* zum Beispiel, von dem dieses Urteil stammt und der damals gerade dabei war, die biologistische Entwicklungstheorie von einer «Psychologie des Grundschulkindes in ihrer Beziehung zur kindlichen Gesamtentwicklung» (Buchtitel 1930, 4.–6. Auflage) zu einer «Entwicklungspsychologie des Grundschulkindes als Grundlage völkischer Jugenderziehung» (Buchtitel 1935, 11. und 12. Auflage) umzuarbeiten (was ihm auch gelang, ohne allzu große Änderungen vornehmen zu müssen), widmet dem Aufsatz von F. Blättner bzw. dem Widerlegungsversuch mehrere Seiten seines Lehrbuches (vgl. Kroh 1935, S. 61–71).

F. Blättner, der das Vorhandensein und Wirken der Erbmasse keineswegs in Frage stellt, meint bezüglich des *menschlichen Entwicklungsverlaufs*, «daß die Inhalte wie Zahl und Folge der Stufen nicht aus der Natur, sondern aus der Geschichtlichkeit des Geistes (d. h. der Auseinandersetzung zwischen Mensch und Natur; P. G.) zu erklären sind. Damit ist eine Form der Psychologie abgelehnt, die den Menschen aus der ‹Zufälligkeit› seines historischen Raumes herausnehmen möchte, um festzustellen, wie er, unabhängig von äußeren Einflüssen ‹an sich›, sich verhalte: der Säugling an sich, der Pubeszent an sich usw. Diese Psychologie, der das Einwirken des Geistes nur als äußere Einflüsse oder als Verdunkelung des biologischen Verhaltens verständlich sind, konnte danach streben, eine Entwicklungsgesetzlichkeit des Menschen schlechthin zu entdecken» (Blättner 1934, S. 554).

Im Kern trifft diese Kritik alle damals gängigen Entwicklungstheorien und pädagogisch-psychologischen Forschungsansätze. Ihnen stellt F. Blättner seine Auffassung gegenüber, daß sich Entwicklungsphasen oder -stadien erst als Konsequenz abgestufter pädagogischer Anforderungen und Darbietungen ergeben können: «Das ‹Wachstum› der geistigen Kräfte ist kein nur natürliches Phänomen, kann als solches nie begriffen werden, sondern hängt nach Tempo und Höhe von der Art und Höhe und Differenziertheit des Geistes ab, der bewältigt werden muß» (ebd., S. 560). – F. Blättner geht also davon aus, daß man von «Entwicklung» nur dann sprechen kann, wenn das Kind mit der sozialen und gegenständlichen Welt in Berührung kommt, einer Welt, die es vom Erwachsenen «Stufe um Stufe in Geduld erbaut» (ebd., S. 556) erhält. Es ist demnach stets der Erwachsene, der das Kind aus seiner «Triebbeschränktheit» herausführt und es zwingt, von ihm, dem Erwachsenen, «Kenntnis zu nehmen und mit ihm in Verbindung zu treten in Sprache und Tat. Und nun beginnt das Widerspiel im Kinde, das seinerseits den Erwachsenen verstehen und sich verständlich machen will» (ebd., S. 556).

Die Konstitution von «Entwicklungsschritten» ist folglich ein *Interaktionsprozeß*, wobei dem Erwachsenen die Initialfunktion zukommt; typisch dafür sind etwa Situationen, in denen Gegenständen, die z. B. auf einer Zeichnung dargestellt sind, eine bestimmte Bedeutung zugeschrieben wird: «Aber das Hineinlegen einer Bedeutung (‹das ist ...›) geht ursprünglich gar nicht vom Kinde, sondern von den Fragen, dem Vorzeichnen der Erwachsenen und vom Erlebnis des Bildes aus. Auch hier liegt ein regelrechtes Erlernen vor, das nicht anders begriffen werden kann, als aus dem zwischenmenschlichen Zusammenhang, der allein einen Sinnzusammenhang stiftet» (ebd., S. 558).

F. Blättner sieht im «zwischenmenschlichen Zusammenhang», im *interaktiven Sinngebungsvorgang*, ein «Urphänomen»; es ist zu keinem Augenblick aus der Entwicklung wegzudenken und auch nicht als «äußerer Einfluß» zu deuten. An dieser Auffassung (und auch am folgenden Zitat) lassen sich Strenge und Konsequenz ermessen, mit denen F. Blättner die Entwicklungstheorien von Vertretern der «biologischen Psychologie» zurückweist: «Vollkommen unmöglich, auch als bloß methodischer Ansatz, ist es, die Erforschung der Entstehung des menschlichen Bewußtseins als nur oder vorwiegend immanent bedingte Entwicklung von Dispositionen zu versuchen» (ebd., S. 558).

Blättners Arbeit ist auch noch aus einem weiteren Grund beachtenswert. Er hat ansatzweise versucht, seine Thesen durch ein *Rekonstruktionsverfahren* zu belegen. Er unternahm es, durch Neuinterpretation von Passagen aus kinderpsychologischen Monographien bisher «gesicherte» Erkenntnisse zu problematisieren. So zeigt F. Blättner z. B. an Hand von Beobachtungsmaterial, das das Ehepaar Bühler über sein Kind gesammelt hat, daß die verschiedenen «Entwicklungsstufen» im kindlichen Bauen (mit Bauklötzen), ein Prozeß, der letztlich zum sogenannten «Stadium der Werkreife» führt, sich nur deshalb zeigen konnte, weil die Erwachsenen dem Kind längere Zeit hindurch etwas vorgebaut haben. Solange z. B. das Kind selbst keinen Turm bauen kann, könnte man theoretisch wie praktisch auch nicht ein «Frühstadium» feststellen, in dem das Kind den Turm immer sofort zerstört (um ihn wieder aufgebaut zu bekommen).

Es hat damals, einige Zeit vor Blättners Aufsatz, sogar schon eine detaillierte und materialreiche Methodenkritik an der entwicklungspsychologischen Tagebuchforschung gegeben. Diese Kritik, nämlich die Arbeit von *Siegfried Bernfeld* aus dem Jahr 1931, ging noch fundierter auf die fragwürdige Forschungs- und Interpretationspraxis der «Strukturpsychologen» ein, als dies F. Blättner drei Jahre später wagen konnte. Als Sozialist und Anhänger der damals verfemten Psychoanalyse war S. Bernfeld freilich noch mehr Un-Wissenschaftler, den es totzuschweigen galt, als dies für F. Blättner zutraf. So ist bezeichnend, daß z. B. Ch. Bühler, die von dieser Kritik vor allem betroffen war, selbst in ihrer ausführlichen Vorrede zur 6. Auflage (das ist die erste Nachkriegsauflage von 1967) des Buches «Das Seelenleben des Jugendlichen», einer Vorrede, in der sie den Inhalt der vorangegangenen 5. Ausgabe von 1929 begründet und «neue Tatsachen und Gedanken zum Seelenleben des Jugendlichen» hinzufügt, mit keinem einzigen Satz auf Bernfelds Arbeit eingeht.[9]

Die darwinistisch-hierarchische Organismuskonzeption wurde aber – von ihren gesellschaftlichen Folgeerscheinungen her – wohl am umfassendsten von den Mitarbeitern des *Frankfurter Instituts für Sozialforschung* (E. Fromm, H. Horkheimer, H. Marcuse u. a.) kritisiert. In ihrer Arbeit «Autorität und Familie» – 1936 im Pariser Exil erschienen – sind die Forscher der gesellschaftlichen Genese des «autoritären Charakters» nachgegangen.

Die Mitarbeiter des Frankfurter Instituts verstehen unter Aufdeckung der «gesellschaftlichen Genese» einen Forschungsprozeß, der die *historisch-materialistischen Grundlagen jener ökonomischen Dynamik* freilegt, die für das Zustandekommen und für den Wechsel jedweder «Phasen» und «Stadien» der Gesellschaft und des vergesellschafteten menschlichen Bewußtseins verantwortlich ist. Gehen bei den an der *idealistischen Philosophie* orientierten Entwicklungstheorien diese Phasen und Stadien «auf die Selbstoffenbarung eines geistigen Wesens zurück, indem sie wie bei Fichte einem a priori deduzierbaren Weltplan entsprechen, wie bei Hegel Stufen des sich objektivierenden Weltgeistes darstellen oder wie bei Dilthey die allgemeine Natur des Menschen je nach einer verschiedenen Seite hin zum Ausdruck bringen, so versucht die *materialistische Richtung* (...) die Umformungen, welche die menschliche Natur im Laufe der Geschichte erfahren hat, aus der jeweils verschiedenen Gestalt des materiellen Lebensprozesses (zu) begreifen» (Horkheimer 1936, S. 6; Hervorh. von P. G.).

Der Entwicklungsbegriff dieser Denktradition erfaßt demnach auch das Regelhafte und relativ Unveränderliche im Geschichtsprozeß. Dennoch ist dieser Begriff «dynamisch» – aber nicht im Sinne der idealistischen Theorie, wo «eine in ihren wesentlichen Zügen von vornherein festgelegte geistige Macht der Urheber des Geschehens ist und daher die Geschichte (...) als Entfaltung oder Darstellung eines einheitlichen Prinzips erscheint» (ebd., S. 7); «dynamisch» ist der Entwicklungsbegriff dort, wo «die Individuen und Gruppen der Gesellschaft mit ihren freilich durch die vorhergehende geschichtliche Entwicklung gestalteten Fähigkeiten arbeitend und kämpfend auf die jeweiligen ökonomischen Verhältnisse reagieren» (ebd., S. 7).

Die *geschichtliche Dynamik* umfaßt gemäß dieser Auffassung die gesamte Kultur, insbesondere aber den ökonomischen Prozeß und die sich daraus ergebenden Klassenverhältnisse. – «Den ökonomischen Prozeß als bestimmende Grundlage des Geschehens auffassen heißt alle übrigen Sphären des gesellschaftlichen Lebens in ihrem sich verändernden Zusammenhang mit ihm betrachten und ihn nicht in seiner isolierten mechanischen Form, sondern in Einheit mit den freilich durch ihn selbst entfalteten spezifischen Fähigkeiten und Dispositionen der Menschen begreifen» (ebd., S. 10).

Den *ökonomischen Prozeß* «als bestimmende Grundlage des Geschehens auffassen» heißt auch – zumindest seit es die gesellschaftliche Arbeitsteilung in «Produktionsleiter und Ausführende» (M. Horkheimer) gibt –, den gesellschaftlichen Zwang, die institutionalisierte und personale Macht zu untersuchen; und dies soll einschließlich jener Ideologien und «höchsten Ideen» erfolgen, die genau von diesem Problem (daß nämlich die Menschen nur unter Zwang gewillt sind, in relativ unveränderlichen Klassenverhältnissen zu leben) abzulenken versuchen. Nach Ansicht der Frankfurter Forschungsgruppe müssen die idealistischen und rationalistischen Geschichtsauffassungen dem Dilemma (unter Zwang stabilisierte Klassenstrukturen versus gesellschaftliche Dynamik) gerade darum ausweichen, «weil sie den Zusammenhang selbst der höchsten Ideen mit den Machtverhältnissen in der Gesellschaft übersehen oder wenigstens als beiläufig betrachten» (ebd., S. 11).

Den ökonomischen Prozeß «als bestimmende Grundlage des Geschehens auffassen» bedeutet im Diskussionszusammenhang dieser Arbeit aber vor allem: Abschied nehmen von der biologistischen Anthropologie und der sich darauf berufenden kolonialistischen Erziehungs- und Entwicklungsvorstellung, denn diese Anthropologie hat – was zuletzt durch die Jugendpsychologie Sprangers deutlich geworden ist – stets jenes dichotome Menschenbild bevorzugt, das H. Marcuse so charakterisiert: «Die Berufung auf die ‹Natur des Menschen› führt auf die besondere Anthropologie zurück, die der Theorie der Gegenrevolution als entscheidender Bestandteil zugrunde liegt. Es ist ein von Haß und Verachtung, aber auch von Weltklugkeit und Macht gezeichnetes Bild des Menschen: der von Gott (oder vom «normativen Geist»; P. G.) abgefallene Mensch als ein böses, feiges, plumpes, halbblindes Tier, das, auf sich selbst gestellt, nur Schmutz und Unordnung zustande bringt – das im Grund nur beherrscht und geleitet sein will und für das totale Abhängigkeit schließlich noch das Beste ist» (Marcuse 1936, S. 192).

3. Exkurs: Über Abstraktion zum «Kindchen»-Schema

In diesem Exkurs möchte ich die Zusammenfassung meiner bisherigen Analyse hinsichtlich zweier Diskussionspunkte, die ich vorerst als *Hypothesen* formuliere, zuspitzen: Für die empirische und verstehende Strukturpsychologie, deren entwicklungstheoretische Konzepte ich in den vorangegangenen Kapiteln dargestellt habe, soll gelten:

a) Empirische Grundlage für das «Idealtypische» und «Normale» in der Entwicklung von Kindern und Jugendlichen (und an ihren Lebensläufen) war in keinem Fall der «Alltag» – also auch nicht der «bürgerliche Alltag» der damaligen Oberschicht.
b) Das idealtypisch Konstruierte stellte in Wirklichkeit kein Entwicklungsschema dar, das das Kindhafte in seiner sich entfaltenden «Naturform» widerspiegelte, sondern vielmehr ein «Kindchen»-Schema, d. h. ein aus der Wunsch- und Wunschverdrängungsvorstellung der Erwachsenen zustande gekommenes Bild vom «puerilen Kind».[10]

Ad a) *Wieso das «Normale» nicht das «Alltägliche» ist*

Das Auftauchen des Begriffes «normal» im Zusammenhang mit den verschiedenen Methoden strukturpsychologischer Analyse wirft die Frage auf, ob und wie in die interpretierende Tagebuch- und Lebenslaufforschung der dem Alltagshandeln innewohnende Sinn eingeflossen ist. Indem die empirisch orientierte Lebenslaufanalyse und die hierarchisch-teleologische Entwicklungstheorie in gleicher Weise für sich beanspruchen, reale Erscheinungen und objektive Beobachtungsdaten interpretativ zu einem strukturierten Sinnganzen zu verbinden, könnte man der

Ansicht sein, es ginge bei den entsprechenden Forschungen um folgendes Problem: Wie erhält man Einblick und Auskunft, ob das Individuum eine «Bestimmung» als die seine erkennt und in welchem Ausmaß es sein gelebtes Leben damit in Übereinstimmung sieht? Wäre dies das dominante Forschungsinteresse, so könnten die entsprechenden wissenschaftlichen Bemühungen als *Vorläufer der Ethnomethodologie* angesehen werden. Die Ethnomethodologie, die es sich zur Aufgabe gemacht hat, festzustellen, «wie die Mitglieder der Gesellschaft die Aufgabe lösen, die Welt, in der sie leben, zu sehen, zu beschreiben und zu erklären» (Zimmerman/Wieder 1970; zit. nach Weingarten/Sack 1976, S. 14), entwickelte sich als spezielle «Ethno-Wissenschaft» erst in den vergangenen zwanzig Jahren. Schließlich ließe sich folgern, daß Forschungsansätze, die zur Jahrhundertwende schon mit biographischem Material gearbeitet haben, ein Verfahren einsetzten, das in der Ethnomethodologie mit «dokumentarischer Interpretation» bezeichnet wird: Dieses Verfahren zielt darauf ab, die den «Dokumenten», z. B. den sprachlichen oder verschriftlichten Äußerungen zugrunde liegenden formalen Strukturen («Muster») freizulegen.

Wie weit reicht nun die hier angedeutete Parallele zwischen der ethnomethodologischen Forschung und der pädagogisch-psychologischen Forschung aus den Gründerjahren der Entwicklungspsychologie (im folgenden kurz «Strukturpsychologie» genannt)?

Um die Antwort vorweg anzudeuten: Die Parallelität scheint klar, wenn man etwa für beide Forschungsrichtungen feststellt, sie würden *formale Entwicklungs- bzw. Verhaltensmuster* durch ein Verfahren der *Dokumentenanalyse* wissenschaftlich erfassen. Bei einer genaueren Betrachtung zeigen sich jedoch gravierende Unterschiede:

Die Strukturpsychologie meint unter der Aufdeckung «formaler Muster» etwas anderes als die Ethnomethodologie. Die Strukturpsychologie beansprucht die Herausarbeitung von invarianten Sinnstrukturen, die im «Wesen des Vollmenschlichen», in idealistischen «höheren Bestimmungen» begründet sind. Nach der Strukturpsychologie ist die «Logik der Entwicklung» im Individuum (als Gattungswesen) selbst verankert und ist überdies aus den Stadien seiner (inneren oder äußeren) Chronologie ablesbar. Der «Durchlauf» durch diese Stadien prägt ein «Muster» und stellt jene *ontogenetische Evolutionsleistung* dar, die das Individuum bewußtlos zum Vollmenschlichen vorantreibt, ein Muster, das das Individuum realisiert, weil es mit ihm genetisch vorbelastet ist.

Die Ethnomethodologie dagegen beansprucht die Herausarbeitung von invarianten Sinnstrukturen, die ganz und gar in *darstellbaren* (beobachtbaren bzw. berichtbaren) Phänomenen, in *konkreten Tätigkeiten und praktischen Leistungen interagierender Menschen* begründet sind. Folglich sind im *alltagspraktischen Handeln* (jedweder Menschen einer Kultur) invariante Ordnungsstrukturen aufzusuchen; dies setzt die methodische Erfassung von Routinetätigkeiten und Alltagswissen voraus. Das

«Muster» entsteht in einem Sinngebungsverfahren, das nicht von irgendeiner höheren Warte aus determiniert ist, sondern eine fortlaufende Leistung der praktisch-interagierenden Gesellschaftsmitglieder darstellt.

Die Strukturpsychologie läßt durch *Abstraktion* aus vielen individuellen Lebensläufen formale Ablaufstrukturen entstehen. Die «Phasen»-*Konstruktion* entlang eines Zeitkontinuums schafft dann den Eindruck linearer und (bio-)logischer Regelhaftigkeit. Indem die konkrete Mannigfaltigkeit des Lebens auf diese Weise genormt wird, die genormten Lebensläufe (als kumulativ angeordnete empirische Daten) Regelhaftigkeit auch tatsächlich zeigen, entsteht – durch die normative Kraft des Faktischen, d. h. des Hergestellten – die *Normalitätsnorm*: In der Strukturpsychologie entsteht «das Normale» durch Abstraktion und Konstruktion – allerdings von den Individuen aus «unbegriffen».

Für die Ethnomethodologie ist «das Normale» das, was alltäglich passiert; alltäglich ist also auch jener Prozeß, in dem etwas als «abnorm» bezeichnet wird. Die Ethnomethodologie begreift «Abnormes» nicht als etwas per se Ausgegrenztes, als eine naturgesetzlich gegebene Fehlform, sondern als eine von interagierenden Menschen bewerkstelligte *Definition*, deren Gesetzmäßigkeit in den regelmäßig zur Anwendung kommmenden Verfahrensweisen der Informationsselektion, -weitergabe, Verhaltensetikettierung und Legitimationsbeschaffung besteht. Als «abnormal» konstituieren sich Phänomene deshalb erst dann, wenn sie von interagierenden Personen als solche wahrgenommen und/oder dargestellt, d. h. berichtet werden (vgl. z. B. Smith 1976).

Im Erhebungsstadium beansprucht die Ethnomethodologie ebenso wie die Strukturpsychologie eine rein deskriptive Vorgangsweise. Die Ethnomethodologie will aber bei der Interpretation der erhobenen Daten – im Gegensatz zur Strukturpsychologie – in jeder Beziehung «wertneutral» bleiben; beobachtete Verhaltensmuster sollen also in keine Werthierarchie gebracht werden. Dieses Prinzip bezeichnen die Ethnomethodologen als «ethnomethodologische Indifferenz»: Die Forscher, die sich nicht zu Interpretationen über letzte und wesentliche «Urphänomene» hinreißen lassen, wie dies bei den Strukturpsychologen üblich ist, enthalten sich aller Urteile über Adäquatheit, Bedeutsamkeit, Notwendigkeit, Praktikabilität, Wert, Erfolg oder Konsequenz der aufgedeckten Verhaltensmuster (Garfinkel/Sacks 1976, S. 139).

Die Erforschung eines «wirklich interessenfreien Schemas» menschlicher Verhaltensweisen setzt sich allerdings auch einem gewissen Ideologieverdacht aus – und dies bringt die Ethnomethodologie wieder in die Nähe der Strukturpsychologie. Durch das Festhalten am Indifferenzprinzip und an der Theorie interaktionistischer Sinnkonstitution geht nämlich auch der Ethnomethodologie der wissenschaftliche Bezug auf jene «Kernstruktur der Gesellschaft» (Ritsert 1973) verloren, die allein im Rahmen des «werttheoretischen», weil menschliche Arbeitskraft ungleich verzehrenden, Verhältnisses von Lohnarbeit und Kapital adäquat zu fassen ist.[11]

Ad b) *Das «Kindchen»-Schema der Erwachsenen*

Die Geschichte des wissenschaftlichen Zugriffs auf Kindheit und Jugend könnte auch als Geschichte jener Phantasien und Wunschbilder geschrieben werden, die die Erwachsenen in die Kindheit und Jugendzeit hineinprojiziert haben. Bausteine für solch eine Geschichtsschreibung liegen bereits vor (vgl. die Arbeiten von Elias, Ariès, deMause; ferner von Elschenbroich 1977, Ussel 1977, Johansen 1978, Kössler 1979 u. a.). Was aber beispielsweise noch fehlt, ist die systematische Reflexion auf jene Strategien, mit denen *die Erwachsenen als Wissenschaftler*, als «Erforscher der Kinder- und Jugendseele» ihr eigenes Bewußtsein von den Projektionsmechanismen stillgelegt, unterdrückt und verdrängt haben.

Die Hauptblockade für das Ingangsetzen solcher selbstaufklärender Reflexionen stellen die *«infantilen Selbstmodelle»* (G. Devereux) dar, mit denen die Erwachsenen Deutungen vornehmen, um Kinder und Jugendliche besser zu verstehen. Indem die Erwachsenen solche Selbstmodelle ausleben, realisieren sie einen *sozialen* Anachronismus, weil sie sich an Wertorientierungen anklammern, die in ihrer Kindheit oder noch früher gültig waren. Darüber hinaus realisieren sie einen *persönlichen* Anachronismus, weil sie sich als Erwachsene in kindliche Rollen versetzen und reale Alters- und Statusdifferenzierungen zugunsten ihrer infantilen Identitätserhaltung verleugnen – mithin die «objektive Realität» in einer Weise umdeuten, «daß ihr infantiles affektives Gleichgewicht perpetuiert und gerechtfertigt wird» (Devereux 1974, S. 151).

Nach dem Prinzip «Haltet den Dieb!» hat die Strukturpsychologie solche Projektionen zur ausschließlichen «Methode» der *Psychoanalyse* erklärt. Nach der Ansicht von W. Stern ist *sie* es, die über «eine unberechtigte *Rückwärtsprojektion* der komplizierten Erwachsenenpersönlichkeitsstruktur» (Stern 1930, S. 425; Hervorh. im Orig.) zu Aussagen über triebhafte sexuelle Strebungen in frühen und frühesten Lebensabschnitten gelangt. Da die Psychoanalyse diese Strebungen als allein vom Sexualtrieb verursacht ansieht, kommt sie zu einer «fessellosen Deuterei» (ebd., S. 11), die eine geradezu gefährliche Tendenz hat: «Die alte Untugend der Kindesforschung, im Kinde durchaus den Erwachsenen im Kleinen sehen zu wollen, tritt uns hier in einer neuen Form entgegen; und diese Irrung ist um so bedenklicher, je jüngere Stufen der Kindheit der psychoanalytischen Deutung unterworfen werden. Gerade für die frühe Kindheit sind auch die pädagogischen und therapeutischen Folgerungen besonders gefährlich, da sie zu einer nicht wieder gutzumachenden vorzeitigen ‹Entharmlosung› des Kindes führen können» (ebd., S. 11). – «Entharmlost» wird nach Sterns Ansicht die Kindheit dann, wenn die

Kinderanalytiker und -therapeuten «aus jeglicher noch so harmlosen kindlichen Betätigung und Äußerung diese ‹eigentliche› – wenn auch unbewußte – sexuelle Note herauspräparieren» (ebd., S. 11).

Im Glauben, die Psychoanalyse dämonisiere das Kind und schaffe damit überhaupt erst die Voraussetzung für das Auftreten kindlicher Verfehlungen («Perversionen»), formuliert W. Stern die These, daß die Psychoanalyse eigentlich als «Theorie von der ursprünglichen *Kriminalität* jedes Kindes» (ebd., S. 472; Hervorh. im Orig.) angesehen werden müsse. Demgegenüber halten die Strukturpsychologen das Bild vom unschuldigen (oder schuldlos verführten) asexuellen Kleinkind hoch. Der Sexualtrieb ist noch fern. «Der *neue* Trieb, den die *Pubertät* ausbildet, ist, wie bekannt, der Sexualtrieb» (Bühler 1967, S. 96; Hervorh. von P. G.).

E. Köhler, die sich selber als der Psychoanalyse «prinzipiell fernstehend» definiert (vgl. Köhler 1926, S. 193), hat es dennoch als ihre «wissenschaftliche Pflicht» erachtet, bei der Beobachtung und Analyse «ihre Einfühlungsversuche so weit als es irgendwie möglich war, auf ein suchendes sexuelles Ahnen des Kindes einzustellen, wohlverstanden nicht mit den Mitteln der Psychoanalyse, die bekanntermaßen mit Rückprojektionen vorgeht und in die kindliche Sexualität hineinstrukturiert, was normaler- und entwicklungsgemäßerweise erst aus späteren Stadien ablesbar sein kann» (ebd. S. 193). E. Köhler kommt zu dem Schluß (wie könnte es auch anders sein?): *«Es ist bei A.* (Annchen ist in diesem Beobachtungszeitraum zwischen 3; 0 und 3; 6; P. G.) *nicht eine Spur sexueller Neugierde oder sexuellen Ahnens zu entdecken»* (ebd. S. 193; Hervorh. von P. G.).[12]

Die Strukturpsychologie sieht in der Kindheit eine «besondere Seinsweise» (W. Stern), die von der Warte des «komplizierten Kulturmenschen» aus immer als irgendwie harmlos bzw. «primitiv» erscheinen muß. Deshalb fordert W. Stern die Forschung auch auf, wissenschaftliche Vergleiche mit anderen primitiv strukturierten Wesen anzustreben: Der entwicklungspsychologischen Forschung erwachse die Aufgabe, «die *gemeinsamen Gesetzmäßigkeiten* aufzuweisen, die den Frühformen seelischer Entwicklung überhaupt innewohnen, mögen diese nun beim Kinde, beim Naturvolk, beim Tier, bei krankhaften Degenerationsformen des Menschen oder auch in tieferen, versteckten Seelenschichten des normalen Erwachsenen beobachtet werden. Hierdurch eröffnet sich uns allmählich der Einblick in die *besondere Seinsweise seelischer Primitivität* überhaupt, die dem Verständnis des komplizierten Kulturmenschen außerordentlich schwer zugänglich ist» (Stern 1930, S. 8; Hervorh. im Orig.)

In diesem Zitat wird nochmals deutlich, *wie* die Strukturpsychologie ihr «Kindchen»-Schema über einen Definitionsprozeß methodisch hervorbringt und mit Inhalt füllt. Im Zuge dieser Bestimmungsleistung wird das asexuelle, aber doch «wilde» und «primitive» Kind – im Grunde ist es noch «Spielball dunkler unbekannter Triebkräfte» (Köhler 1926, S. 130)

«… Allein die reale Welt scheint nach einiger Zeit – vorübergehend wenigstens – die Oberhand zu gewinnen.» (Else Köhler 1926, S. 126)

– zum *domestizierten Kindchen*, das seine Regungen zum richtigen Zeitpunkt und in der richtigen Form zu äußern hat; und wenn es dies einmal nicht tut, ist der strukturpsychologisch Forschende vom Kind(chen) und seiner Entwicklung enttäuscht. So schreibt z. B. E. Köhler, das dreieinhalbjährige Annchen beobachtend: «Ich warte schon seit Beginn der dritten Periode (gemeint ist der dritte Beobachtungszeitraum; P. G.) auf Möglichkeiten, altruistische Regungen wenigstens im Keime zu entdekken – leider vergeblich!» (Köhler 1926, S. 222).

Der Weg, auf dem man sich von projektiven Tendenzen freisprechen kann, wird methodologisch abgesichert: Die Forscher können den Schein, mit der «Seinsweise» der Erforschten überhaupt nichts gemein zu haben, so lange wahren, als sie das *Methodenpostulat* dogmatisch hochhalten und verteidigen können, *«daß die Beobachtung der Tatsachen eindeutige Resultate ergeben muß, unabhängig von allen theoretischen Voraussetzungen»* (Bühler 1967, S. 100; Hervorh. von P. G.).

Im Rückblick auf meine bisherige Analyse läßt sich nun *zusammenfassen*: Das «Kindchen»-Schema vom harmlosen, auf vier oder zwei Beinen sich fortbewegenden Primitivindividuum verdankt sich als historisches Produkt dem Aufstieg der bürgerlichen Kleinfamilie. Nachdem die Großfamilie als integrierter Produktions- und Erziehungszusammenhang viele ihrer Funktionen eingebüßt hatte, nachdem die Sphären «Ausbildung» und «Beruf» endgültig von der Familie abgetrennt waren, gewann «das Kind» als einziges «Produkt» innerfamiliärer ehelicher Kooperation fast zwangsläufig an Bedeutung: «Es entwickelte sich der Wunsch, die Kinder solange wie möglich zu Hause zu behalten, um sie psychologisch, finanziell und emotional an die Familie zu binden – bis zu dem Zeitpunkt, wo sie bereit sein würden, eine neue Familieneinheit zu begründen. Zu diesem Zweck wurde das Lebensalter Kindheit kreiert (später kamen noch Erweiterungen wie die Adoleszenz, das Teenager-Alter, die Studentenzeit, die Phase des ‹jungen Erwachsenen› hinzu). Das Konzept der Kindheit bestimmte, daß Kinder nicht nur altersmäßig, sondern auch ihrem Wesen nach eine von den Erwachsenen verschiedene Spezies zu sein hatten. Um dies zu beweisen wurde eine eigene Ideologie entwickelt» (Firestone 1973, S. 9; vgl. auch Shorter 1977).

Wie die «Geschichte der Kindheit» zeigt, beginnt sich endgültig und unabweisbar mit dem Ausgang des 19. Jahrhunderts das Konstrukt «Kindheit» zu etablieren – als ideologische Grundlage für großangelegte Separierungs- und Moralisierungskampagnen, aber auch als Forschungsfeld für die sozialwissenschaftlichen Disziplinen.

Das «Kindchen»-Schema ist also mehr als nur der Ausdruck eines infantilen Selbstmodells bürgerlich sozialisierter Erwachsener. Es ist gleichzeitig gesellschaftlicher Ausdruck sozialisatorisch vermittelter Tauschökonomie – und damit eine Folgeerscheinung der «wechselseitigen und allseitigen Abhängigkeit der gegeneinander gleichgültigen Individuen» (K. Marx). Es ist aber auch Ausdruck für den vorläufigen Endpunkt einer evolutiven Reihe von mehr oder weniger gewaltsamen Interventionen der Erwachsenen, die meistens mehr wollten, als nur Kinder nach einem projektiven Wunschbild zu modellieren. Sie wollten mit Hilfe des Kindes ihre eigenen, nicht zuletzt auch sexuellen Phantasien bewältigen, d. h. zügeln oder ausagieren. DeMause schreibt dazu: «Das Kind war beim sexuellen Mißbrauch genauso wie bei der körperlichen Mißhandlung nur ein zufälliges Opfer, ein Teil einer Rolle, die es im Abwehrsystem der Erwachsenen spielte» (deMause 1977, S. 71).

Nachdem aber dieses Abwehrsystem *auch* Teil des wissenschaftlichen Zugriffs wurde, ist das Kind (in diesem Zusammenhang) nicht mehr als «zufälliges», sondern als *intendiertes* Opfer zu betrachten. Die instrumentelle Rolle, die es als *wissenschaftliches Objekt* spielt, spiegelt sich in der instrumentellen und zweckrationalen Seite der «Theorie», d. h. in den unbewältigten Gefühlen der Theoretiker, getreulich wider. Dies hat S. Bernfeld schon 1925 klar gesehen: «Die großen Pädagogiker (...) empfinden gegenüber dem Kind: Rührung, Liebe, Mitleid, Hoffnung, Abscheu, Entsetzen. *Und dies ihr Gefühl, ihre persönliche Reaktion auf das Sein, ist ihnen das Problem, ist ihnen Angelpunkt ihrer Lehre, ist ihr Beobachtungsinstrument.* Sie sehen nicht das Kind, wie es ist, sondern im Grund nur das Kind *und* sich selbst, eins aufs andere bezogen. Und wenn sie selbst von sich abstrahieren könnten, es interessierte sie gar nicht, wie das Kind an und für sich ist, sondern einzig, wie man aus ihm etwas bilden könnte. Das Kind ist Mittel zum theologischen, ethischen, sozialutopischen (aber auch zu jedem anderen – P. G.) Zweck» (Bernfeld 1925; zit. nach der Neuauflage von 1967, S. 36f.; Hervorh. von P. G.).

4. Gesteigerte Exaktheit und zwingender Praxisbezug

Für die vorangegangenen Abschnitte des 3. Kapitels gilt die zentrale Feststellung: Der Einzelfall, der individuelle Lebenslauf stellt das dominierende Paradigma dar. Als Materialbasis kann im Prinzip *ein Fall* ausreichend sein, um daran das «Wesen» menschlicher Entwicklung aufzeigen, erklären und verstehen zu können. Der Verstehensprozeß wird durch die strukturpsychologische Methode abgesichert, weil dieses Verfahren den individuellen Lebenszusammenhang in ein formales Ablaufschema auflöst, so daß beliebig viele Lebensläufe «übereinandergelegt» werden können. Auf diese Weise entsteht ein überindividuelles «Muster».

Wenn an die Stelle der Kumulierung eine feststehende wertende Hierarchie tritt, kann auf die Sammlung vieler Fälle verzichtet werden, weil überindividuelle, normierende Richtlinien gleichsam durch «Ableitung» aus einer höheren geistigen Ordnung entstehen. Als qualitative «Ganzheiten» waren die einzelnen Lebensläufe und die akkumulierten Falldarstellungen nur insofern von Interesse, als sich über Abstraktion von historisch-ökonomischen und soziodynamischen Zusammenhängen eben diese formalen «Muster» konstruieren ließen, die dann als «letzte» normative Gegebenheiten (Wertsysteme, Naturpläne, göttliche Schöpfung usw.) galten.[13]

a) Allmachtsphantasie im panoptischen Prinzip

Die Zuspitzung auf das Einzelfall-Paradigma zeigt nur die eine, wahrscheinlich gar nicht die methodologisch bedeutsamste Seite im Entstehungszusammenhang jener wissenschaftlichen Disziplinen, die sich um die Jahrhundertwende fest im Kanon der «Humanwissenschaften» etablieren konnten. Und die andere Seite? Sie ist untrennbar mit jenen Institutionen verbunden, in denen sich von jeher größere Menschenmassen ansammelten, meistens nicht freiwillig, sondern durch kaiserlichen oder kirchlichen, durch diktatorischen oder parlamentarischen Beschluß. Zu diesen Institutionen gehören Fürsorgeeinrichtungen (Findlingshäuser, Kinderheime, Altersheime usw.), Ausbildungsstätten für den weltlichen oder kirchlichen Nachwuchs (Schulen, Klöster, Kasernen usw.) sowie Produktionsstätten (Fabriken, Bergwerke, Plantagen usw.).

Weiter oben bin ich davon ausgegangen, daß für die Massen ein Zeitalter der «unbegrenzten Überprüfung und zwingenden Objektivierung» anhob, und die Wissenschaften begannen, aus jenen «ruhmlosen Archiven, in denen das moderne System der Zwänge gegen die Körper, die Gesten, die Verhaltensweisen erarbeitet worden ist» (Foucault 1977, S. 246), ihre Forschungsstrategien zu entwickeln und ihre Daten zu schöpfen.

Der pädagogisch-psychologischen Forschung, die mit dem *Paradigma der vielen Fälle* jene «Unregelmäßigkeiten» statistisch eliminiert, die bei dem Einzelfall-Paradigma nur mit größeren Definitionsproblemen (als «Verfehlungen», «Abnormitäten» usw.) abgewehrt werden können, standen prinzipiell nur *zwei Möglichkeiten* offen: Sie konnte ein Angebot machen, das so beschaffen war, daß viele Menschen motiviert waren, sich *freiwillig* einer Untersuchung zu unterziehen; oder sie konnte auf jene *Institutionen* zurückgreifen, in denen sich viele Menschen aufhielten und (im besten Fall) selbst zustimmen konnten, ob sie sich untersuchen lassen wollten oder nicht.

Den ersten Weg hat zum Beispiel der Engländer Sir F. Galton beschritten, der sich (beeinflußt durch seine Verwandtschaft mit Ch. Darwin) auf die experimentelle Untersuchung von Vererbungsgesetzmäßigkeiten menschlicher Eigenschaften spezialisiert hatte. Die benötigten «mental tests» (Prüfungsaufgaben und Fragebogen) sowie die Apparaturen für physiologische Untersuchungen (zur Prüfung der Hör- und Sehleistung, der Reaktionszeit usw.) konstruierte er sich selbst. «Schon 1882 konnten sich Interessenten gegen eine kleine Gebühr in seinem Londoner Laboratorium einer testpsychologischen Untersuchung unterziehen» (Preiser 1976, S. 833).

Jedoch auch dieses «freie Werben» um Versuchspersonen hat bald seine häßlich-ökonomische Seite aufgedeckt: Es ist sicher kein Zufall, daß ausgerechnet der Begründer des amerikanischen Behaviorismus, J. B. Watson (1878–1958), «die *Werbepsychologie* äußerst lukrativ (für sich selbst und den Auftraggeber) in der Zigarettenwerbung anwandte, nachdem er seine akademische Karriere wegen verantwortungsloser *Experimente an einem Kleinkind* (experimentelle Erzeugung einer Phobie) vorzeitig beenden mußte» (Preiser 1976, S. 828; Hervorh. von P. G.).

Der zweite Weg, für Massenuntersuchungen auf jene Institutionen zurückzugreifen, die sich von vornherein geordnete, normierte und disziplinierte Kollektive zu schaffen wußten, hatte nicht nur diesen, sondern auch noch einen weiteren Vorteil: Man konnte die Institution selbst und ihre Wirkung untersuchen. – «Die moderne Psychologie zieht also jetzt nicht nur die Insassen der Anstalten, sondern auch die Anstalten selbst und das ganze weite Gebiet der Geschichte und des Lebens für klinische und diagnostische Zwecke heran ...» (Hall 1902, S. 221).

Durch die Expansion der pädagogisch-psychologischen Forschung in die Anstalten kam es schon sehr früh zur Verschmelzung von Eigeninteressen der Institution und «wissenschaftlicher Neugierde» der Forscher. Im Schnittpunkt dieses Zusammentreffens stand ein Verfahrensprinzip, das Vertretern beider Interessengruppen (Anstaltsleitern wie Wissenschaftlern, Aufsehern wie Forschern) Vorteile verschaffte: *das panoptische Prinzip*.

M. Foucault hat in seiner Arbeit über die «Geburt des Gefängnisses» vor allem auf jene Aspekte hingewiesen, mit denen die Institutionen ihre Macht strategisch auf dem Weg der Durchsetzung von Disziplin sicherten. Interessant ist, daß dabei der Architektur in etwa die Rolle zukam, die in der experimentellen Psychologie die Versuchsanordnungen im Laboratorium und in der Pädagogik programmierte Lehr-Lern-Systeme haben. Nach M. Foucault geht es dabei immer um eine «Einrichtung des zwingenden Blicks», um eine Anlage, «in der die Techniken des Sehens Machteffekte herbeiführen und in der umgekehrt die Zwangsmittel die Gezwungenen deutlich sichtbar machen» (Foucault 1977, S. 221).

Das *Militärlager* stellt wahrscheinlich die älteste Form einer künstlichen Aufenthaltsstätte dar, die ein Herrscher ganz nach seinem Willen auf- und umbauen konnte. M. Foucault beschreibt das Lager-Konstruktionsprinzip so: «Im vollkommenen Lager beruht die Machtausübung auf einem System der genauen Überwachung; jeder Blick ist ein Element im Gesamtgetriebe der Macht. Der althergebrachte quadratische Plan wurde unzählige Male beträchtlich verfeinert: Die Geometrie der Alleen, die Anzahl und Verteilung der Zelte, die Richtung ihrer Eingänge, die

Konstruktionen, die Überblick und Ordnung schaffen

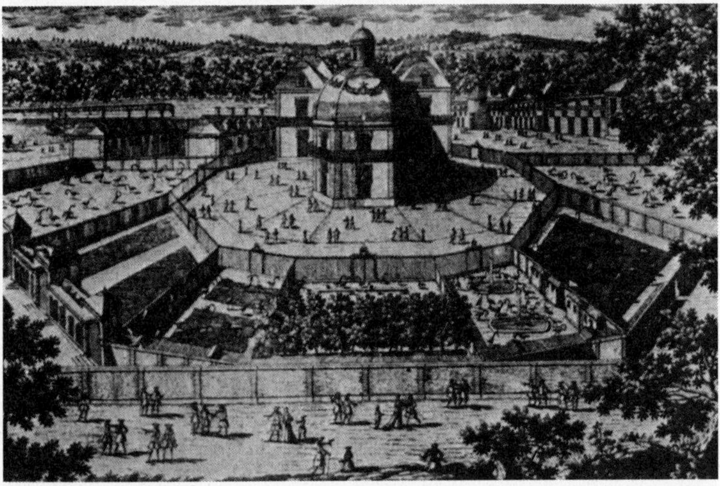

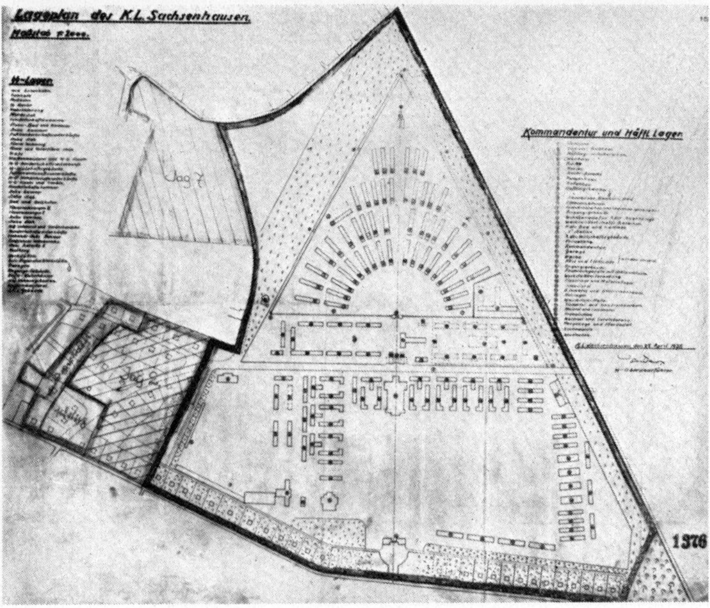

Oben: Menagerie von Versailles zur Zeit Ludwig XIV.
Unten: Plan des Konzentrationslagers Sachsenhausen 1938

Anordnung der Reihen und Linien werden festgelegt; das Netz der einander kontrollierenden Blicke wird geknüpft» (Foucault 1977, S. 221).

Das *«Panopticon»* von J. Bentham, als Plan 1791 entworfen und vorgesehen für «Penitentiary-Houses, Prisons, Houses of Industry, Work-Houses, Poor-Houses, Manufacturies, Mad-Houses, Lazarettos, Hospitals and Schools» (Bentham 1791; zit. nach Foucault 1977, S. 258), war die architektonische Idealgestalt, nach der im 19. und 20. Jahrhundert viele «Observatorien» zum Zwecke der Internierung, Disziplinierung und Erziehung gebaut wurden. M. Foucault beschreibt die *Konstruktionsprinzipien* der panoptischen Anlage in ihrer methodischen Strenge und menschensparenden Ökonomie wie folgt: «... an der Peripherie ein ringförmiges Gebäude; in der Mitte ein Turm, der von breiten Fenstern durchbrochen ist, welche sich nach der Innenseite des Ringes öffnen; das Ringgebäude ist in Zellen unterteilt, von denen jede durch die gesamte Tiefe des Gebäudes reicht; sie haben jeweils zwei Fenster, eines nach innen, das auf die Fenster des Turmes gerichtet ist, und eines nach außen, so daß die Zelle von beiden Seiten von Licht durchdrungen wird. Es genügt demnach, einen Aufseher im Turm aufzustellen und in jeder Zelle einen Irren, einen Kranken, einen Sträfling, einen Arbeiter oder einen Schüler unterzubringen. Vor dem Gegenlicht lassen sich vom Turm aus die kleinen Gefangenensilhouetten in den Zellen des Ringes genau ausnehmen. Jeder Käfig ist ein kleines Theater, in dem jeder Akteur allein ist, vollkommen individualisiert und ständig sichtbar. Die panoptische Anlage schafft Raumeinheiten, die es ermöglichen, ohne Unterlaß zu sehen und zugleich zu erkennen. Das Prinzip des Kerkers wird umgekehrt, genauer gesagt: von seinen drei Funktionen – einsperren, verdunkeln und verbergen – wird nur die erste aufrechterhalten, die beiden anderen fallen weg. Das volle Licht und der Blick des Aufsehers erfassen besser als das Dunkel, das auch schützte. *Die Sichtbarkeit ist eine Falle*» (Foucault 1977, S. 257; Hervorh. von P. G.).

Mit dem letzten Satz ist in aller Kürze die Verflochtenheit institutioneller und methodischer Aspekte dieser Konstruktion zusammengefaßt.

Die panoptische Anlage ist demnach durch ihre Funktionsprinzipien hinreichend beschreibbar: Eine zu festen Mauern gebaute Strategie, mittels derer die Ordnungsmacht für die Gewinnung analytisch-systematischen Wissens eingesetzt werden konnte, mit der aber auch umgekehrt das systematisierte Wissen zur Erhaltung und Festigung von Ordnungsmacht optimal rückgeführt wurde. Der Schluß liegt nahe, daß sich die sogenannten Massenuntersuchungen im Grunde an extrem isolierten Personen vollzogen haben, deren Persönlichkeit dadurch «aufgehoben» war, indem sie – aus der Sicht der Institution – überhaupt nicht interessierte. Das «reine Verhalten», durch bloße Sichtbarmachung registrierbar, gerann zum empirischen Bezugspunkt jeglichen Forschungsinteresses. – In der panoptischen Anlage wird der Mensch auf sein Verhalten reduziert. «Er wird gesehen, ohne selber zu sehen; er ist Objekt einer Information, niemals Subjekt in einer Kommunikation. (...) Vom Standpunkt des Aufsehers aus handelt es sich um eine aufzählbare und kontrollierbare Vielfalt; vom Standpunkt der Gefangenen aus um eine erzwungene und beobachtete Einsamkeit» (Foucault 1977, S. 257f.).

Die panoptische Konzeption kommt folglich unglaublich präzise an eine Idee heran, die es den naturwissenschaftlich orientierten Forschern leichtgemacht hat, die soziale Verstrickung von Gegenstand und Methode aufzulösen: Diese Lösungsidee möchte ich als *die gewaltsame Erzeugung isolierter Individualität zum Zwecke objektivierender Observation* bezeichnen. Die gesellschaftliche Basis für diese Idee bzw. diesen Forscherwunschtraum ist dieselbe, die etwas später Sozialwissenschaftler unterschiedlicher Herkunft zwang, sich mit dem Phänomen der «Masse» anthropologisch, psychologisch und pädagogisch auseinanderzusetzen (G. LeBon, S. Freud, E. Spranger u. a.): das heraufdämmernde Zeitalter «freier», schwer überschaubarer Arbeitermassen.

Psychologisch gesehen muß diese gesellschaftliche Basis als «reaktionsbildend» betrachtet werden: Hier, im historischen Prozeß der Konstitution proletarischer Kollektivität, fielen «angsterregende Daten» an. Dieses Phänomen mußte vom Bürgertum, vom Staat und von der Wissenschaft früher oder später «bewältigt» werden. Die Konstruktion der panoptischen Anlage ist bei dieser Bewältigung die herausragendste Leistung methodischen Weitblicks, denn mit dem «Panopticon» war eine Architektur zur totalen Trennung von Beobachter und Beobachtungsgegenstand geschaffen: «Das Panopticon ist eine Maschine zur Scheidung des Paares Sehen/Gesehenwerden: im Außenring wird man vollständig gesehen, ohne jemals zu sehen; im Zentralturm sieht man alles, ohne je gesehen zu werden» (Foucualt 1977, S. 259) .

Die Scheidung des Paares Sehen/Gesehenwerden ist nach G. Devereux eines der herausragenden Merkmale der *wissenschaftlichen Beobachtung* der unbelebten Natur. Innerhalb der Sozialwissenschaften aber, bei der Erforschung menschlichen Verhaltens, ist diese Scheidung «weitgehend eine konventionelle Fiktion, der mit Hilfe der Versuchsanordnung Genüge getan werden soll» (Devereux 1976, S. 42).

G. Devereux hat vor allem die psychologisch-methodologischen Aspekte verfolgt, indem er die einseitige Beobachtung, die er bei Tierversuchen, in der anthropologischen, kinderpsychologischen und psychotherapeutischen Forschung feststellen konnte, auf *unbewußte Strategien* hin analysierte: Mit solchen Strategien, von denen die Isolations-Versuchsanordnung nur ein Teil ist, versuchen die Wissenschaftler ihre Ängste zu kompensieren und sich selbst aufzuwerten, ohne daß sie sich dessen bewußt sind (vgl. dazu auch die verschiedenen Beiträge in Horn 1979).

M. Foucault hat dagegen, wenn er die Strategie der panoptischen Observierung analysiert, auf den *politisch-gesellschaftlichen Willen* zur Durchsetzung von «vier Imperativen» hingewiesen:

a) Der *Gesundheitsimperativ* verlangt die Separierung, weil Abrichtung und Ausbildung kräftiger Körper nur unter Ausschaltung der Möglichkeit epidemischer Krankheiten erfolgen können.
b) Der *Qualifikationsimperativ* verlangt die Heranbildung arbeitsfähiger Personen, wozu sich serielle und übersichtliche Anordnungen eignen.
c) Der *politische Imperativ* fordert fügsame Untertanen, die durch Disziplinaran-

ordnungen am ehesten dazu erzogen werden können, willfährige Arbeitsinstrumente zu sein.

d) Der *normative Imperativ* muß durchgesetzt werden, um «Verfehlungen» zu verhindern und ein «gesundes Volksempfinden» zu schaffen. Auch dazu eignet sich eine Strategie der Isolierung und geheimen Überwachung am besten, weil sie den Prinzipien von «Abstraktion und Domestikation» (vgl. das vorausgeg. Kapitel 3) am nächsten kommt.

Der fast zeitlose Allgemeinheitsgrad dieser Imperative provoziert Spekulationen hinsichtlich der Frage, wie und weshalb die große Kontinuität von Konstruktionen nach dem Lager- und Panopticon-Prinzip zustande kam. Welche Rolle spielte der sogenannte «technische Fortschritt»?

Ich erinnere beispielsweise an folgenden Zusammenhang: Die Entdekkung des Schießpulvers hatte nicht nur die Kriegsführung revolutioniert, sie erzwang auch eine neue politische Anatomie des menschlichen Körpers, eine neue Form der Abrichtung und Unterdrückung des Menschen und seiner einzelnen Glieder. Auch auf dem Gebiet der Naturbeobachtung (Fernrohr, Mikroskop) hatte der technische Fortschritt mehr bewirkt als nur das Vordringen in neue Dimensionen. Er hatte *die allgemeine Idee der «Observation»* befruchtet und vertieft: «Neben der großen Technologie der Fernrohre, der Linsen, der Lichtkegel, die mit der Gründung der neuen Physik und Kosmologie Hand in Hand ging, entstanden die kleinen Techniken der vielfältigen und überkreuzten Überwachung, der Blicke, die sehen, ohne gesehen zu werden; eine lichtscheue Kunst des Lichtes und der Sichtbarkeit hat unbemerkt in den Unterwerfungstechniken und Ausnutzungsverfahren ein neues Wissen über den Menschen angebahnt» (Foucault 1977, S. 221).

In einer Fußnote macht M. Foucault folgende Anmerkung: «In seiner ersten Version des ‹Panopticon› hatte Bentham auch eine akustische Überwachung vorgesehen, und zwar mittels Horchröhren, die von den Zellen zum Zentralturm führen sollten. Im ‹Postscript› hat er darauf verzichtet, vielleicht weil er nicht in der Lage war, diese Überwachung asymmetrisch zu gestalten und die Häftlinge daran zu hindern, die Aufseher ebenso zu hören wie diese sie» (Foucault 1977, S. 259).

Auch aus der Beschreibung der Konstruktionsprinzipien der panoptischen Anlage läßt sich schließen, daß zumindest die «Gefahr» gesehen wurde, daß nicht alle *Informationsquellen*, die über die Anwesenheit eines Beobachters Auskunft geben, ausgeschaltet werden könnten. J. Bentham hat zwar eine Vielfalt von Vorschlägen gemacht, wie der Beobachter in seinem Turm für die Häftlinge unsichtbar bleiben sollte (z. B. durch Jalousien an den Fenstern, durch ein System von Zwischenwänden, von schwarz ausgemalten Galerien usw.); seine Konstruktion blieb aber stets davon «bedroht», daß jede neu eingeführte technische Einrichtung, die «unsichtbar» machen sollte, auch als Information über den Beobachter benützt werden konnte.

Der Umstand, daß Menschen sich kontinuierlich und stets von neuem der Idee eines totalen Sichtbarmachungs- und Überwachungssystems widmeten, kann vielleicht auch damit erklärt werden, daß jede panoptische Anlage ihren «Widerspruch» in sich trägt: Mit anderen («auf den Kopf gestellten») Intentionen besetzt, kann sie im gegenteiligen Sinn von J. Bentham funktionieren. Bei gleichem Konstruktionsprinzip tritt an die Stelle des alles beobachtenden und/oder erforschenden Kontrolleurs der transparente, allseits zugängliche und abfragbare Informationsträger (der zentrale «Informationsturm»). Das *Informationszentrum* und die wechselseitig benützbaren, variablen Räumlichkeiten (die mit Hilfe von Trennwänden, Jalousien usw. verändert werden können) dienen dann einem neuen Prinzip, nämlich dem der wechselseitigen, symmetrischen Kommunikation. Das «Pankommunikative», wie ich dieses Prinzip nennen möchte, hebt das Panoptische nicht auf, sondern umfaßt es durch die neuen Imperative: Egalität und Reversibilität im kommunikativen Verhalten.

Die moderne Architektur – zweifellos immer noch «Instrument zur Transformation des Individuums» (M. Foucault) – kann sich nur infolge dieser intendierten Neudefinition als ein der «progressiven Pädagogik» zugehörendes System verstehen. Die moderne Experimentalanordnung der psychologisch-pädagogischen Forschung tut sich dagegen mit den neuen Imperativen schwer. Sie ist von einer Übernahme kommunikativer Prinzipien weit entfernt. Sie bleibt vorderhand ein von der Disziplin aus unbefragtes, sozialtechnisches Instrument zur Festschreibung bzw. Transformation des Individuums und seiner isolierten Teile.

Die folgenden Abbildungen möchte ich nicht weiter kommentieren. Sie sollen sowohl «für sich» sprechen als auch zum Nach- und Weiterdenken anregen. Ich habe sie nach drei Themenschwerpunkten angeordnet: Gefängniskonstruktionen zur Isolierung und Überwachung des straffällig gewordenen Individuums, Schulbaukonstruktionen zur optimalen pädagogischen Nutzung, Versuchsanordnungen der experimentellen Psychologie zur optimalen Isolierung und Manipulation von Variablen.

Die optimale Nutzung des Straf- und Korrekturraumes: Das panoptische Prinzip und die Isolationshaft

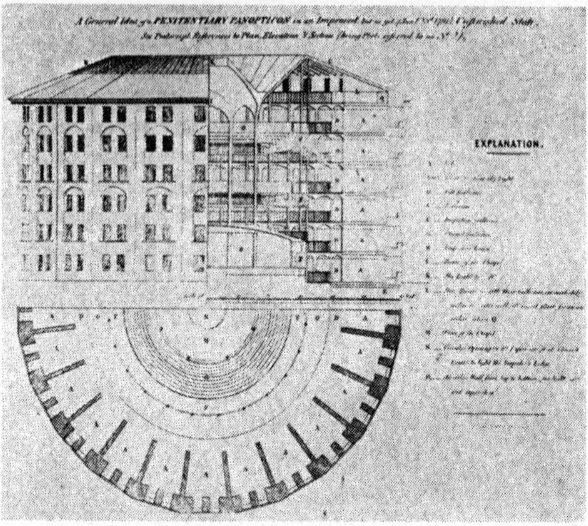

J. Bentham, Plan für das Panopticon

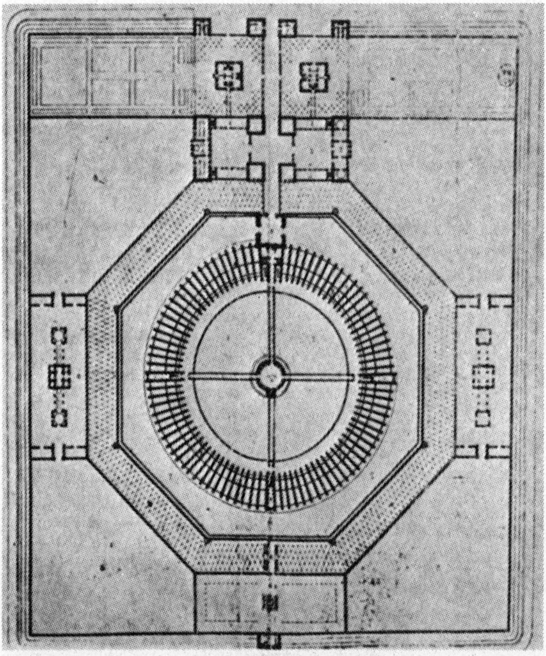

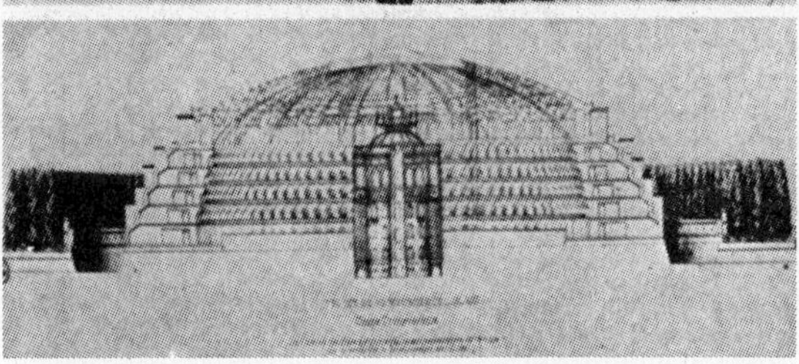

Oben und unten: N. Harou-Romain, Pläne für Strafanstalten, 1840

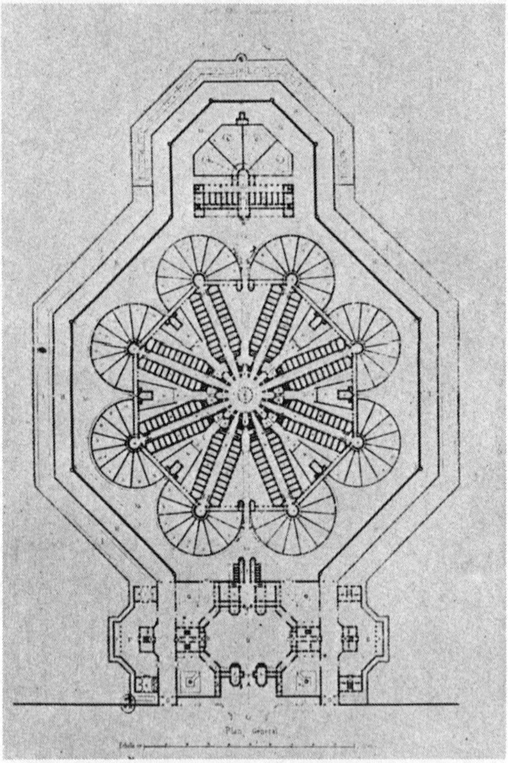

Oben: A. Blouet, Plan für ein Zellengefängnis (585 Straffällige), 1843
Unten: Gefängnis Petite Roquette

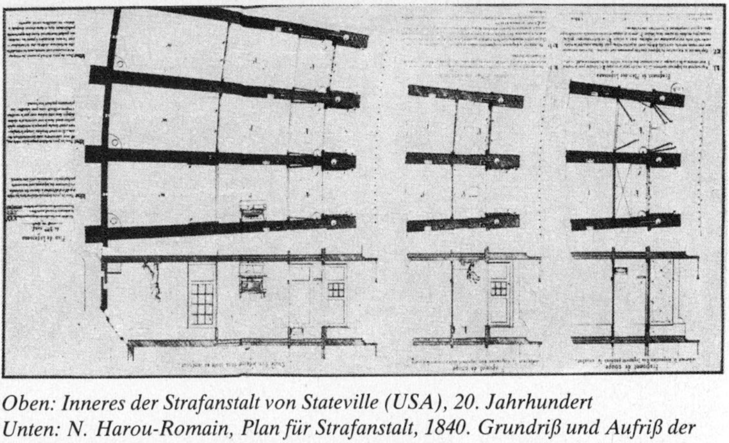

Oben: Inneres der Strafanstalt von Stateville (USA), 20. Jahrhundert
Unten: N. Harou-Romain, Plan für Strafanstalt, 1840. Grundriß und Aufriß der Zellen. Jede Zelle enthält einen Eingang, ein Zimmer, eine Werkstätte und eine Wandelhalle. Während des Gebets ist die Eingangstür geöffnet, der Häftling auf den Knien.

N. Harou-Romain, Plan für Strafanstalt, 1840. Ein Häftling verrichtet in seiner Zelle sein Gebet vor dem zentralen Überwachungsturm.

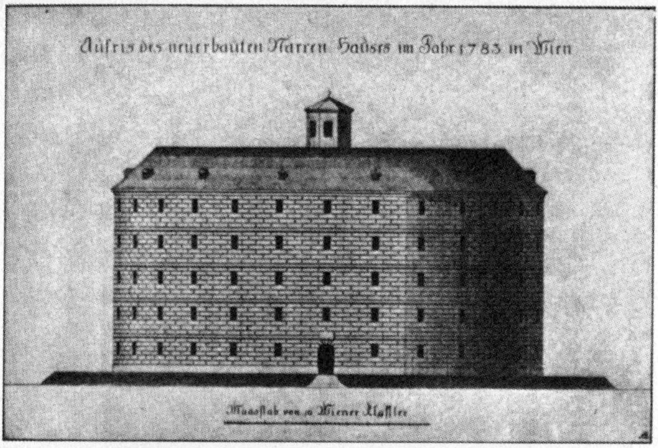

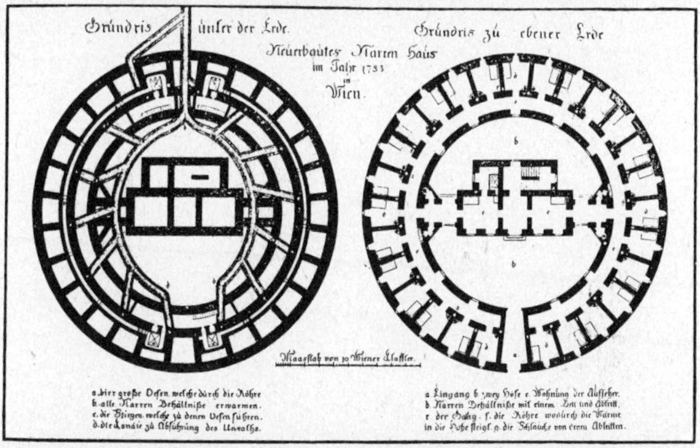

Oben und Mitte: Ansicht und Grundriß des 1784 eröffneten «Narrenhauses» in Wien
Unten: Gefängnisanlage auf der Isla de Pinos bei Cuba, heute Museum

Die optimale Nutzung des pädagogischen Informationsraumes: Architektur und Wissensvermittlung

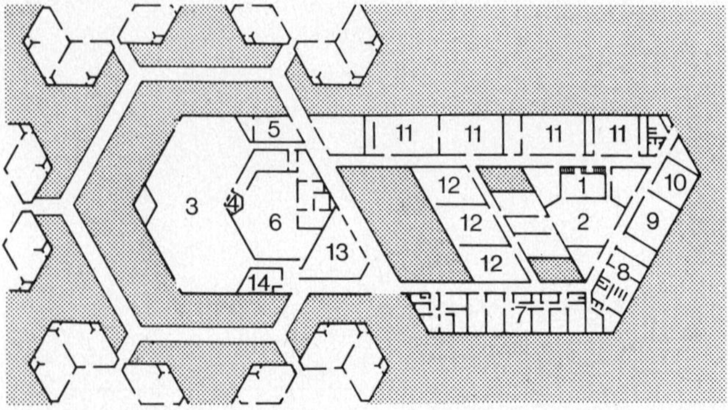

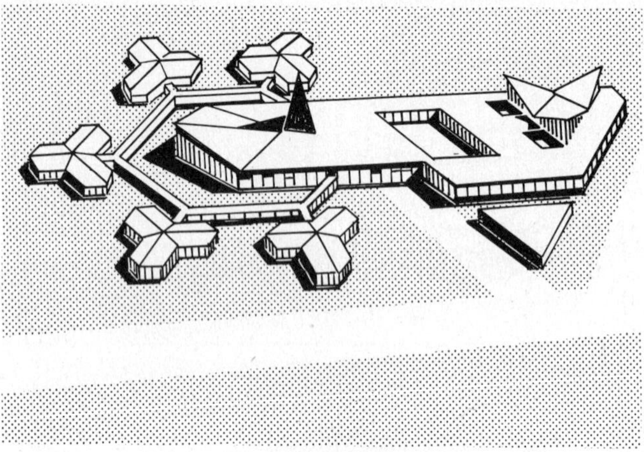

Oben: Marly-le-Roi, Grundriß der audio-visuellen Secondar-Schule
1 – Regie, 2 – Fernsehstudio, 3 – Mehrzweckhalle (Essen, Besprechungen, Lesen, Film- und Theatervorführungen), 4 – Vorführkabine, 5 – Bibliothek, 6 – Küche, 7 – Verwaltung, 8 – Krankenabteilung, 9 – Lehrerzimmer, 10 – Dokumentation, 11 – Technologie, Handfertigkeiten, 12 – Naturwissenschaften, 13 – Garderobe und sanitäre Räume, 14 – Lehrer-Speisezimmer
Unten: Marly-le-Roi, audio-visuelle Secondar-Schule, Gesamtansicht

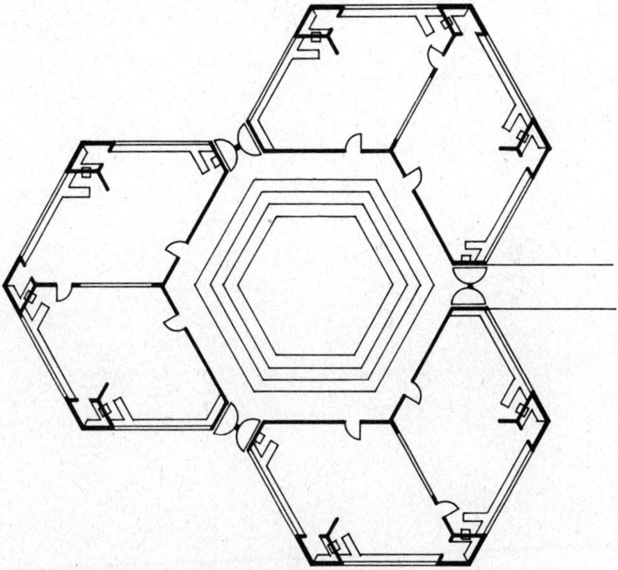

Klassenkleeblatt der Secondar-Schule in Marly-le-Roi

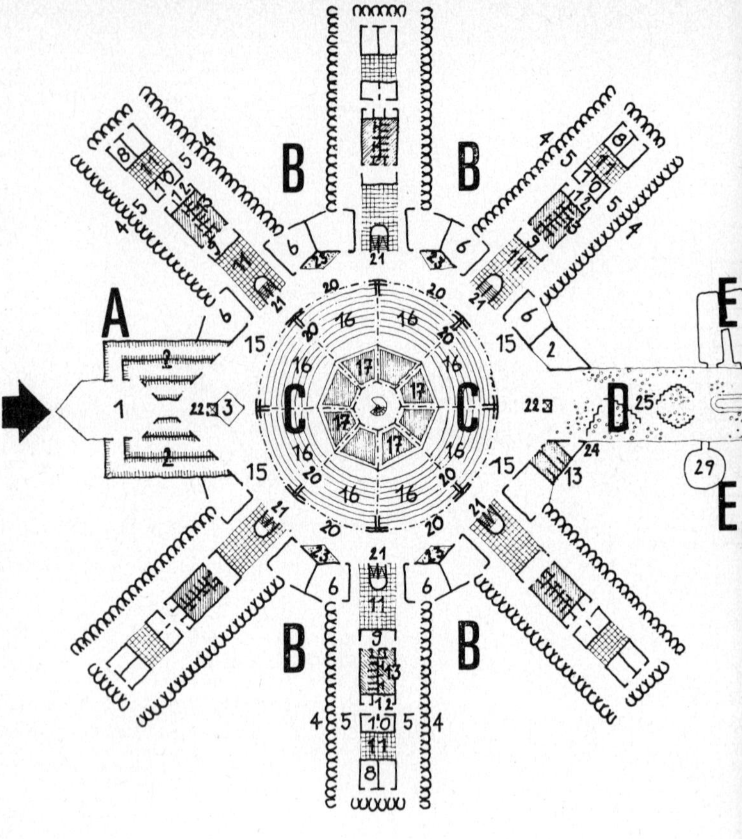

Gesamtschema – Grundrisse und Schnitt
ca. 600 Schüler
ca. 30 Personen für Programmierung, Unterrichtserteilung, pädagogische Betreuung, Administration

Allgemeinbildender mittlerer Schultyp für 12- bis 19jährige, gegliedert: dem Grad des vermittelten Wissens nach in Schulgrade, der Richtung des vermittelten Wissens nach in Schullinien.
Ausbildung mittels der Techniken und Geräte der computergesteuerten programmierten Instruktion und audiovisueller Methoden.
Team-, Gruppen- und Kursunterricht in Fach- und Fortschrittsgruppen.
Elektronisches Kommunikationsnetz: Innerhalb der Schule aktiv-passiv bis zur einzelnen Arbeitsbox. Die Einzelschule ist an überregionale Programm- und Datenzentren angeschlossen.
Gesamtschule mit Ganztagsmilieu, keine Klassenräume (aber individueller Stammplatz für jeden Schüler – Box).

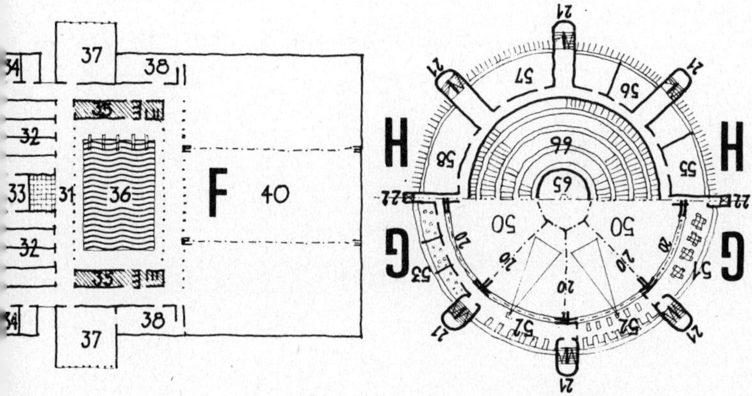

Gliederung in:

- *A Schwellenbereich (Gelenk zwischen Schule und Außenwelt)*
- *B Arbeitszonen (für ca. 100 Schüler)*
- *C Zentralbereich (gemeinsame Funktionen)*
- *D Sozialbereich*
- *E Anlegezone für temporäre Erweiterungen der Schule*
- *F Sportbereich*
- *G Werkgalerie (Spezialräume oberhalb C)*
- *H Lehrerbereich (oberhalb C)*

Schema einer Arbeitszone für ca. 100 Schüler

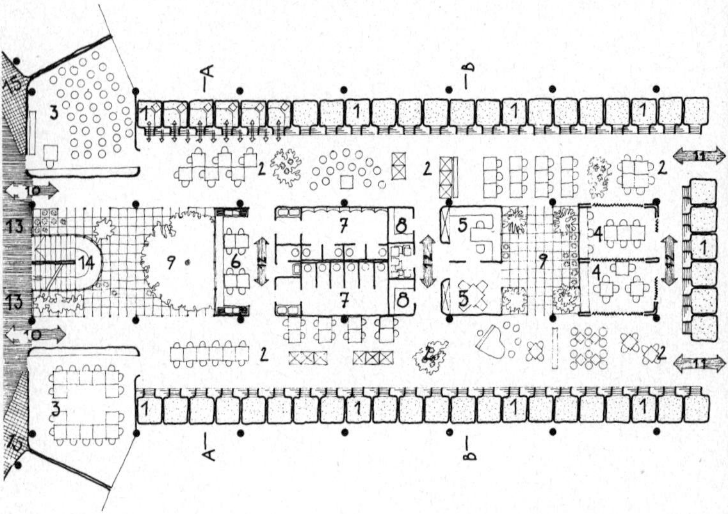

Grundriß und Schnitte

A Die Arbeitszonen bilden die Basis des Schulbetriebes. Ihre Größe und Funktionsabgrenzung ergibt sich aus psychologischen und soziologischen Überlegungen («Beheimatung» in einer überschaubaren, aber doch schon komplexen Gruppe) und aus praktischen Erwägungen (Abwicklung aller Lehrveranstaltungen, die keines besonderen apparativen Aufwandes bedürfen).

B In der Arbeitszone findet die intensive, individuelle Einzelarbeit jedes Schülers in «seiner» Box (1) statt, wobei weitgehend Geräte und Methoden der programmierten Instruktion verwendet werden. Dies geschieht in Form von computergestützter Einzelunterweisung mit audiovisuellem, aktivem und passivem Anschluß des Adressatenplatzes an das Schulkommunikationssystem und den Schulspeicher. Die Grundlagen zu den Schülerprogrammen werden von überregionalen Programmzentren erstellt und in der Schule in Rückkoppelung mit den einzelnen Adressaten für diese individualisiert und verzweigt.

C In der Arbeitszone finden in den abgesonderten Kurs- und Teamräumen Fach-Lehrveranstaltungen für verschieden große Gruppen statt, die sich hauptsächlich an Schüler der betreffenden Arbeitszone wenden.

D Der Bereich der gemeinsamen Betätigung (2) soll sowohl für alle jene gesteuerten Gruppenarbeiten, die nicht einer starken Abschirmung bedürfen, dienen als auch der freien Schüleraktivität verschiedener Art, auch die Atrien (9) usw. sollen dafür aktiviert werden.

E Der «Zonenpädagoge» soll während der ganzen Schulzeit den Schülern als Hilfe und Aufsicht zur Verfügung stehen.

Legende

1 *Bereich der individuellen Einzelarbeit, 100 «Intensivboxen» in zwei Galerien*
2 *Bereich der Begegnung zur gemeinsamen Betätigung, freie vielfältige Nutzung, bewegliche Möblierung mit Schrankelementen, Tischen, Sesseln, Vitrinen, Pflanzen usw.*
3 *Kursraum (10–40 Personen)*
4 *Teamraum (Absonderung für 4–8 Personen)*
5 *«Zonenpädagoge» («Tutor») – Hilfe, Betreuung, Aufsicht, Telekontrolle*
6 *Werkplatz für handwerkliche Arbeiten*
7 *Sanitärräume*
8 *Depoträume für Möbel und Materialien*
9 *Atrium*
10 *Verbindung zum Zentralbereich*
11 *Verbindung ins Freie*
12 *Querverbindung innerhalb der Arbeitszone*
13 *Umgang des Zentralbereichs*
14 *Stiege zur Werkgalerie und zum Lehrerbereich*
15 *Ausstellungsvitrinen*

Schema der Intensiv-Box (Einzelarbeitsplatz)

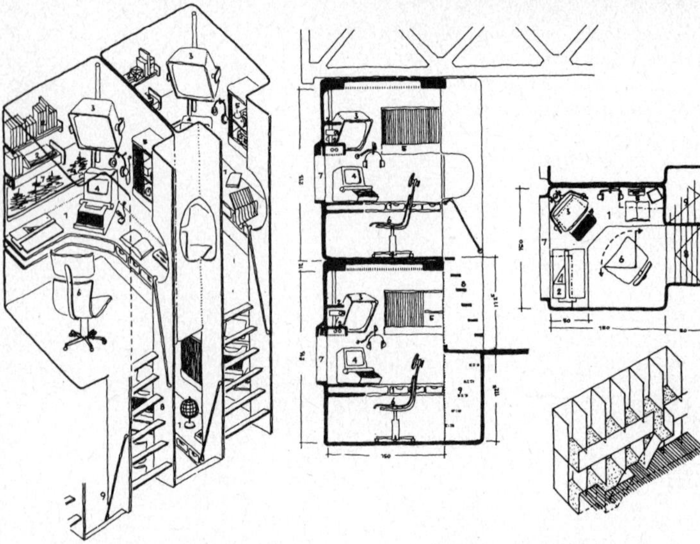

Die Intensiv-Box (Einzelarbeitsplatz) ist der persönliche «Nistplatz» des Schülers innerhalb der Schule. Es ist der Ort des individuellen Arbeitens, zugleich der «Adressatenplatz» des computergestützten Unterrichtssystems. Folgende Forderungen gelten dafür:

- *A Starke Abschirmung untereinander (Individualisierung)*
- *B Enge Beziehung zum Begegnungsbereich nach innen (soziale Einbindung)*
- *C Schwacher (Sicht-)Kontakt nach außen (symbolischer Umweltkontakt)*
- *D Voraussetzungen und Möglichkeiten für das Entstehen eines persönlichen Minimalenvironments*
- *E Komplexe apparative Ausstattung als Instrumentarium für die persönliche Aktivität*

- *1 Arbeitspult mit 2 Arbeitszonen*
- *2 Bücherbord*
- *3 Audiovisuelle Komponente: Bildschirm + Kopfhörer + Mikrofon für die audiovisuelle Stoffdarbietung und Kommunikation, Antwort-Darstellung, Übungen (z. B. Sprachen) (kontrollierter) aktiver Zugriff zum Speicher (z. B. Bildtonsequenzen zum Lernstoff)*
- *4 Instruktionskomponente: Lernmaschine mit Schritt-(Problem- und Lösungs-)Darstellfenster. Schreib- und Rechentastatur. Der Adressatenplatz wird vom Schulzentrum aus mit dem jeweils entsprechenden Programm versorgt. Die Arbeit erfolgt:*
  a) in Lernschritten laut dem Programm, das gestellt ist
  b) aktive Kommunikation mit dem Schulzentrum bei Programmverzweigungen
- *5 Kästchen für persönliche Utensilien*
- *6 Drehsessel*
- *7 Sehschlitz nach außen*
- *8 Aufstieg*
- *9 Abstieg*

(8, 9:) vom Bereich der gemeinsamen Betätigung zur Intensiv-Box

Studie zum Zentralbereich *(Axonometrie)*

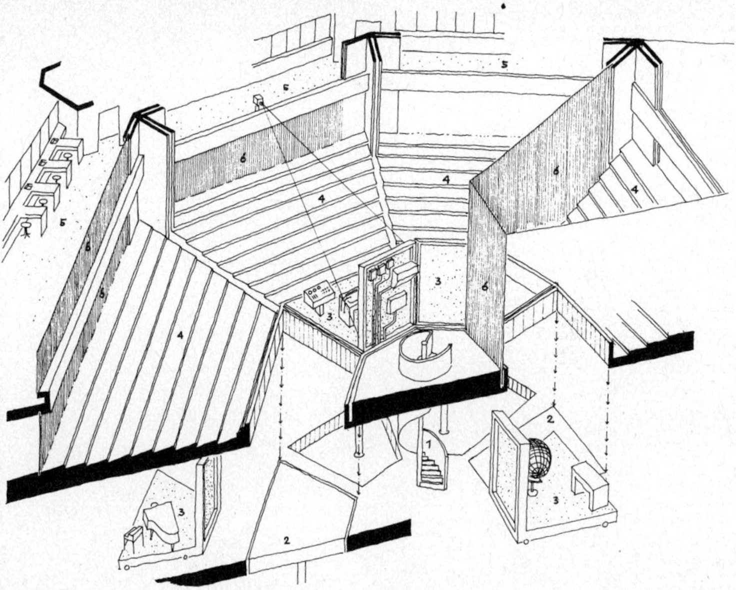

Acht multifunktionale Hörsäle, durch schalldichte Doppelrollwände unterteilt. Jede Figuration von 8 einzelnen bis 1 Gesamtraum (inkl. Umgang) möglich. Sie dienen für alle jene Lehrveranstaltungen, die nicht in den Arbeitszonen stattfinden sollen. Spezialvorlesungen, Kurse, Theateraufführungen usw. Variable Bestuhlung.

Legende

1 *Verbindungssteg*

2 *Hebebühne*

3 *Demonstrationsmodule: beweglich, an Stelle fixer Lehrsaaleinbauten: z. B. Physik, Chemie, Geographie, Biologie, Musik usw. werden im Untergeschoß vorbereitet und bestückt und dann mittels der Hebebühnen auf das Hörsaalniveau gehoben.*

4 *Hörsäle*

5 *Galerie: um den Zentralbereich umlaufend, enthält hochtechnisierte Labor- und Werkstattplätze und Sammlungen: bei Großveranstaltungen zum Hörsaalbereich zu öffnen.*

6 *Rollwände*

Das panoptische Prinzip der experimentellen Versuchsanordnung: Sehen, ohne gesehen zu werden

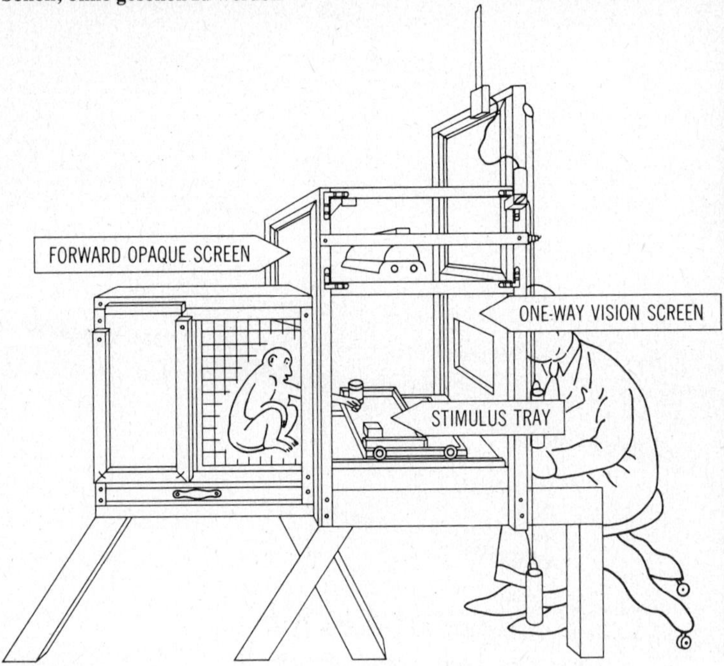

Ein Beobachtungs- und Testgerät für experimentelle Versuche mit Menschenaffen

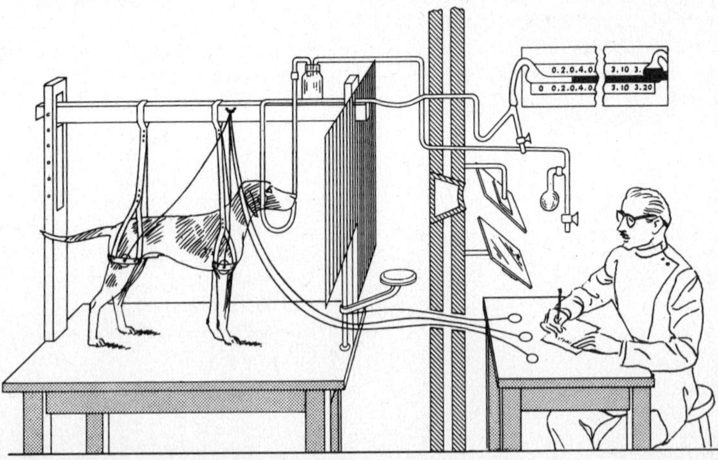

Das berühmte Konditionierungsexperiment von Pawlow

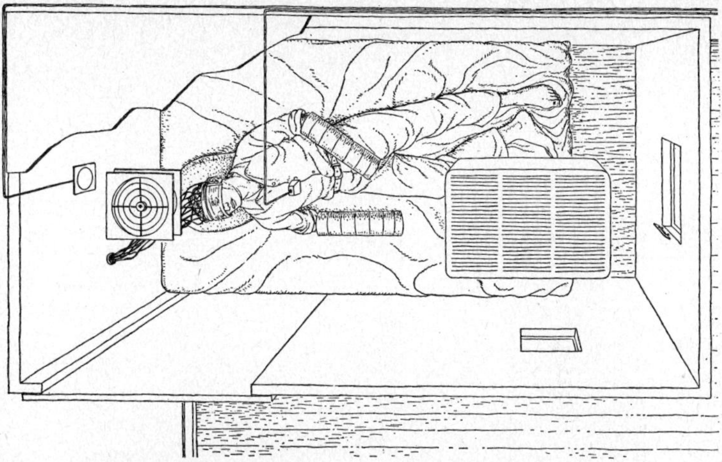

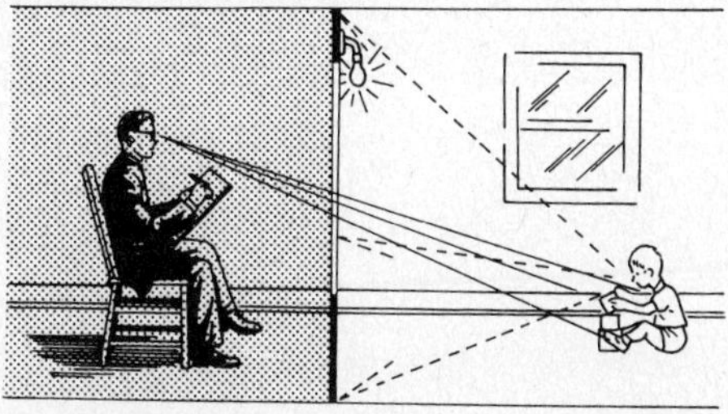

Oben: Ein «Isolationsexperiment» (schematische Darstellung, Blick in die Box von oben)
Unten und Mitte: Skizze eines Beobachtungsraumes

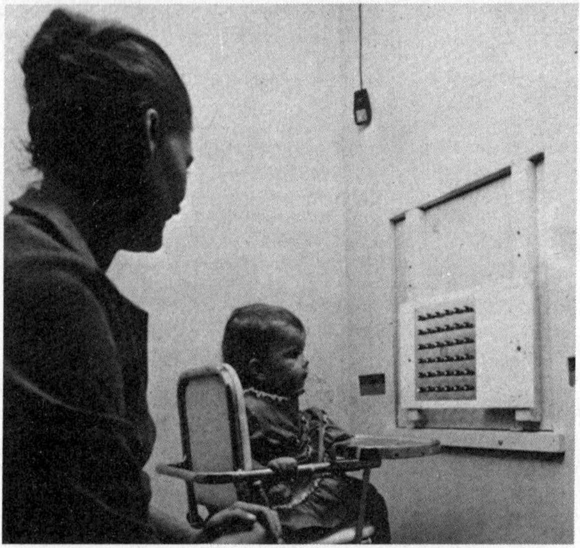

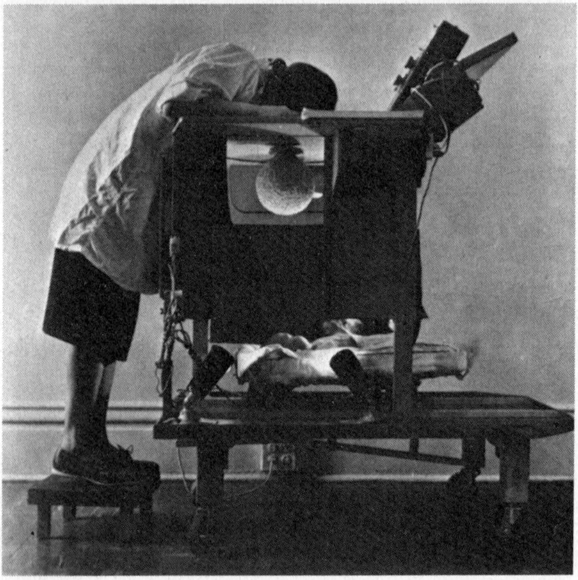

Oben: Ein Versuchsraum für Aufmerksamkeitsstudien an Kleinkindern
Unten: Ein Beobachtungsapparat zum Studium der Blickrichtungen und Fixierzeiten bei Säuglingen

«Observation Dome» zur Langzeitbeobachtung von Kindern

Forscher beobachten zwei dreijährige «Versuchspersonen» im sogenannten genetischen Experiment

b) Eine empiristische Konstruktion für die Praxis: die «entwicklungsgemäße Schule»

«... auch als Laboratorium kann das Panopticon dienen: als Maschine für Experimente, zur Veränderung des Verhaltens, zur Dressur und Korrektur von Individuen. Man kann Medikamente ausprobieren und ihre Wirkungen überprüfen; man kann an den Gefangenen verschiedene Bestrafungen versuchen, je nach ihrem Verbrechen und ihrem Charakter, und die wirksamsten heraussuchen; man kann den Arbeitern gleichzeitig verschiedene Techniken beibringen und feststellen, welche die beste ist; man kann pädagogische Experimente anstellen – und vor allem das berühmte Problem der Klausur-Erziehung wieder behandeln, wozu man Findelkinder verwendet; man könnte dann sehen, was geschieht, wenn man sie im Alter von 16 oder 18 Jahren mit anderen Menschen in Verbindung bringt; man könnte ... (...) Das Panopticon ist ein bevorzugter Ort für Experimente an den Menschen und für die zuverlässige Analyse der Veränderungen, die man an ihnen vornehmen kann» (Foucault 1977, S. 262).

Dieses Zitat, in dem das *experimentelle Vorgehen* unter die Idee der unbegrenzten Veränderungsmöglichkeit gestellt wird, bringt zum Ausdruck, daß das panoptische Prinzip auch seine *aktive* Seite hat: Es ist optimal auf Arrangements abgestimmt, auf Versuchsanordnungen, in denen das Verhalten von Individuen studiert werden kann – vornehmlich von Individuen, die sich reaktiv verhalten bzw. in einem Konditionierungsprozeß abgerichtet werden.

Diese experimentelle Grundorientierung ist repräsentativ für einen Forschungstyp, der viele Namen trägt: «physiologische Psychologie» und «Psychometrie» (als europäische Ausrichtung eng mit den Namen von W. Wundt, H. Helmholtz, Th. Fechner, H. Ebbinghaus, E. Kraepelin, A. Binet u. a. verbunden), «russische Reflexiologie» (eng mit den Namen von I. M. Setschenow, I. P. Pawlow, W. M. Bechterew u. a. verbunden) und schließlich «amerikanischer Behaviorismus» (mit den Namen von J. B. Watson, B. F. Skinner, St. Hall u. v. a. untrennbar verknüpft).

Neben der gemeinsamen gesellschaftspolitischen Interessenlage aller «zivilisierten» Länder (eine Interessenkonstellation, die sich aus Industrialisierung, Imperialismus, Militarisierung und Kolonialismus ergab), neben der gemeinsamen und ungeteilten Anerkennung gewisser philosophisch-biologischer Grundtheoreme (z. B. der biogenetischen Evolutionstheorie von Ch. Darwin und E. Haeckel) waren es *vielfältige Beziehungsebenen*, die die schlagartige Verbreitung der experimentellen Laboratoriumsforschung begünstigten. Ich nenne einige: *Stanley Hall* (dessen Arbeiten ich anschließend diskutiere), Mitbegründer des Behaviorismus und seit 1881 Professor der Psychologie und Pädagogik in Baltimore, arbeitete bei seinen mehrfachen Deutschlandbesuchen u. a. im physiologischen Laboratorium des damals weltberühmten C. Ludwig in Leipzig. Dieses Laboratorium war mindestens ebenso bekannt wie das psychologische von W. Wundt in Leipzig, an dem St. Hall ebenfalls einige Zeit studierte. Dort lernte er u. a. auch die Arbeiten von Th. Fechner und H. Helmholtz kennen; im Laboratorium des letztgenannten in Berlin verbrachte St. Hall auch einige Zeit. Ähnlich wie Ch. Darwin (1877), W. Preyer (1882) u. a. vor ihm, machte er seine ersten psychologischen Studien an den eigenen Kindern und veröffentlichte diese als wissenschaftliche Aufzeichnungen, allerdings erst 1891.

Leipzig, damals internationaler Treffpunkt für experimentell-physiologisch arbeitende Wissenschaftler, war auch eine Zeit lang Studienort für russische Reflexiologen. I. M. Setschenow arbeitete z. B. bei C. Ludwig, und von den beiden Schülern Setschenows, I. P. Pawlow und W. M. Bechterew, arbeitete einer (Pawlow) später ebenfalls bei C. Ludwig. Die Reflexiologie hat nicht nur über die beiden Leipziger Institute von C. Ludwig und W. Wundt auf die Entstehung des amerikanischen Behaviorismus eingewirkt, sondern auch direkt: Die Arbeiten von W. M. Bechterew und I. P. Pawlow wurden sehr bald ins Englische übersetzt und waren zumindest seit 1915 in Amerika bekannt. (J. B. Watson bezieht sich an mehreren Stellen explizit auf Pawlows Theorien. I. P. Pawlow war darüber hinaus durch den Nobelpreis, den er 1904 für seine Arbeiten erhielt, international bekannt und angesehen.)

Die Wiener Schule von Ch. und K. Bühler hatte von sich aus Kontakt mit Amerika aufgenommen. Das Wiener Psychologische Institut, an das K. Bühler 1922 berufen wurde, konnte u. a. durch die finanzielle Unterstützung der Rockefeller Foundation zu einem führenden Zentrum für pädagogisch-psychologische Kinderforschung ausgebaut werden. Ch. Bühler hatte bei ihrem ersten Amerikaaufenthalt 1924/25 diese Finanzquelle erschlossen. In Wien konzentrierte man sich auch auf angewandte Forschung; ist so verständlich, daß viele Sozialforscher von der Wiener Schule angezogen wurden und einige Zeit dort studierten: z. B. R. Spitz, P. Lazarsfeld sowie einige Forscher, die im amerikanischen Behaviorismus später eine gewisse Rolle spielten (E. Brunswik, E. Tolman u. a.). Zum klassischen Behaviorismus hatte die Bühler-Schule allerdings weniger Bezug, was dann auch 1939 bei der Etablierung der Wiener Schule in der Emigration Schwierigkeiten brachte. (K. Bühler sollte ursprünglich Nachfolger von St. Hall in Baltimore werden – St. Hall war 1924 verstorben. Durch ein «Mißgeschick» wurde allerdings die Stelle von St. Hall durch einen Geographen besetzt und nicht durch K. Bühler; vgl. dazu Bühler 1965).

Die pädagogisch-psychologische Kinder- und Jugendforschung war in Amerika nicht nur von Anfang an experimentell ausgerichtet, sondern auch stark an der Schul- und Erziehungspraxis orientiert. In bezug auf Nordamerika spricht *Stanley Hall* sogar von einer «Bewegung», die alle pädagogischen Bereiche erfaßt habe: «Die Kinderforschung bildet in Nordamerika eine Sektion oder einen Arbeitszweig bei nahezu allen führenden Frauenvereinen, Sommerferienkursen und Vereinigungen der Sonntagsschullehrer. Sie ist eine Bewegung, welche sich in der Literatur sehr fühlbar machte; dies bestätigen die vielen Bücher über die Kindheit, welche während der letzten wenigen Jahre in den von mir herausgegebenen Zeitschriften (‹The Pedagogical Seminary›, seit 1891 und ‹The American Journal of Psychology›, seit 1887; P. G.) notiert worden sind; sie ist sogar ein häufiger Gegenstand in den Tages-, Wochen- und insbesondere in den Sonntagsblättern. Lehrer aller Schulen, Mütter aller Bildungsstufen, Schüler der höheren Schulen und Lehrerseminare füllen Fragebögen (aus dem Hallschen Institut; P. G.) aus und versammeln sich, wenn möglich, um die Resultate zu vergleichen und die neueste Zeitschriftenliteratur über den Gegenstand zu besprechen» (Hall 1902, S. 25). – Getragen wurde diese Bewegung von der pädagogisch und psychologisch interessierten Mittel- und Oberschichte, in erster Linie aber von einer Elite unter den Lehrkräften: «Die Lehrer und Lehrerinnen, welche sich an der kinderpsychologischen Tätigkeit lebhaft beteiligen, sind gewöhnlich die tüchtigsten unter den jüngeren Männern und Frauen, und die akademische Vertretung ist naturgemäß bei jenen am stärksten, welche nicht den Konservatismus des Alters entwickelt haben» (ebd., S. 25). Indem Praktiker auf diese Weise mit Universitätsfachleuten zusammenarbeiteten, entstand eine neue Situation, «die bei den esoterischen, im akademischen Leben herkömmlichen Instinkten Anstoß erregt. Es kann deshalb nicht befremden, daß übermäßige Erwartungen und Befürchtungen laut geworden sind» (ebd., S. 27).

Die amerikanische Kinderforschung des beginnenden 20. Jahrhunderts – die «Paidologie», wie sie sich selbst nennt – wird von St. Hall als eine «beispiellose Bewegung» eingeschätzt. Gleichwohl ist nicht zu übersehen, daß sie dieselben Strömungen vereinigt, die auch in Europa die Forschung stark beeinflußt und – nach meiner bisherigen Analyse – koloniale Erklärungsmuster für kindliche Entwicklung und jugendliches Verhalten hervorgebracht haben. – «Die Kinderforschung ist eine noch nicht klassifizierte und in einem gewissen Sinne beispiellose Bewegung – teils *Psychologie*, teils *Anthropologie*, teils *Medizin* und *Hygiene*. Sie ist auf jeder Stufe innig mit dem Studium des *tierischen Instinkts* und mit den Bräuchen und Anschauungen der *Naturvölker* verwandt; sie hat eine deutliche *ethisch-philosophische* Seite – teilweise das, was ein neuerer Schriftsteller als *höhere Biologie* bezeichnete – mit einem Anstrich von *Volkskunde* und *religiöser Entwicklung*, manchmal mit einem Zusatz von Klatsch und *Kinderstubentradition*; sie besitzt aber in der Pädagogik aller Stufen eine breite praktische Seite» (ebd., S. 26; Hervorh. von P. G.).

Der Kinderpsychologe von Hallschem Zuschnitt ist deshalb ein vielseitiger Mensch. St. Hall beschreibt ihn so, daß man unwillkürlich an die Forschergeneration am europäischen Kontinent, an Leute wie Ch. Darwin, G. LeBon oder W. Wundt, denkt: «Er liebt leidenschaftlich den Umgang und die Freundschaft mit den Tieren, will ihre Eigentümlichkeiten kennenlernen und, wenn möglich, erraten, wie die Welt unter dem Schädel des Bibers, des Hundes oder des Schimpansen aussieht. Er besucht häufig die Anstalten für Gebrechliche – Blinde, Taube, Idioten, Geisteskranke –, bei denen die Natur ihre großen, aber grausamen Experimente ausgeführt hat. Er liebt die Kinder und ist bei ihnen daheim; steht, soweit es tunlich ist, mit den Wilden und Verbrechern auf vertrautem Fuße; besucht häufig das psychologische Laboratorium und ist bewandert in der Geschichte der großen Systeme» (Hall 1902, S. 39).

Dieses Forscher-Bild hat St. Hall vermutlich aus seinem Wunschdenken entworfen. Die deutschen Forscher, die St. Hall selbst kennengelernt hatte, entsprachen in keiner Weise diesen «idealen» Zügen. Insbesondere W. Wundt dürfte – nach einer Charakterisierung von St. Hall – ein typisch isolierter, weltfremder Gelehrter gewesen sein, der aus seinem Laboratorium nie herausgekommen ist und sich gegenüber anderen Forschungsansätzen intolerant oder unwissend gezeigt hat: «Ich selbst besuchte Anfang der achtziger Jahre Wundts Vorlesungen und nahm gewissermaßen als ‹Versuchstier› an verschiedenen experimentellen Untersuchungen teil. (...) Wundt selbst ist eine bescheidene, ziemlich unauffällige Persönlichkeit, seine Neigungen, seine Lebensführung sind einfach, er ist niemals weit über seinen Wirkungskreis hinausgekommen, hat, soviel ich weiß, auch England nie besucht» (Hall 1914, S. 194).

St. Hall berichtet weiter, daß W. Wundt vor der Kinderpsychologie «wenig Achtung» hatte, auch habe er nicht viel davon verstanden; W. Wundt habe z. B. W. Preyer kritisiert und behauptet, Kinderpsychologie gäbe es als Wissenschaft nur unter Anwendung der Wundtschen Experimentalprinzipien, und selbst dann wäre die Kinderpsychologie nicht mehr als eine «Unterabteilung der Völkerpsychologie» (ebd., S. 324).

St. Hall beansprucht einen *«genetischen Standpunkt»* für die Kinderforschung. Mit diesem Begriff, der bei ihm in mehreren Abhandlungen zu finden ist, meint er in erster Linie ein empirisch-experimentelles Vorgehen. Deshalb wendet er sich auch gegen die bevorzugte Anwendung von «auf Selbstbeobachtung begründeten Methoden» (Hall 1902, S. 33). Zumindest seit Ch. Darwin, meint St. Hall, müsse klar sein, daß diese Methoden der Erwachsenenpsychologie vorbehalten bleiben sollten, weil sie über kindliche Entwicklung nur beschränkt Auskunft zu geben vermögen und «nur einen schwachen Abglanz von dem viel größeren Woher und Wohin» (ebd., S. 33) bieten können. Der genetische Standpunkt erfordert demnach die unmittelbare Kinderbeobachtung und die genaue Aufzeichnung der Tatsachen, um diese Daten anschließend auswerten zu können.

Zum *Ziel der Kinderforschung* gehören demnach «eine große Sammlung wirklicher Tatsachen, welche später nach Geschlecht, Alter usw. gruppiert werden, um etwas zu bieten, das einer zusammengesetzten Photographie des Gegenstandes ähnlich ist» (ebd., S. 37). Das Zustandekommen einer «zusammengesetzten Photographie» von den verschiedenen Stadien und unterschiedlichen Bereichen kindlicher Entwicklung stellt sich St. Hall so vor, daß über *Fragebogenuntersuchungen* und *statistische Auswertungen* Informationen gesammelt und kategorisiert werden, die dann für das pädagogische Handeln durch ihre konkrete Abbildhaftigkeit praktische Bedeutung gewinnen.

St. Hall veröffentlichte ab 1894 über fünfzig Fragebogen zu einzelnen Bereichen psycho-physischen Verhaltens. Hauptuntersuchungsgebiete waren z. B.: die Furcht (1897), der Zorn (1899), das Kitzeln, Lachen und das Komische (1897), das

«... eine große Sammlung wirklicher Tatsachen, welche später nach dem Geschlecht, Alter usw. gruppiert werden, um etwas zu bieten, das einer zusammengesetzten Photographie des Gegenstandes ähnlich ist.» (Stanly Hall 1902, S. 37)

Mitleid (1900), das Ichgefühl (1898), das Puppenspiel (1896), die Liebe zur Natur (1898).

Die Fragebögen wurden von ihm Eltern, Lehrern, Schuldirektoren, Schulaufsichtsbeamten, Studenten der Psychologie und Pädagogik mit der Bitte um Mitarbeit ausgehändigt. Die Motivation zum Ausfüllen der Fragebögen stellte er z. B. durch folgende Einleitung her:

«Lehrer, Studierende und gebildete Eltern, welche diesen Fragebogen empfangen werden, können Aufzeichnungen liefern, welche bei der Behandlung eines wichtigen Gegenstandes der Schule gute Dienste zu leisten vermögen. Wir glauben annehmen zu dürfen, daß wir infolge des gemeinsamen Interesses an der Erziehung bereitwillige Unterstützung bei der geplanten Arbeit finden. Die Aufzeichnung der Fälle, welche durch die folgenden Abschnitte ins Gedächtnis zurückgerufen werden, wird nur wenig Zeit in Anspruch nehmen; können Sie dieselbe bald ausführen? Wenn Sie nicht die Zeit haben, jeden Abschnitt zu bearbeiten, so mögen Sie zur Beantwortung jene auswählen, über welche Sie den klarsten Bericht liefern können. *Schon ein einziges Beispiel ist von Wert.* Man vergesse nicht, das Alter in der Zeit eines jeden Vorfalles zu notieren, und gebe das Geschlecht an, wenn nicht der Name genannt werden soll. Persönliche Erfahrungen, die genau und richtig angegeben werden, sind am wertvollsten» (aus: Fragebogen 11 der II Serie; zit. nach Hall 1902, S. 263; Hervorh. im Orig.).

Die Fragebögen waren unterschiedlich vorstrukturiert, grundsätzlich aber so offen, daß standardisierte Vorgaben selten und Aufforderungen zu ausführlichen Fallbeschreibungen häufig vorkamen.

Nach St. Hall ist innerhalb der pädagogisch-psychologischen Forschung allein die *genetische Methode* in der Lage, sowohl Theorie wie Praxis kindgemäß zu strukturieren. Die genetische Methode läßt sich seiner Ansicht nach von der «logischen Methode» durch folgende Unterschiede abheben:

genetische Methode	*logische Methode*
– Methode der Entwicklung	– Methode des Systems
– Hauptanwendungsgebiet: Biologie	– Hauptanwendungsgebiete: Mathematik und Physik
– achtet mehr auf den Inhalt	– achtet mehr auf die Form
– entwickelt Wissen	– organisiert Wissen
– erforscht die Tätigkeit der Tiere, Kinder, Erwachsenen, auch die der Wilden und Defekten	– erforscht und schematisiert den Geist der Erwachsenen
– entspricht der Natur und den Bedürfnissen der Kinder und berücksichtigt ihre Interessen, begünstigt pädagogische Beziehung und Führung	– entspricht den Bedürfnissen der Erwachsenen, begünstigt Drill und Unterwerfung unter Autorität

Wie stellt sich St. Hall vor, daß die genetische Methode der Kinderforschung für eine entwickelnde Methode in der pädagogischen Praxis fruchtbar gemacht werden kann? Nach Halls Konzept hat die Kinderforschung über *Befragung und Beobachtung* der Kinder für jede Altersstufe die dominanten Inhalte und vorherrschenden Bedürfnisse festzustellen und für jede konkrete Erziehungssituation die Interessenlagen und Bestände des Vorwissens zu ermitteln. Die pädagogische Praxis hat daraufhin «Punkt für Punkt, auf das Stadium der Entwicklungsstufen des Kindes gegründet» (Hall 1902, S. 227), ein Programm zu erstellen, nach dem Kinder unterrichtet werden. Halls Konzept ist also nichts anderes als *die Idee einer Schule*, deren Unterrichtsinhalte und Erziehungsmethoden, deren Curricula und Erziehungsstile, durch die genetische Methode *wissenschaftlich legitimiert* werden. Diesbezüglich lautet Halls zentrale Forderung: «Bevor wir den Pädagogen der Kindheit gegenüberstellen, muß nicht nur jeder Gegenstand seines Lehrplanes über sich selbst Rechenschaft geben, sondern es müssen auch seine Eingriffe bei jedem Kinde gerechtfertigt werden» (ebd., S. 228).

St. Hall hat das Konzept einer idealen, auf wissenschaftliche Curricula aufgebauten Schule in seinem Aufsatz «The Ideal School as Based on Child Study» erstmals 1901 nicht nur als Gedankengebäude entworfen, sondern auch selbst durch seine Fragebogenuntersuchungen empirisch abgestützt.

Da hier auf die inhaltlichen Vorschläge, die St. Hall zu den einzelnen Unterrichtsgegenständen macht, nicht eingegangen werden kann, sollen lediglich der formale Aufbau der «Erziehungspyramide» und einige zugeordnete pädagogische Gesichtspunkte angeführt werden.

a) Der idealen Schule geht der *Kindergartenbesuch* voraus. Im Kindergarten, der für Kinder vom zweiten oder dritten bis zum sechsten oder siebten Lebensjahr eingerichtet werden soll, «bedarf der Körper die meiste und die Seele die wenigste Aufmerksamkeit» (Hall 1902, S. 229). Damit will St. Hall sagen, daß nicht jeder armselige Winkel des häuslichen Milieus «zum Ausbrüten schöner Seelen gut genug ist» (ebd., S. 229), und die Einflüsse der neuen Hygiene auch für das Leben im Kindergarten Bedeutung haben müssen. Den optimalen räumlichen Bedingungen hinsichtlich Licht, Luft, Wasser, Spielplätze usw. müssen günstige Ernährungsverhältnisse nebst entsprechenden Anstandsregeln an die Seite gestellt werden: «Einfache Anstandsformen und der Gebrauch von Papierservietten beim Genießen von Brot, Milch und Früchten wirken an diesen menschlichen Puppen zuweilen Wunder. Die Nahrung regt den Geist an und erhält die gute Laune; ein gefüllter Magen macht gesprächig, und gute Unterrichtserfolge können den Nahrungsmitteln selbst zuzuschreiben sein» (ebd., S. 230). Neben Gesprächen, neben «Müßiggang und Träumerei», sollen den Kindern «Würfel, Kugeln, Zylinder, Kreisel, Seifenblasen, Puppen, Tänze, Märsche und viele andere Spiele und Spielsachen geboten werden, ferner sind statt zwei oder drei Fische, Insekten, vierfüßige Tiere und Pflanzen, viel solche zu beschaffen, endlich muß ein Aufbewahrungsort und ein brauchbarer Katalog der Spielsachen da sein» (ebd., S. 230).

Interessant ist, daß St. Hall auf dieser Stufe für eine «kompensatorische Erziehung» eintritt, die offensichtlich darauf abzielt, bereits im frühen Kindesalter eine Form bürgerlicher Individualität vorzubereiten, die bestimmten Vorstellungen von persönlichem «Freiheitsgefühl» und «Unterordnung» entspricht: «Die Kinder des Reichen, welche gewöhnlich vorzeitig individualisiert oder überindividualisiert sind, besonders wenn sie einzige Kinder sind, müssen diszipliniert und untergeordnet werden, während man die Kinder des Armen, welche häufig unterindividualisiert sind, nachsichtig behandeln sollte» (ebd., S. 230).

b) Das Alter von sieben oder acht Jahren, also die Zeit *nach dem Schuleintritt*, stellt für St. Hall eine «Übergangsperiode» dar, einen «kritischen Punkt», von dem die Wissenschaft allerdings noch wenig wisse. Nach vagen Andeutungen zu schließen, nimmt St. Hall an, daß sich in diesem Alter ein körperlicher Wachstumsschub vollzieht und «alle Arbeit und Anstrengung vermieden werden müssen» (ebd., S. 231). Das Gehirn habe «sein Wachstum in bezug auf Gewicht und Größe für das Leben praktisch beendet» (ebd., S. 231).

c) Mit *acht oder neun Jahren* beginnt ein Abschnitt, der zirka *vier Jahre* dauert (bis zur Erreichung der Geschlechtsreife) und der sich durch körperliche Widerstandskraft, gesteigerter Aktivität und Wissensdrang vom vorangehenden deutlich abhebt. Das Kind dieses Alters vergleicht er mit einem jungen Pferd: «Das menschliche Füllen, welches naturgemäß in einem gewissen Sinne das wildeste aller wilden Tiere ist, muß jetzt gebändigt werden» (ebd., S. 233).

Gemäß dieser Analogie ordnen sich die für diesen Zeitraum empfohlenen pädagogischen Maßnahmen jenen Abrichtungsformen unter, die man ansonsten nur für die Dressur von Tieren verwenden würde. Deshalb ist es nur folgerichtig und wahrscheinlich nicht diskriminierend gemeint, wenn St. Hall schreibt, «... die Kindesnatur weist sehr deutlich darauf hin, daß diese Periode hauptsächlich dem Drill, der Gewöhnung und dem Mechanischen gewidmet werden sollte. Das Alter der Vernunft beginnt erst, und diese wird noch wenig gebraucht; deshalb sollte jetzt die Zucht das Schlagwort sein» (ebd., S. 232).

d) Die letzte Entwicklungsstufe umfaßt die *Jugendzeit*. Sie beginnt mit der Pubertät und reicht bis zum 19. oder 20. Lebensjahr. Erziehungs- und Unterrichtsstrategien sollten nun so umgestellt werden, daß sie folgenden drei Prinzipien genügen:

1. Statt Drill und mechanischem Lernen haben «Freiheitsgefühl und Interesse» Vorrang. Der Individualität muß nun ein weit größerer Spielraum gewährt werden. – «Wir dürfen nicht länger zwingen und bre-

«... die Kindesnatur weist sehr deutlich darauf hin, daß diese Periode hauptsächlich dem Drill, der Gewöhnung und dem Mechanischen gewidmet werden sollte.» (Stanly Hall 1902, S. 232)

chen, sondern müssen leiten und begeistern. Das bloße Drillen ist jetzt ein Hemmen. Jedes Individuum muß studiert und zu einem besonderen Problem gemacht werden, wenn seine Persönlichkeit zu voller Reife kommen soll. Es muß daher ein großer Bereich von Studien nach freier Wahl für jene vorhanden sein, welche die Schule noch weiter besuchen» (ebd., S. 242).

2. Die Geschlechter sind «wenigstens eine Zeit lang fast vollständig zu trennen» (ebd., S. 243). Die Mädchen sollen aus Rücksicht auf ihre Bestimmung («Weiblichkeit und Mutterschaft») von zu harten Wettkämpfen und körperlichen Anstrengungen ferngehalten werden. – «Jedes Mädchen muß in erster Linie zur Frau und Mutter erzogen werden, und wenn diese weise und gründlich ausgeführt wird, so kann die kleine Minderheit, welche ledig bleibt, bei der von uns dargelegten Ausbildung am besten für sich selbst sorgen» (ebd., S. 243).
3. Auf Prüfungen kann verzichtet werden, da «auf keiner anderen Lebensstufe die Fähigkeit des Auffassens und richtigen Beurteilens so überaus weit der Fähigkeit, sich auszudrücken, vorangeht» (ebd., S. 243). Prüfungen sind also wegen der großen Empfindsamkeit der Jugendlichen abzulehnen. Sie würden die seelische Gesundheit gefährden. Die neue Sensibilität läßt sich pädagogisch besser nutzen, wenn Wissensgebiete nun über die Vernunft und Logik vermittelt werden. – «Für Tatsachen, Ideen, Gesetze und Prinzipien ist jetzt die beste Atmosphäre; denn sie sind der angeborene Atem, die Lebensluft des begabten Jünglings. Er ist ganz Einsicht und Empfänglichkeit; er ist in das Stadium der Lehrzeit fürs Leben eingetreten; er ist dazu wie durch eine zweite Geburt erwacht und findet alles neu und wunderbar» (ebd., S. 244).

Obwohl St. Hall schreibt, er hätte bei seiner Konzeption einer idealen Schule alle Einzelheiten sorgfältig umgangen, finden sich häufig *detaillierte curriculare Vorschläge*. So etwa dort, wo er die Vermittlung von geographischen Tatsachen mit dem kindlichen Entwicklungsstadium in Einklang wissen will: «Das Interesse an den Naturvölkern und Tieren erreicht vom neunten bis zum zehnten Lebensjahr seinen Höhepunkt; jenes an der Handels- und politischen Geographie zeigt sich vom sechzehnten bis zum zwanzigsten Lebensjahr» (ebd., S. 236).

An solchen Stellen glaubt man in einem Lehrplan aus den Jahren um 1950 oder 1960 zu lesen. Ungefähr so lange hielt sich nämlich die Hoffnung, mit Unterstützung der Wissenschaft an bestimmte Altersstufen klar abgegrenzte inhaltliche Anforderungen stellen zu können. St. Hall war noch der Auffassung, es wäre lediglich eine Frage von ausreichend zur Verfügung stehenden Forschungsgeldern, Fragebögen und Tests, um zu rationalen, entwicklungspsychologisch begründeten Zuordnungen zu kommen. Auch ein gesellschaftspolitischer Optimismus schwingt mit, wenn er meint: «Ständen mir die Gelder zur Verfügung, so könnten wir sicherlich in wenigen Jahren allen Interessenten ein Erziehungssystem vorführen, das eine praktische Verwirklichung des größten Teiles der vorliegenden Pläne wäre und welches sich sogar den konservativsten Verteidigern der bestehenden Verhältnisse empfehlen würde, weil es die besten Einrichtungen hätte» (ebd., S. 247).

Die hier von St. Hall ausgedrückte Hoffnung, daß es ein universelles gesellschaftliches Interesse gäbe, Schulen nach Erkenntnissen einer nach kindlichen Bedürfnissen forschenden pädagogischen Psychologie einzurichten, reduzierte sich im Verlauf der nächsten fünfzig Jahre auf die Frage: Was kann die pädagogisch-psychologische Forschung zu einer richtigen, «kindgemäßen» Zuordnung von bestimmten Lehrzielen zu bestimmten Lernaltern leisten? Oder in der behavioristischen Formulierung: *Lassen sich bestimmte, erwünschte und angestrebte Verhaltensweisen von Schülern zu operationalisierten Lernzielen transformieren und bestimmten Abschnitten des kindlichen Lebenslaufes entwicklungspsychologisch begründet zuordnen?*

Auf die vergangenen fünfzig Jahre rückblickend, lassen sich zwei Strömungen unterscheiden, die versuchten, von verschiedenen Ansätzen aus dieses Problem zu bewältigen.

a) *Praxis-Inventare*:
St. Hall glaubte, durch Fragebogenuntersuchungen herauszubekommen, welches die altersspezifischen Verhaltensweisen und Bedürfnisse des Kindes sind. Das Vorgehen von manchen entwicklungspsychologischen Richtungen im deutschsprachigen Raum zeigt hier gewisse Parallelen. So hielt sich z. B. lange Zeit die Meinung, über eine Erhebung der von Kindern bevorzugten Bücher ließe sich auf altersspezifische, «kindertümliche» Interessen schließen. Bekanntgeworden sind etwa die Entwicklungsstadien, die in Anlehnung an Studien von Ch. Bühler als «Märchenalter», «Robinsonalter» usw. bezeichnet werden und die verschiedene Lehrplankonzepte beeinflußt haben.

In konsequenter Fortsetzung dieses Denkansatzes wäre zu erwarten, daß Forscher hauptsächlich daran arbeiten, Interessen- und Verhaltensinventare für Kinder verschiedener Altersstufen und verschiedener soziokultureller Herkunft zu erstellen, nach denen sich dann Bildungsplaner, Schulkonstrukteure und Lehrplanentwickler richten können. Tatsächlich hat auch die experimentelle Kinderpsychologie – vor allem die amerikanische – diesen Weg genommen. Die Forschungsarbeiten von A. Gesell (systematische Verhaltensbeobachtungen seit 1925 an der Yale Clinic of Child Development; vgl. z. B. Lomax/Kagan/Rosenkrantz 1978, S. 36f.) stellen einen ersten Höhepunkt hinsichtlich der methodischen Akrebie dar, mit der Verhaltensinventare (für die Altersgruppen von 0–16 Jahren) angefertigt wurden. Es wurde allerdings nie in größerem Ausmaß versucht, Schulrealität nach solchen Inventaren zu konstruieren. Wenn es versucht wurde, stellte sich meistens rasch heraus, daß die Inventare zu unspezifisch waren oder sich bereits historisch überlebt hatten. Als Konsequenz für die inhaltliche Konstruktion von Bildungsinstitutionen ergab sich jeweils, daß aus theorielosen entwicklungspsychologischen Datensammlungen alle Maßnahmen abgeleitet, aber auch (ebenso gut begründet) wieder zurückgenommen werden konnten. Die konkrete Politik sorgte dann stets dafür, daß eher Rücknahmen resultierten – wie z. B. auch die letzte groß angelegte Bildungsbewegung in Amerika, das «Headstart»-Programm, gezeigt hat: Obwohl die Programme als «kompensatorische Erziehung» angeboten wurden, haben sie weder eine «ideale Schule» für die Slum-Kinder noch Förderprogramme zur grundlegenden Erneuerung der bestehenden Schule hervorgebracht (vgl. Bronfenbrenner 1974, u. a.).

b) *genetische Experimente*:
Die zweite Strömung, von der aus die Hoffnungen genährt wurden, die Konstruktion einer entwicklungsgemäßen Schule wäre lediglich eine Frage von Zeit, Geld und Forschungskapazität, erzeugte ihr Datenmaterial auf «genetisch»-experimentellem Weg. (Befragungsmethoden waren dabei nicht ausgeschlossen.) Die Versuche wurden so angelegt, daß stets Aufgaben einer bestimmten Struktur gestellt wurden und folglich auch immer nur bestimmte Ausschnitte aus dem kindlichen Verhaltensrepertoire in Erscheinung treten konnten. Je nach Art und Weise, in der die Aufgabenstellung vom kindlichen Intellekt bewältigt wurde, traten entwicklungstypische Lösungen als altersabhängige Strukturen der geistigen Operation auf. Einen ersten Höhepunkt erfuhr diese Forschungsrichtung in den phantasiereichen «genetischen Experimenten» von J. Piaget, die etwa ab dem Jahre 1925 feste Bestandteile der «kognitiven Entwicklungspsychologie» wurden.

War es auf der einen Seite relativ leicht, aus der ohnehin mathematischen Konstruktion der «psychologie génétique» eine Erkenntnistheorie mit Universalitätsanspruch zu entwickeln (vgl. auch die Arbeiten zur «epistémologie génétique» ab 1950 im Rahmen der Genfer Piaget-Schule), stieß die didaktische Umsetzung von Ergebnissen der kognitiven Entwicklungspsychologie in unterrichtspraktische Lehrplankonzepte auf große Probleme. Es ließen sich weder die Lerninhalte noch die erwünschten Schülerverhaltensweisen mittels experimenteller und logischer Analyse so weit zergliedern – und wieder zusammenfügen –, daß sich auch nur in Umrissen eine «kindgemäße» Schule oder ein «ideales» Lehrprogramm gezeigt hätte. Obwohl entsprechende Versuche bis heute nicht abgerissen sind, hat die genetische Psychologie die konkreten Probleme der Schulpraxis nie erreicht. Für die Curriculumkonstruktion wie für die Lösung schulpraktischer Probleme ist sie bedeutungslos geblieben (vgl. Frey u. a. 1975, Grubitzsch 1976 u. a.).

Meine Konklusion, daß aus der empirisch-experimentellen Kinder- und Jugendforschung keine entwicklungspsychologischen Erkenntnisse hervorgegangen sind, die als praktisches Wissen für eine neue Schule (oder auch nur einen neuen Lehrplan) *konstruktionsbestimmend* gewesen wären, darf aber nicht so verstanden werden, als wären Schul- und Lehrplankonstruktionen unabhängig von entwicklungspsychologischen Modellen zustande gekommen. Im Gegenteil: Solche Modellvorstellungen spielten als *Begründungsstrategien* immer schon eine hervorragende Rolle: Welches Wissen wem vorbehalten und wem vorenthalten werden sollte – diese Entscheidung fiel nicht zuletzt mit entwicklungspsychologischer Legitimation. *Offen* traten die Begründungsstrategien allerdings nur dann zutage, wenn der offizielle bzw. «heimliche» Lehrplan unterlaufen wurde. Dann kam es stets zu einem Konflikt, und der umstrittene Unterricht (oder das umstrittene Lehrbuch) mußte öffentlich, also wissenschaftlich, mit dem Argument der «Nicht-Entwicklungsgemäßheit» verurteilt werden (vgl. Gstettner 1975).

Trotz alledem liegt hier keine ganz ausweglose Dilemmasituation vor. Unabhängig davon, wie stringent und eng Schul- und Lehrplankonstruktionen verwirklicht werden, es scheint «in der Natur der Sache» zu liegen, daß stets gewisse «Spiel»-Räume bestehen bleiben. Allerdings sind sie nicht so zu interpretieren, daß sie gewollte, kalkulierbare und abgesicherte Räume darstellen, in denen sich (Gedanken- und Unterrichts-)Spiele frei und pluralistisch entfalten dürfen. Es handelt sich vielmehr um konfliktreiche Räume als Resultate gesellschaftlicher Widersprüche, und als solche sind sie nicht allgemeingültig umschreibbar. Wie sich immer wieder zeigte, unterliegen die Grenzziehungen dem historischen *und* situativen Einfluß gesamtgesellschaftlicher *und* regionale Machtverhältnisse.

IV

«Die Gefahr einer Gesellschaft bedingter Reflexe erscheint als Zeichen an der Wand; genauer: einer Gesellschaft widerstandsloser, im Saft ihrer irrelevanten Subjektivität ertrinkender, allenfalls zu irrationalen Ausbrüchen fähiger Individuen . . .»
(W.-D. Narr: Hin zu einer Gesellschaft bedingter Reflexe, in: J. Habermas 1979, S. 523)

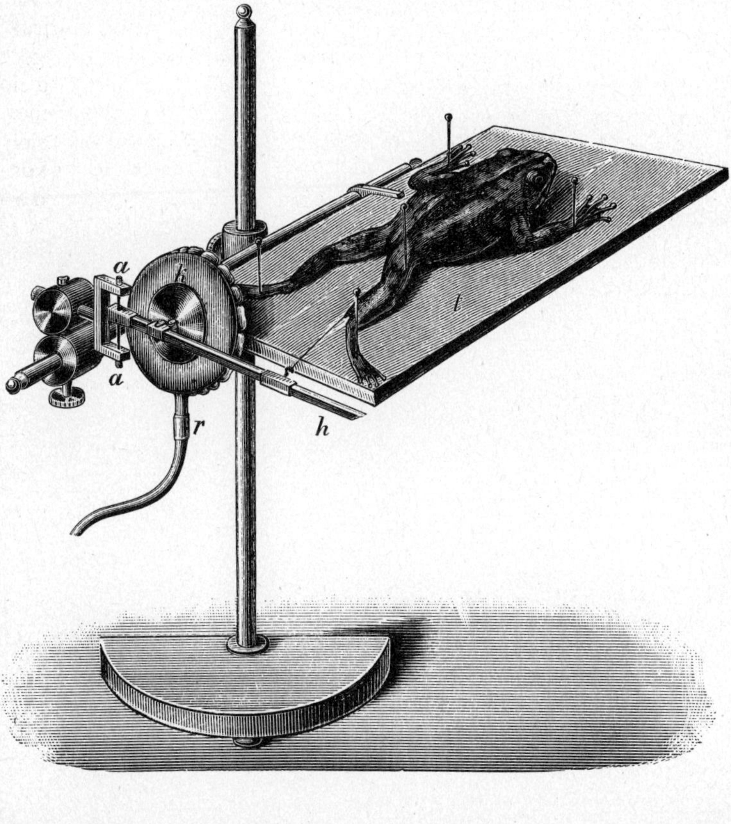

Schluß: Die Fehler der Vergangenheit

Durch die zunehmende Verwissenschaftlichung lebenspraktischer Fragen und durch die Spezialisierung wissenschaftlicher Forschung in eigens dafür eingerichteten Institutionen, hat das experimentell behavioristische Vorgehen an Boden gewonnen. So berichtet z. B. U. Bronfenbrenner von einer sehr bezeichnenden Studie, bei der neuere Jahrgänge der wichtigsten amerikanischen Fachzeitschriften auf dem Gebiet der Entwicklungspsychologie ausgewertet wurden. Als Ergebnis zeigte sich, daß von 902 publizierten Forschungen 76 % das Paradigma experimenteller Laboruntersuchungen benutzt hatten. Verschiedene Testverfahren, bei denen man üblicherweise nur Papier und Bleistift braucht, ergaben die zweithäufigste Kategorie (17 %). Beobachtungsstudien rangierten an letzter Stelle (8 %). Diesem Umstand sei es zu verdanken, kommentiert U. Bronfenbrenner, daß die gegenwärtige Entwicklungspsychologie «zu einem großen Teil die Wissenschaft fremdartigen Verhaltens von Kindern in fremden Situationen mit fremden Erwachsenen in kürzestmöglichen Zeitabschnitten ist» (Bronfenbrenner 1978, S. 33).

Dieser nüchternen Feststellung, die sich auf den Ist-Zustand einer einstmals hoffnungsvollen Disziplin der Psychologie bezieht, ist eigentlich nur entgegenzuhalten, daß es zumindest auch *Gegenstimmen* gibt. Diese Kritiker sprechen schon seit längerer Zeit offen von einer «Krise der Entwicklungspsychologie». Zu einem großen Teil wird die Krise dem methodischen Vorgehen angelastet: Viele Fachleute stimmen dahin gehend überein, daß es völlig unzureichend war, Kinder und Jugendliche in entwicklungspsychologische Forschungskonzepte zu pressen, die keine anderen Ziele kannten, als sequenzielle Ordnungen, hierarchische Sinngebungen, stufenweise Übergänge, alterstypische Phasen usw. zu untersuchen.

Andere Kritiker fügen dem Defizitkatalog hinzu, daß bisher die praktisch-theoretischen Dimensionen realer Veränderungsprozesse weitgehend ausgeklammert blieben zugunsten langfristiger Vorhersagefähigkeit und Feststellbarkeit von relativ konstanten Verhaltenseigenschaften.

Es soll nicht unerwähnt bleiben, daß sich demgegenüber die Zahl jener Kritiker, die die Aufgabe übernahmen, den «fortlaufend produzierten ideologischen Schutt» (Narr 1979, S. 524) wegzuräumen, verschwindend gering geblieben ist. Vielleicht erklärt dies auch die Tatsache, daß es so lange beim rein verbalradikalen Krisengeschrei geblieben ist: Der größere theoretische und historische «Durchblick» war ideologisch verstellt, das praktische Engagement in den «intellektuellen Unterwerfungsvertrag» (Narr) eingebunden. So hörte man nicht auf, etwas zu untersuchen, was in der Realität überhaupt nicht existierte, nämlich von der gesellschaftlichen Wirklichkeit abgehobene, abstrahierte Subjektanteile: «kindliche» Wahrnehmung, «magische» Anschauungen, «infantile» Weltbilder, «typische» Trotzphasen, «narzißtische» Pubertäts- und Adoleszenzkrisen usw. (vgl. kritisch dazu Vincze/Vincze 1964, Wacker 1976 u. a.)

Verfolgt man (gedanklich) die von den Kritikern in konstruktiver Absicht vorgeschlagenen neuen Wege, so lassen sich drei zentrale Orientierungslinien ausmachen:

– Die pädagogisch-psychologische Kinder- und Jugendforschung muß in Zukunft als *Ökologie der menschlichen Entwicklung* begründet und betrieben werden. Dies erfordert zeitlich ausgedehnte, räumlich begrenzte und auf den Alltag bezogene Forschungen in natürlichen Entwicklungsumwelten. Damit ist aber keinesfalls eine Rückkehr zur «Kinderstubenpsychologie» Bühlerscher Prägung gemeint. Denn diese «Kinderstube» war ihrem Selbstverständnis nach mindestens ebenso «Laboratorium» wie die bekannte Skinner-Box. «Ökologie» meint hier demgegenüber, daß das besondere Verhältnis von Gesellschaftlichkeit und Subjektivität zum permanenten Forschungsproblem gemacht wird: «Man kann das Verhältnis zwischen Gesellschaftlichkeit und Subjektivität nicht angemessen erfassen, wenn man dabei an den Individuen ansetzt und Merkmale herauszuheben versucht, die ihre Subjektivität charakterisieren sollen. Es kennzeichnet nämlich geradezu die Besonderheit der menschlich-gesellschaftlichen Weise der Lebensgewinnung, daß sie, wenn man nur menschliche *Individuen* betrachtet, *nicht* erkennbar wird» (Holzkamp 1979, S. 7; Hervorh. im Orig.).

– Die pädagogisch-psychologische Kinder- und Jugendforschung muß im Prinzip als «Längsschnitt», als *eine wirkliche «Entwicklungsgeschichte»* konzipiert werden. Das bedeutet zum Beispiel, daß auch punktuell erhobene Individualdaten methodisch so behandelt werden, als würde ein biographischer «Text» zur Interpretation vorliegen (vgl. Gstettner 1980). Nur so können außer personspezifischen Veränderungen, außer Varianten der individuellen Aneignung der Realität, auch die dynamisch-prozeßhaften Aspekte des kulturellen und subkulturellen Milieus, die identitätsstiftenden Varianten der «Kernstruktur» der Gesellschaft in das Erklären und Verstehen einbezogen werden. «Forschung» hat diesen «Längsschnitt» theoretisch *und* empirisch zu begleiten, was oft genug nur durch mehr oder weniger begründete «Verweisungszusammenhänge» methodisch einholbar ist (vgl. z. B. Baacke/Schulze 1979).

– Eine pädagogisch-psychologische Kinder- und Jugendforschung *in theoretisch-praktischer Absicht* muß ermitteln, über welche subjektiven und objektiven Prozesse der Verdrängung, Ausgrenzung, Unterdrükkung und Manipulation es immer wieder gelingt, Individuen von Anfang an in ihrer Persönlichkeitsentfaltung und gemeinsamen Selbstbestimmung einzuschränken. Eine solche Forschung ist nicht länger gleichgültig gegenüber den Inhalten der Aneignungsprozesse, sie ist *richtungsbestimmt*. Das heißt beispielsweise, daß man nicht mehr von der zu untersuchenden «Menschwerdung» sprechen wird, sondern von Menschen, die «gesellschaftliche Subjekte» *sind* und sich in dieser Richtung zu verwirklichen suchen. Erforschbar ist dies überall dort, «wo die Alternative zwischen dem Verhaftetbleiben in einem gegebenen Zustand der Abhängigkeit und Ausgeliefertheit und einer Entwicklung *in Richtung* auf Überschreitung der Individualität zu erweiterter Selbstbestimmung sich aufweisen läßt und das Individuum diese Entwicklungsmöglichkeit ergreift» (Holzkamp 1979, S. 21; Hervorh. im Orig.).

Eine kritisch-engagierte Forschung kann aber nicht distanziert und «tatenlos» zusehen, ob Individuen ihre «Entwicklungsmöglichkeiten» ergreifen oder nicht, ob sie in Abhängigkeit gehalten werden oder nicht. Solch eine Forschung stellt selbst eine «Entwicklungsmöglichkeit» für alle dar, weil sie sich auf «Grenzsituationen» bezieht, die überschritten werden müssen.[14] Es sind ja nicht die Grenzsituationen an und für sich, die das Gefühl der Ausgeliefertheit schaffen und die die Abhängigkeit zementieren. Es sind Art und Weise, «wie sie von Menschen in einem bestimmten historischen Moment begriffen werden: Ob sie nur als Schranken erscheinen oder als unüberwindbare Barrieren. Da sich kritisches Verständnis in *Aktion* verkörpert, entwickelt sich ein Klima der Hoffnung und Zuversicht, das die Menschen zu dem Versuch führt, die Grenzsituation zu überwinden. Dies kann nur erreicht werden durch ein *Handeln an der konkreten Wirklichkeit*, in der sich die Grenzsituation historisch vorfindet» (Freire 1973, S. 82; Hervorh. von P. G.).

Die Notwendigkeit, dem zuletztgenannten Postulat, dem forschenden Handeln in konkreten Lebenssituationen, Priorität einzuräumen, möchte ich abschließend dadurch unterstreichen, indem ich nochmals einige historische «Fälle» fragwürdiger entwicklungspsychologischer Forschungsarbeit aufgreife.

1. Der Fall des «deutschen Schuljungen» Ernst-Wolfgang

Um die Jahrhundertwende fand in Deutschland das Tagebuch des Ehepaares Ernst und Gertrud Scupin, das sie über die Entwicklung ihres Kindes Ernst-Wolfgang («Bubi») angefertigt hatten, große Beachtung bei Psychologen und Pädagogen. 1907 erschien in Leipzig der erste Band des Tagebuchs («Bubi im 1. bis 3. Lebensjahr»), 1910 der zweite («Bubi im 4. bis 6. Lebensjahr») und 1931 der dritte («Lebensbild eines deutschen Schuljungen. Tagebuch einer Mutter»). Aus diesem letzten Band werde ich einige Eintragungen zitieren, wobei zunächst wieder die «sexuelle Problematik» im Vordergrund stehen soll.

Die vorletzte Eintragung von Frau Scupin (3. Band, 1931 veröffentlicht) stammt vom April 1919. Ernst-Wolfgang ist schon fast 15 Jahre alt (14; 11):

> «Wiederholt ertappte die Mutter den Jungen dabei, wie er im Konversationslexikon nachblätterte. Auf die Frage, welches Wort er suche, kam regelmäßig eine ausweichende Antwort. Aus Vaters naturwissenschaftlicher Bibliothek suchte er Werke heraus, die die Entstehung organischen Lebens behandeln. Das Lesezeichen befindet sich meist an einer Stelle über ‹Fruchtentwicklung›, ‹Bildung der Keimzelle› u.. dgl. ... E. W. beginnt sich also eingehend für Probleme der Fortpflanzung zu interessieren ...» (Scupin 1931, S. 179).

Unter forschungsmethodischen Gesichtspunkten ließe sich diese Stelle so analysieren: Der Beobachter (die Mutter) sagt sich, wenn ich mich vorsichtig und unbemerkt dem Jungen nähere, kann ich eine interessante Beobachtung machen; Ernst-Wolfgang möchte sich offensichtlich über Probleme der Fortpflanzung informieren. Dies bedeutet: Er tritt in die Phase der Pubertät ein. (Tatsächlich schließt Frau Scupin auch ihre darauffolgende Eintragung mit dem Satz ab: «Die Kindheit liegt hinter ihm».)

Mehr als diese Feststellungen dürfte den Entwicklungspsychologen nicht interessieren. Dabei blieb etwas völlig ausgeschlossen: der Standpunkt des Forschungsobjekts. Ernst-Wolfgang würde vielleicht sagen, sofern ihn jemand gefragt hätte: «Langsam glaube ich, daß dies kein Zufall ist, daß Mutter immer hereinkommt, wenn ich in diesen Büchern von Vater nachschaue. Dabei müßte sie doch gemerkt haben, wie verlegen sie selbst immer wird, wenn ich auf Fragen der Fortpflanzung zu reden komme. Das ist ihr dann immer so peinlich. Also werde ich stets vortäuschen, ich läse bei ganz ‹harmlosen› Stichwörtern nach.»

Die Frage ist nun, ob sich im Tagebuch selbst Hinweise darauf finden, daß das «Fortpflanzungsinteresse» hier nicht zum erstenmal auftaucht. Vielleicht hat die Beobachterin bisher entsprechende Anzeichen und Fragen negiert und abgewiesen?

Gertrud Scupin

Lebensbild eines deutschen Schuljungen

Tagebuch einer Mutter

Mit Abbildungen, Kinderzeichnungen und Schriftproben

I. Band der Erziehungswissenschaftlichen Studien
herausgegeben von Prof. Dr. A. Busemann, Kiel
und Prof. Dr. Hildegard Hetzer, Elbing

200 Seiten. Geh. M. 6.—, in Leinenband M. 7.—

Verlag Dürr'sche Buchhandlung, Leipzig C 1, Querstraße 14

Ein deutscher Junge, vom Schuleintritt bis zu den ersten „langen Hosen", ein Familienleben durch diese Jahre hindurch — Kriegsjahre mit ihrem großen Leid und ihren tausend kleinen Sorgen —, eine prächtige Mutter, die ihren Jungen mit Verstand erzieht, mit Liebe beobachtet, — das ist der Inhalt dieses Buches. Es ist ein Leben darin, das jeden mitreißt, so daß man das Ganze in einem Zuge herunterlesen möchte, und doch ist alles bis ins Kleinste abgelauschtes wirkliches Leben.

Gedruckt wurde dieses Tagebuch einer Mutter in erster Linie für Lehrer an höheren Schulen und an Volksschulen und für Studierende, als eine Naturgeschichte des Kinderlebens in den von der Forschung arg vernachlässigten Schuljahren. Aber als Zeitdokument im besten Sinne gehört dieses Buch der ganzen Welt.

Mit den früher erschienenen beiden Bänden, die erste Kindheit „Bubis" betreffend, zusammen stellt dieses Buch eine Erscheinung dar, die in der gesamten Weltliteratur kein Gegenstück findet: die Biographie eines Menschen durch die ganze Jugend, eine unerschöpfliche Fundquelle der Psychologie, ein Wegweiser der Kindererziehung für Eltern, den die Wirklichkeit selber schuf.

Verlagswerbung (1931)

Bereits ein Jahr früher finden sich z. B. folgende Tagebucheintragungen:

September 1917 (Ernst-Wolfgang ist 13; 4):
«Der Knabe kommt mit jeder, auch der heikelsten Frage zur Mutter. Zum Beispiel beunruhigte ihn eine Veränderung an seinem Körper, die in diesem Alter sich einzustellen beginnt. Die Mutter verwies ihn an den Vater, der in den nächsten Tagen nach Rußland ausrückt und nun rasch noch einige hygienische Winke und Verhaltensmaßregeln geben kann» (Scupin 1931, S. 154).
April 1918 (Ernst-Wolfgang ist 13; 11):

«(...) Woran erkennt man nun eigentlich, ob es ein Junge ist oder ein Mädel? Diese bei einem fast Vierzehnjährigen absurd klingende Frage setzte die Mutter in Verlegenheit. Sie fragte, ob er nie den verschiedenartigen Körperbau beobachtet habe. Ja, bei großen Kindern, antwortete er eifrig, aber bei kleinen, dacht' ich, wär kein Unterschied ... (ebd., S. 164).

Wen wundert es noch, daß der Junge nach solchen Erfahrungen die Kommunikation darüber, was ihn interessiert und die Mutter offenbar nicht beantworten kann oder will, schließlich abbricht und sich Antworten in Vaters Büchern sucht? Erhärten diese Eintragungen nicht die Vermutung, daß in dem zitierten Tagebuchabschnitt eher die psychosozialen Probleme dargestellt werden, die eine bürgerliche Mutter in den Jahren 1917/1918 mit der sexuellen Aufklärung ihres Kindes hatte, als daß irgendwelche «typische» und «altersgemäße» Entwicklungsvorgänge protokolliert worden wären?

Die Feststellung eines lebensgeschichtlichen Einschnittes (Ende der Kindheit/Beginn der Pubertät) entpuppt sich hier als eine *interessengeleitete und angstbesetzte Konstruktion*, als ein entwicklungspsychologisches Konstrukt, das sich «einseitiger Beobachtung» und «verzerrter Wahrnehmung» verdankt.

Im vorliegenden Fall beruht die angstbesetzte Datenverzerrung vermutlich auf folgender Ausgangslage: Der Mann von G. Scupin war durch die Kriegsereignisse von der Familie über vier Jahre getrennt. Er wurde zum Kriegsdienst einberufen, als Ernst-Wolfgang 10 Jahre und 10 Monate alt war. Als einziges Kind kam der Junge daraufhin in die angenehme Situation, daß er sich Schutz und Geborgenheit stets im Bett der Mutter suchen durfte. Ernst-Wolfgang nahm schließlich gewohnheitsmäßig den Platz des Vaters im Ehebett ein. Die Mutter schilderte diese Gepflogenheit als einen ganz natürlichen und selbstverständlichen Wunsch beider Seiten nach «Beisammensein», keineswegs als eine durch äußere, bedrohliche Umstände erzwungene Ausnahmesituation. Daß sich bei der Herausbildung dieser Schlafgewohnheit Ernst-Wolfgang auch mit sexuellen Aspekten der Männerrolle zu identifizieren begann, darf angenommen werden. Als «Problem» taucht dies im Tagebuch der Mutter nur an einer Stelle auf, und dort wird es auf organisatorisch-«technischer» Ebene folgendermaßen gelöst:

April 1919 (Ernst-Wolfgang ist 13; 11):
«Nach Vaters letztem Urlaub sollte E.-W. in seinem Kinderbett bleiben und nicht wieder den Platz an Mutters Seite beziehen. Protest. Als sie hartnäckig blieb, fragte er gereizt nach dem Grunde. Antwort: Du bist schon so groß, ein halber Mann, da gehört es sich, daß du allein schläfst! So, rebellierte er, und Papa – ist der kein Mann – und darf auch neben dir schlafen? Sie brach das Thema ab – einstweilen blieb alles beim alten. Wenn er schläft, geht sie zu Bett und bleibt morgens liegen, bis er hinaus ist ...» (Scupin 1931, S. 164).

Diese Schilderung legt nahe, daß die Mutter alle Anzeichen (die «situationsunabhängigen Beobachtungsdaten»), die darauf hindeuten könnten, daß sich bei ihrem Sohn schon sexuelle Interessen herausbilden, uminterpretieren mußte. Die Datenaufnahme war von der Angst begleitet, daß das «natürliche Beisammensein» ein Ende haben könnte (womöglich «vorzeitig»), und daß sie «verfrüht» aufgeben müßte, ihre «Nestwärme» auf eine so direkte Art zu vermitteln. Diese Angst verzerrte nicht nur die Art und Weise, wie die Mutter die Entwicklungsmöglichkeiten und -interessen ihres Kindes wahrnahm; die Angst blockierte auch bei ihr selbst vernünftige Reaktionen, die ihr «gut gelangen», als Ernst-Wolfgang noch nicht in diesem «kritischen» Alter war:

Juli 1918 (Ernst-Wolfgang ist 14; 2):
«Einmal alarmierte er das ganze Haus durch die freudige Mitteilung, er habe einen seltenen, hochinteressanten Fund gemacht: zwei zusammengewachsene Schmetterlinge! Ein Naturwunder ersten Ranges, von dem er sofort dem Vater ins Feld berichten wollte. Natürlich handelte es sich um ein Pärchen in Copula. Das Einfachste wäre die naturwissenschaftliche Erklärung gewesen – aber merkwürdig: Was dem Sechsjährigen gegenüber so gut gelang (Band II), angesichts des Vierzehnjährigen versagte die Mutter und wünschte sehnlichst, wie so oft in Erziehungsfragen in der letzten Zeit, den Vater herbei. Erst kürzlich hatte sie, als E.-W. ein Froschpärchen beobachtete und meinte, der große trägt den kleinen Huckepack!, ihn bei dieser naiv-kindlichen Auffassung belassen. Aus beiden Vorfällen ist ersichtlich, welch geringen Raum das Fortpflanzungsproblem bisher im kindlichen Ideenkreis einnimmt» (ebd., S. 169).

Die Mutter hält ihre Reaktionsblockade zwar für ein «Versagen», das sie aber aus der Situation heraus nicht erklären kann. Es bleibt «merkwürdig»; irgendwie scheint das Alter des Kindes eine Rolle zu spielen. Sie flüchtet sich zu einer Abwertung der kindlichen Reaktionsform, indem sie die «freudige Mitteilung» als eine lächerliche und eher peinliche Entgleisung ihres Sohnes darstellt. Darauf braucht man nicht ernsthaft und vernünftig reagieren. So beläßt sie ihn bei seiner «naiv-kindlichen Auffassung». Schließlich endet der «Vorfall» mit einem entwicklungspsychologischen Kunstgriff: Die Mutter leitet aus all dem ab (natürlich nicht aus ihrem eigenen «Versagen»), daß das «Fortpflanzungsproblem» bisher nur einen «geringen Raum (...) im kindlichen Ideenkreis einnimmt».

Oben: Die Autorin, Gertrud Scupin, mit ihrem Sohn (10 Jahre, 11 Monate)
Unten: Ernst-Wolfgang (15 Jahre). «Die Kindheit liegt hinter ihm.»

Schon diese kurze Analyse macht deutlich, daß ein Beobachtungsprotokoll von der Art des Scupinschen Tagebuchs ein *Instrument innerhalb einer Trennungsstrategie* zwischen Forschungssubjekt und beforschtem Objekt sein kann. Mit diesem Instrument lassen sich Ängste abarbeiten und Reaktionsbildungen begründen (vgl. dazu auch Devereux 1976).

2. Der Fall eines guten Bekannten, der anonym bleiben muß

Der Jugendtagebuchanalyse, die von William Stern in seiner Schrift «Anfänge der Reifezeit» (1925) veröffentlicht wurde, kommt insofern ein besonderes Gewicht zu, als hier der wissenschaftliche Versuch vorliegt, anhand eines Tagebuches die gesamte «Pubertät» zu deuten. Folglich stellt sich von Anfang an die Frage nach der besonderen Beziehung zwischen dem Wissenschaftler und seinem Einzelfall: Was hat W. Stern veranlaßt, gerade dieses Tagebuch auszuwerten und für sein Forschungsziel nutzbar zu machen?

Die Frage nach dieser besonderen Beziehung ist identisch mit der Frage nach der besonderen Interaktionsform im Rahmen von Forschungssituationen, in denen eine «nicht-hintergehbare» soziale Verflochtenheit von Beobachter und Beobachtungsgegenstand vorliegt (vgl. Gstettner 1978). Die Art und Weise, wie sich W. Stern dieser Frage zu entziehen versteht, offenbart eine von Sozialwissenschaftlern häufig eingesetzte Strategie: Die *Dissoziierung* (soziale Absetzung und Aussonderung).

W. Stern unternimmt zu Beginn seines Buches einen deutlichen Dissoziierungsversuch. Er versetzt sich in die Rolle eines distanzierten Beobachters, der mit dem sozialen Kontext, in dem sein Beobachtungsgegenstand eingebunden ist, keine Gemeinsamkeiten hat. Solche Dissoziierungsstrategien lassen sich meistens nur erschließen. Vielfach ist man dabei auf ganz wenig Material verwiesen. Zum Beispiel hatte Frau Scupin (in den vorangegangenen Textabschnitten) ihre dissoziierte Position einfach dadurch dokumentiert, indem sie es vermied, im Tagebuch von sich selbst in der Ich-Form zu berichten. Die Autorin Scupin schaffte auf diese Weise eine Distanz zur Mutter Scupin. Die Autorin Scupin hatte zum Beobachtungsobjekt Ernst-Wolfgang Scupin daher eine noch größere, objektivitätsvorspiegelnde Distanz.

Auch Stern distanziert sich von seinem Beobachtungsgegenstand so weit, daß der Eindruck entsteht, seine Analyse betreffe irgendein beliebiges Tagebuch aus seinem Bekanntenkreis: «Mir sind Tagebücher eines Knaben zur Verfügung gestellt worden, die bereits vor Jahrzehnten geschrieben sind. (...) Der (heute mehr als 50jährige) Tagebuchschreiber A. muß anonym bleiben. Er ist ein guter Bekannter aus meiner Jugendzeit, so daß ich über sein Leben und seine Umwelt auch abgesehen von den Tagebuchaufzeichnungen einigermaßen Bescheid weiß. Herr A. hat jetzt übrigens zu einigen Tagebuchstellen Bemerkungen niedergeschrieben ...» (Stern 1925, S. 5).

Mit dieser unverbindlichen Einleitung wird nicht nur der Tagebuchschreiber A. anonymisiert, sondern auch die soziale Beziehung zwischen dem Datenproduzenten und dem Interpreten. Von einer «sozialen Beziehung» läßt sich in diesem Fall begründet ausgehen: Stern ist mit A., dem guten Bekannten aus der Jugendzeit, noch 35 Jahre später in Kontakt. A. weiß von der Veröffentlichungsabsicht seines Tagebuchs durch Stern und stimmt diesem Vorhaben zu. A. gibt zu einigen Stellen noch einige Kommentare aus seiner jetzigen Sicht hinzu. Stern verwendet diese Kommentare bei der Interpretation. Stern und sein Bekannter A., beide 1871 in Berlin geboren (dies läßt sich aus anderen Stellen und Quellen erschließen), haben vielleicht nicht nur ihre Jugendzeit, sondern auch die Kindheit und Schulzeit gemeinsam verbracht. Sicheres wissen wir aber darüber nicht. Man kann aber annehmen, daß Stern nicht nur mit seinem Analyseobjekt und Datenproduzenten A., sondern auch mit seinem eigenen Forschungsvorhaben (Strukturen der Pubertät aufzudecken) affektiv verbunden ist. Wenn dies richtig ist, muß die Analyse der Pubertät von A. zu einer Mitbetrachtung seiner eigenen Pubertät werden – falls diese Verschränkung nicht durch Dissoziierung «aufgehoben» wird.

Die Ausgangsposition von Stern ist also der einer klassischen Psychoanalayse verwandt. Auch dort können «Daten» des Klienten im Analytiker Angst – und in der Folge Gegenübertragungsmechanismen – auslösen. Bei Stern spielt dabei zweierlei eine Rolle: Zum einen die Angst, sich von den Lebenszusammenhängen des Tagebuchschreibers nicht genügend klar und wissenschaftlich «streng» abgrenzen zu können, zum anderen die Angst, von der dissoziierten Wissenschaftlerposition aus keine einfühlende Interpretation leisten zu können und sich zudem durch die Anonymisierung der «sozialen Absetzung» schuldig gemacht zu haben. – Denn «für das Unbewußte ist die unparteiische Beobachtung eines Mitmenschen eine Sünde – Voyeurismus und Aufkündigung der Solidarität –, die den Beobachter zumindest zeitweise aus dem Kreis der Menschen exiliert» (Devereux 1976, S. 186).

Wieder eignet sich die Sexualthematik am besten, um zu zeigen, wie entsprechende Daten «reaktionsbildend» wirken und wie Stern diese Situation interpretativ bewältigt.

Der fast 15jährige A., bei dem Stern erst jetzt eine «erotische Stimmung» und den «unklaren Wunsch nach erotischen Erlebnissen» erwachen sieht (Stern 1925, S. 77), erfährt vom Tode eines Mädchens, das er im Sommer vor zweieinhalb Jahren kennengelernt hatte. Der 15jährige A. vertraut seinem Tagebuch seine Erinnerungen an die Erlebnisse «damals» an: die Verbundenheitsgefühle beim gemeinsamen Spazierengehen, die vergnüglichen Spiele und das Sich-gegenseitig-gut-leiden-Können – in «harmloser Neigung».

Diese Episode und die lebhaft aktualisierte Erinnerung von A. stellen für Stern ein erhebliches Problem dar, denn als Entwicklungspsychologe hatte er für den 13jährigen nicht vorgesehen, daß schon «erotische Stimmungen» auftreten. – «Und wenn nun auch der ältere Knabe manches von seiner jetzigen Liebesbedürftigkeit in die Erinnerung hineinlegen mag, so ist diese doch wohl im Kern korrekt. Man darf darin auch keinen Widerspruch sehen, daß wir von dem 13jährigen ein völliges Fehlen erotischer Gefühle aussagten, während nun hier schon der 12jährige sich als liebesfähig erweist; solche prophetischen Vorphasen – die dann wieder abklingen, als wären sie nie gewesen – sind im Jugendleben gar nicht so selten; nach psychoanalytischer Anschauung ist ja die Kindheit sogar voll davon. Hier haben wir nun den Vorteil, die infantile Erotik nicht erst durch bedenkliche Deuterei zu erhaschen oder aus den gefärbten Erinnerungen erwachsener Neurotiker erschließen zu müssen, sondern von dem Knaben selbst darüber einen dokumentarischen Bericht zu erhalten – einen Bericht, der zugleich zeigt, wie sexualitätsfern solche kindlichen Neigungen sind» (Stern 1925, S. 77).

Eine «widerspruchsfreie» Interpretation gelingt hier Stern nur deshalb, weil er entsprechende definitorische Setzungen vornimmt: Er trennt «Liebesfähigkeit» von «Erotik» und «erotische Gefühle» von «sexuellen Neigungen». Damit ist aber die «Reinheit» des jungen A., die Reinheit der vorpubertären Zeit überhaupt, gerettet. Die zeitliche Zuordnung von definierten «Stimmungen» zu Altersphasen macht dies möglich. Stern verwendet noch einen zweiten interpretativen Kunstgriff: Er erfindet «prophetische Vorphasen», die altersunabhängig auftreten und wieder verschwinden können. Damit ist auch die «Reinheit», die universelle Anwendbarkeit, der entwicklungspsychologischen Phasentheorie gerettet.

Die oben zitierte Passage ist hinsichtlich Sterns Abwehr der psychoanalytischen, «bedenklichen Deuterei» von Interesse. An der Oberfläche scheint diese Abwehr in der Absicht zu geschehen, die Kindheit von den «gefärbten Erinnerungen» sexueller Triebwesen, nämlich «erwachsener Neurotiker», freizuhalten. Unter der Oberfläche ist aber auch hier Angst zu vermuten, weil die Anerkennung psychoanalytischer Mechanismen zu einer Kritik der dissoziierten, selbstentfremdeten Position des Wissenschaftlers führen würde. Auch die Gleichgültigkeit der von dieser Position aus geleisteten Erhebungen und Interpretationen müßten in Frage gestellt werden. Theorie, Empirie und Methode wären in ihrem herrschaftlichen Beziehungsgefüge gefährdet.

3. Für eine politische und problemorientierte Entwicklungspraxis

Das hier von mir angewandte Verfahren der kritischen Neuinterpretation müßte nun auch dahin gehend ausgeweitet werden, daß ersichtlich wird, wie sich in der Erziehung praktizierte Disziplinarmethoden auf das entwicklungspsychologische Denken ausgewirkt haben. Unter dieser Fragestellung ist eine Analyse des überlieferten Forschungsmaterials nur schwer durchzuführen. Die einseitig protokollierten und interpretierten Tagebücher lassen kaum zu, sich auf real stattgefundene Interaktionen zu beziehen. Dennoch kann man bei einigen wenigen Aufzeichnungen –

gleichsam durch die verzerrten und gestörten Darstellungsmuster hindurch – Situationen ausmachen, in denen sich Beobachtungsobjekte zur Sprache drängten, d. h. mit «Schlüsselbegriffen» operierten.

Nach der Erfahrung von Paolo Freire, dem bekannten Erwachsenenpädagogen und Entwicklungshelfer in Sachen Alphabetisierung, gibt es immer eine Reihe von lebensweltlichen Grunderfahrungen («generative Themen»), innerhalb derer sich bei Individuen und Gruppen die gesamten Lernchancen und realisierten Wissensbestände organisiert haben. Solche Grunderfahrungen sind als «Schlüsselbegriffe» auch im «primitiven» Denken und selbst im «kolonialisierten» Bewußtsein vorhanden. Das Individuum verfügt über eine Sprache, mit der es diese Schlüsselbegriffe ausdrücken kann. Auch wenn dies nur sehr eingeschränkt möglich ist, werden Schlüsselbegriffe kommuniziert, d. h. in einem Dialog mitgeteilt. Der Dialog ist aber nur der eine Ansatzpunkt, an dem Elemente kritischen Bewußtseins aufgegriffen werden können. Die Aktion, die den Prozeß der Bewußtwerdung begleitet, ist der andere Pol, an dem die «problemorientierte Methode» Entwicklungsarbeit leistet: «Ausgehend von konkreten Situationen, in deren Analyse die Subjekte sich selbst in der Konfrontation mit diesen Situationen sehen und die Konfrontation nachvollziehen, impliziert die problemorientierte Methode eine kritische Rückkehr zur Aktion. Sie geht von der Aktion aus und kehrt zu ihr zurück. Im Grunde ist die problemorientierte Methode eine Reflexion, die jemand über einen Inhalt, das Resultat einer Handlung oder die Handlung selbst anstellt, um zusammen mit anderen in der Wirklichkeit besser handeln zu können» (Freire 1974, S. 90).

Diese Methode, die Freire vor dem Hintergrund der postkolonialen Unterdrückungsverhältnisse in Lateinamerika entwickelt hat, versteht sich nach seinen eigenen Aussagen als eine «cultural action for freedom», als ein politischer Angriff auf jede Form unterdrückender und bevormundender Bildungs- und Forschungspraxis. Mit diesem Selbstverständnis läßt sich der Begriff «Entwicklung» insofern neu bestimmen, als sein Inhalt in zwei Richtungen weist: Einmal ist die Entwicklung immer mit der Destruktion kolonialer Herrschaftsverhältnisse verbunden; zum anderen ist Entwicklung innovationsorientiert, d. h., es werden nicht nur systematisch Interaktionsstrukturen analysiert und erforscht, um daraus praxisbezogene Vorschläge herzuleiten, sondern es werden neue, befreiende Interaktionen in neuen, demokratischeren Organisationsstrukturen verwirklicht (vgl. z. B. Bendit/Heimbucher 1977).

Ein Erziehungshandeln, dem offensichtlich ein anderer, mit Stabilisierung von Herrschaft verknüpfter Begriff von Entwicklung zugrunde liegt, wird das Auftauchen von Schlüsselbegriffen, die generative Themen signalisieren, unterdrücken oder abwerten. Diese Strategie kennzeichne ich mit dem Ausdruck «entwicklungspsychologische Marginalisierung». Das soll heißen, daß solche im kindlichen Sprach- und Erlebnishorizont auftauchenden Themen als Ungereimtheiten, Absonderlichkeiten, als altkluge oder «frühreife» Sprüche abgetan werden. *Entwicklungspsychologische Marginalisierung* meint also die für die Entwicklungsmöglichkeiten des Kindes folgenreiche Entscheidung des Interaktionspartners, daß sicher *kein* generatives Thema beim Kind auftaucht, weil dies gar nicht – im Sinne der definierten Entwicklungslogik – möglich sein kann. Vermutlich werden deshalb auch in der realen Interaktionssituation generative Themen und Schlüsselbegriffe nicht als solche wahrgenommen, sondern rasch mit «passenden» Etikettierungen versehen. Das folgende Beispiel zeigt dies.

August 1912 (Ernst-Wolfgang ist 8;3):
«Eine seltsam frühreife Äußerung: Der Vater zeigte dem Jungen gelegentlich eines Spazierganges eine Schar Gefangener, die mit Erdarbeiten beschäftigt waren. Stumm und ergriffen sah Bubi zu. Auf dem Heimweg – plötzlich – nachdem er eine Weile still neben dem Vater hinging: Warum laufen sie nicht fort? Antwort: Der Aufseher hat einen Revolver, mit dem würde er jeden Flüchtigen niederschießen! Warum lassen sie sich da nicht lieber totschießen, das ist doch kein Leben! – entgegnete das Kind» (Scupin 1931, S. 41).

Wie alt und «erwachsen» muß ein Kind eigentlich sein, sollte man sich angesichts dieser Begebenheit fragen, damit so eine Äußerung, wie die von Ernst-Wolfgang, für «voll» genommen wird? Welcher «Reife» bedarf es, damit so ein Kinderwort von den Erwachsenen als eine «dialogwürdige» Stellungnahme akzeptiert wird?

Ein ähnliches Beispiel findet sich in einem Artikel von G. Bittner. Er berichtet von einem wesentlich jüngeren Kind, einem drei- bis vierjährigen Mädchen, das geweint hat und nun von der Mutter mit einem Keks getröstet wird:

Die Mutter: «Mit einem Keks ist das Leben doch gleich wieder schöner, gelt?»

Das Kind: «Wenn das Leben nicht schön ist, dann möchte ich tot sein.» (Zit. nach Bittner 1974, S. 393)

Warum sollte für ein Kind in diesem Alter «das Leben» noch kein Schlüsselbegriff sein, mit dem es elementare Vorstellungen verbindet? Wohl nur deshalb, weil zu vermuten ist, daß das Kind den Begriff «Leben» noch nicht «richtig», d. h. logisch-kategorial, von allem Nicht-Lebendigen abgrenzen kann. Die Frage nach der kognitiven Kompetenz, mittels derer kategoriale Unterscheidungen gefällt werden können, ist aber hier – auch entwicklungspsychologisch betrachtet – sekundär. Auch Bittner bezweifelt, ob es sinnvoll ist, thematische Äußerungen von Kindern solcher Tragweite in erster Linie unter entwicklungstheoretischen oder soziolinguistischen Aspekten untersuchen zu wollen. Man sollte sich vielmehr ernsthaft die Frage stellen, ob solche Äußerungen von Kindern nicht häufig irgendwie «gescheiter» als das sind, was ein Erwachsener oder ein Jugendlicher bei solchen Gelegenheiten sagen oder antworten würde. – «Es bleibt einem doch zunächst einmal fast der Atem stehen, so reißt die Antwort einen Abgrund auf im Vergleich zum gegebenen Anlaß» (Bittner 1974, S. 393).

Das herkömmliche entwicklungspsychologische Denken entlang der Evolutionslinie (abendländischer) abstrahierender Erwachsenenvernunft, führt (entwicklungs-)logisch dazu, daß Schlüsselbegriffe und generative Themen «im Kindermund» abgewertet, zu Anekdoten umgemünzt oder schlicht negiert werden. Bittner folgert richtig: «Wenn wir die Möglichkeit auch nur an einer Stelle zulassen, das Kind könnte klüger sein als der Erwachsene, kommt theoretisch und methodisch in der Kinderforschung manches ins Wanken» (ebd., S. 394)

Genau hier setzt die politische und problemorientierte Entwicklungspraxis an. Jeder Mensch – also auch jeder «Wilde», «Primitive» und «Naiv-Kindliche» – ist im Besitz von generativen Konzepten und Schlüsselbegriffen, mit denen er Aspekte seiner Lebenswelt auszudrücken vermag. Da dies gleichzeitig die «relevantesten» Begriffe und Kommunikationssituationen sind, muß hier ein Sprach-Handlungs-Dialog entfaltet werden, der das Thema weiterführt und kritisch vertieft. Dies ist ein praktischer Bildungsprozeß, der alle Beteiligten einschließt und als «Paradigma» für *kommunikative Entwicklungsarbeit* steht. In diesen Bildungsprozeß bringen sich die Individuen als Subjekte ein, weil darin sowohl ihre Lebenssituationen als auch ihre Erfahrungen mit diesen Situationen, ihr ganzheitliches Bewußtsein mit allen Ideologien, Widersprüchen, Vorurteilen und richtigen Einsichten aufgehoben sind. Die praktisch-pädagogischen Konsequenzen dieses Paradigmas sind weitreichend. Sie können den Erziehungsprozeß von herrschaftlicher Indoktrination und den Zivilisationsprozeß von gewaltsamer Kolonisation befreien.

Anmerkungen

1 Zu den terminologischen Schwierigkeiten einer Untergliederung in verschiedene Strömungen *innerhalb* der Anthropologie vgl. Lepenies 1971, S. 9–12. Die pädagogisch-psychologische Kinder- und Jugendforschung hat sich in ihrem Bemühen, zu fundierten Erkenntnissen zu kommen, stets auf alle Teildisziplinen der Anthropologie gestützt. Dies gilt zumindest für die *biologische* Anthropologie, die den Menschen nach naturwissenschaftlichem Selbstverständnis hinsichtlich seiner Morphologie und Physiologie mit anderen «Tiergattungen» zu vergleichen versucht, für die *ethnologische* Anthropologie, die mit kulturvergleichenden Methoden die verschiedenen Gebräuche und Sitten unbekannter Völker erforscht, und ferner sicher auch für die *philosophische* Anthropologie, die auf einer generellen Ebene Aussagen über das «Wesen des Menschen» macht (vgl. Habermas 1958).

2 Die Quellen dieser frühen Profilierung der *Entwicklungspsychologie* liegen sowohl in der Übernahme wesentlicher, durch die idealistische Philosophie vorformulierter Entwicklungsgedanken als auch im Durchbruch naturwissenschaftlich-biologischer Forschungsmethoden. Es ist daran zu erinnern, daß 1859 die wegweisende Arbeit «Origin of Species» von Ch. Darwin erschien. 1866 formulierte F. Haekel sein «biogenetisches Grundgesetz», das mit der Annahme, die Individualentwicklung (Ontogenese) sei ein verkürztes und gerafftes Durchlaufen der Gattungsentwicklung (Phylogenese), die gesamte entwicklungspsychologische Theoriebildung bis heute beeinflußt hat (Höhn 1959). Auch die sowjetische Psychologie geht von dieser Denktradition aus (Kostjuk 1977).

3 Was die Daten der verschiedenen *Geburtsstunden* betrifft, sollen folgende Orientierungsmarken genannt werden: Anthropologie – 1800 wurde in Paris die «Société des Observateurs de l'homme» gegründet; Soziologie – 1839 veröffentlicht A. Comte seine bahnbrechende Arbeit «Cours de philosophie positive»; Ökonomie – 1859 erscheint das Werk «Zur Kritik der Politischen Ökonomie» von K. Marx («Das Kapital» folgt 1867); Biologie – 1859 erscheint das Hauptwerk Darwins; Pädagogik – 1867 fordert O. Willmann eine erfahrungswissenschaftliche Pädagogik; Psychologie – 1879 gründet W. Wundt in Leipzig das erste experimentalpsychologische Laboratorium.

4 Vgl. zum wissenschaftlichen Werdegang von LeBon auch die Einleitung von Dingeldey (1964) in der deutschen Auflage der «Psychologie der Massen». Ferner findet sich bei Schmidbauer (1976) eine Würdigung von LeBon als «Pionier einer dynamischen Sozialpsychologie». Der Autor meint, man solle «zwischen den neuartigen Gedanken LeBons, die nicht wenige Einsichten der Psychoanalyse und Sozialpsychologie vorwegnehmen, und seinen ideologisch eingefärbten, psychologisierenden Verbrämungen einer im Grunde reaktionären politischen Position unterscheiden» (Schmidbauer 1976, S. 904). Meiner Ansicht nach läßt sich aber eine solche Unterscheidung *nicht* rechtfertigen. Die Verflechtung von Ideologie und Erkenntnis erweist sich gerade bei LeBon als so eng, daß selbst ein so bedeutender analytischer Denker wie S. Freud keine kritische Distanz gegenüber LeBon gewinnen konnte. In seiner Arbeit «Massenpsychologie und Ich-Analyse» (Freud 1921) erweist er sich als Anhänger und Verfechter LeBonscher Ideen.

5 Die verhaltenswissenschaftlichen Grundlagen für die konsequente Herstellung

«automatischer Gelehrigkeit und Fügsamkeit» (Foucault) wurden in jenen psychologisch-physiologischen Laboratorien erarbeitet, die in kurzer Folgezeit im ausgehenden 19. Jahrhundert entstanden: Z. B. 1876 in Rom (Sergi), 1879 in Leipzig (Wundt), 1881 in Baltimore (Hall), 1897 in Petersburg (Bechterew), 1899 in Budapest (Ranschburg) usw.

6 Dieser Übergang ist schon oft untersucht worden. Z. B. läßt die Analyse des Soziologen Lefèvre (1971) erkennen, daß zumindest drei Faktoren im Spiele waren, damit schließlich die Gesellschaftsform des «Produktionskapitalismus» entstehen konnte: a) Kolonialreiche, b) eine von den Produktionsmitteln getrennte Arbeiterschichte, c) technische Produktionsverfahren, die eine fabrikmäßige Massenproduktion zuließen.
Auch Elias (1977) liefert uns eine ausführliche Analyse desjenigen Prozesses, der u. a. zur Herausbildung einer abendländischen Oberschicht geführt hat und der gleichzeitig die unteren Gesellschaftsschichten zwang, sich an die neu entstandenen Zivilisationsmuster anzupassen.

7 Diese «Umkehrreaktion» ist nicht nur von akademischem Interesse, sie hat auch im Erziehungsalltag legitimatorische Funktion. Eine ihr Kind schlagende Mutter sagt: «Ich habe mich in meinem ganzen Leben nicht geliebt gefühlt. Als das Baby kam, dachte ich, es würde mich lieben. Als es schrie bedeutete das, es liebte mich nicht. Deshalb habe ich es geschlagen» (zit. nach deMause 1977, S. 20). Vgl. zu diesem Problem auch die neue Arbeit von Miller (1980).

8 Diese Stelle aus dem Einleitungskapitel der «Psychologie des Jugendalters» ist – ebenso wie viele weitere Textstellen – eindeutig gegen die Freudsche Triebलehre gerichtet. Spranger bezieht sich hier allerdings nur indirekt auf diese «Theorie der Mißbildungen». Er selbst habe «im Gegensatz zu herrschenden Neigungen das Verständnis der jungen Seele gefunden, ohne alles aus dem Grauen des wüst Phantastischen, ‹genialer› Entartung und krankhafter Abgründe hervorzuholen. Das alles gibt es in der Welt. Aber niemand wird eine Lehre vom Organischen mit der Theorie der Mißbildungen beginnen» (Spranger 1963, S. 15).

9 Konnten die kritischen Stoßrichtungen aus den dreißiger Jahren noch weit in die Nachkriegsjahre hinein ignoriert werden, so hat sich heute die Situation gewandelt. Es gab in den letzten zehn Jahren nicht nur Neuauflagen der einschlägigen Werke von O. Rühle, O. F. Kanitz, E. Hoernle, S. Bernfeld u. a. Es begann auch eine wissenschaftliche Auseinandersetzung mit ihren Thesen. Nicht zufällig taucht dabei zunehmend die Frage auf, ob denn alle die Phänomene, die man in der Vergangenheit bei Kindern und Jugendlichen zu erforschen und zu finden glaubte, überhaupt als «Kindertümlichkeit» oder «Jugendeigenart» (als das spezifisch «Wachstümliche», wie Blättner sagt), existieren. Oder ob es sich dabei möglicherweise nur um Produkte von Forschungsarrangements und/oder projektiven Erwachsenenphantasien handelt (vgl. Gillis 1974, Ariès 1975, Schérer 1975 u. a.).

10 Wenn sich ein Kind «pueril» (also «kindgemäß») verhält, ist es durch den Sozialisationsprozeß an die kulturellen Normen gut angepaßt worden. Deshalb ist G. Devereux der Auffassung, daß folgende Verwechslung naheliegt: Jemand, der von Kindern fordert, sie sollen sich «kindgemäß» verhalten, spricht nicht in biologischer, sondern in kultureller Sprache. – «Da die Spezialisten für kindliches Verhalten zufällig auch erwachsene Mitglieder einer Kultur sind, der es weniger darauf ankommt zu definieren, was das Kind als solches *ist* und wie es

sich *verhält*, als zu spezifizieren, wie es *sein sollte*, und es zu zwingen, sich *anständig* zu verhalten, sind viele anscheinend wissenschaftliche Begriffe, die sich auf das authentische kindliche Verhalten beziehen, letzten Endes nur Projektionen, die der Erwachsene aus einem zielgerichteten Interesse anstellt» (Devereux 1974, S. 172; Hervorh. im Orig.).

11 Von solch einem Gesellschaftsbegriff ist die Arbeit der Ethnomethodologen allerdings noch weit entfernt; deshalb die Kritik, die den Fortschritt der Ethnomethodologie gegenüber den bisherigen Verhaltenswissenschaften durchaus zu würdigen weiß, ihn aber doch nicht so hoch veranschlagt, wie die Ethnomethodologen selbst (vgl. dazu die Kritik von Koeck 1976 und Müller 1979).

12 Eine im gleichen Abschnitt wiedergegebene Frage von Annchen (im Alter von 3; 3), «Und wo wachsen die Kinder?» (Köhler 1926, S. 194), wird von der Autorin nicht mit sexuell getönter Neugierde des Kindes in Zusammenhang gebracht, sondern mit dem wachsenden Interesse am Zeitbegriff (!).

13 Von diesem Paradigma versuchen sich neuere Strömungen der Lebenslaufforschung abzusetzen, die Lebensläufe unter der Fragestellung *empirisch* erforschen: Wie kommt es im Laufe der Zeit im Individuum zu einer Verarbeitung von Erfahrung (thematischen Strukturierung), die für das Individuum sinn- und bedeutungsvoll ist? Vgl. dazu verschiedene Arbeiten, die u. a. von Thomae (1968, 1972) angeregt wurden (z. B. Lehr/Weinert 1975). Hinzuweisen ist besonders auf die Richtung der «Life-Span Developmental Psychology» in den USA, die nicht nur die Diskussion über die Bedeutung von Längsschnitt- versus Querschnittuntersuchungen neu entfacht hat, sondern auch dialektische Perspektiven in Entwicklungstheorie und -forschung neu zur Geltung bringen will (vgl. Datan/Reese 1977). Vgl. dazu auch die beginnende Rezeption dieser Diskussion im deutschsprachigen Raum (Rosenmayr 1978, Kohli 1978, Oerter 1978, Walter/Oerter 1979 u. a.).

14 Unter Grenzsituationen verstehe ich jene Lebensbereiche, in denen Hindernisse, Barrieren und andere gesellschaftliche Eingrenzungen die persönliche, allseitige Entwicklung verhindern (vgl. Freire 1973, S. 82). In Grenzsituationen offenbaren sich nicht nur leidvolle Erfahrungen, sondern in gleicherweise auch die verstellten, noch nicht erreichten Entwicklungsdimensionen: Über die eingrenzenden Barrieren hinweg fällt der erwartungsvolle und fordernde Blick ins Reich der erweiterten Freiheiten und umfassenderen Teilnahmemöglichkeiten.

Literatur

Ariès, Ph.: Geschichte der Kindheit, München 1975

Baacke, D./Schulze, Th. (Hg.): Aus Geschichten lernen. Zur Einübung pädagogischen Verstehens, München 1979

Bendit, R./Heimbucher, A.: Von Paulo Freire lernen. Ein neuer Ansatz für Pädagogik und Sozialarbeit, München 1977

Bernfeld, S.: Sisyphos oder die Grenzen der Erziehung (orig. 1925), Frankfurt 1967

Bernfeld, S.: Trieb und Tradition im Jugendalter. Kulturpsychologische Studien an Tagebüchern (orig. 1931), Frankfurt 1978

Bittner, G.: «Entwicklung» oder «Sozialisation»? in: Neue Sammlung 1974, 14 (4), S. 389–396

Blättner, F.: Probleme einer Theorie des Lernens. Beitrag zu einer historischen Jugendkunde, in: Die Erziehung (Dezember) 1934, S. 551–577

Bourdieu, P.: Entwurf einer Theorie der Praxis auf der ethnologischen Grundlage der kabylischen Gesellschaft, Frankfurt 1976

Brecht, B.: Mutter Courage und ihre Kinder, Frankfurt 1980

Bronfenbrenner, U.: Wie wirksam ist kompensatorische Erziehung? Stuttgart 1974

Bronfenbrenner, U.: Ansätze zu einer experimentellen Ökologie menschlicher Entwicklung, in: Oerter, R. (Hg.): Entwicklung als lebenslanger Prozeß, Hamburg 1978, S. 33–65

Bühler, Ch.: Das Seelenleben des Jugendlichen. Versuch einer Analyse und Theorie der psychischen Pubertät (orig. 1921), Stuttgart [6]1967

Bühler, Ch. (Hg.): Zwei Knabentagebücher. Mit einer Einleitung über die Bedeutung des Tagebuchs für die Jugendpsychologie, Jena 1925

Bühler, Ch.: Jugend und Arbeit in ihrem psychologischen Verhältnis, Halle 1927

Bühler, Ch.: Der menschliche Lebenslauf als psychologisches Problem, Leipzig 1933

Bühler, Ch.: Psychologie im Leben unserer Zeit, München/Zürich 1962

Bühler, Ch.: Die Wiener Psychologische Schule in der Emigration, in: Psychologische Rundschau 1965, 16, S. 187–196

Bühler, K.: Die geistige Entwicklung des Kindes, Jena 1918, [4]1924

Canguilhem, G.: Das Normale und das Pathologische, Frankfurt 1977

Datan, N./Reese, H. W. (Hg.): Life-Span Developmental Psychology. Dialectical Perspectives on Experimental Research, New York 1977

deMause, L.: Evolution der Kindheit, in: deMause, L. (Hg.): Hört ihr die Kinder weinen. Eine psychogenetische Geschichte der Kindheit, Frankfurt 1977, S. 12–111

Devereux, G.: Normal und Anormal. Aufsätze zur allgemeinen Ethnopsychiatrie, Frankfurt 1974

Devereux, G.: Angst und Methode in den Verhaltenswissenschaften, München 1976

Dingeldey, H.: Zur Einführung, in: LeBon, G.: Psychologie der Massen, Stuttgart 1964, S. XII–XXIII

Elias, N.: Über den Prozeß der Zivilisation. Soziogenetische und psychogenetische Untersuchungen, Band II: Wandlungen der Gesellschaft. Entwurf zu einer Theorie der Zivilisation, Frankfurt [3]1977

Elschenbroich, D.: Kinder werden nicht geboren. Studien zur Entstehung der Kindheit, Frankfurt 1977
Engelmayer, O.: Menschenführung im Raume der Schulklasse, München 1968
Eysenck, H. J.: Die Ungleichheit der Menschen. Ist Intelligenz erlernbar? München 1975
Feldbauer, P.: Kinderelend in Wien. Von der Armenpflege zur Jugendfürsorge (17.–19. Jahrhundert), Wien 1980
Feyerabend, P.: Erkenntnis für freie Menschen, Frankfurt 1979
Firestone, Sh.: Nieder mit der Kindheit, in: Kursbuch 34, 1973, S. 1–24
Foucault, M.: Die Ordnung der Dinge. Eine Archäologie der Humanwissenschaften, Frankfurt 1974
Foucault, M.: Von der Subversion des Wissens, München 1974 a
Foucault, M.: Überwachen und Strafen. Die Geburt des Gefängnisses, Frankfurt 1977
Freire, P.: Pädagogik der Unterdrückten. Bildung als Praxis der Freiheit, Reinbek 1973
Freire, P.: Pädagogik der Solidarität, Wuppertal 1974
Freud, S.: Massenpsychologie und Ich-Analyse (orig. 1921). In: Sigmund Freud Studienausgabe, Band IX: Fragen der Gesellschaft, Ursprünge der Religion. Frankfurt 1974, S. 61–134
Frey, K. u. a. (Hg.): Curriculum-Handbuch. 3 Bände, München 1975
Garfinkel, H./Sacks, H.: Über formale Strukturen praktischer Handlungen, in: Weingarten, E./Sack, F./Schenkein, J. (Hg.): Ethnomethodologie. Beiträge zu einer Soziologie des Alltagshandelns, Frankfurt 1976, S. 130–178
Gillis, J. R.: Youth and History, New York 1974
Godelier, M.: Ökonomische Anthropologie. Untersuchungen zum Begriff der sozialen Struktur primitiver Gesellschaften, Reinbek 1973
Groskurth, P./Volpert, W.: Lohnarbeitspsychologie. Berufliche Sozialisation: Emanzipation zur Anpassung, Frankfurt 1975
Grubitzsch, S.: Zur Psychologie der Intelligenz von J. Piaget. In: Bruder, K. J., u. a.: Kritik der Pädagogischen Psychologie, Reinbek 1976, S. 146–180
Gstettner, P.: Der fragwürdige Beitrag der Entwicklungspsychologie – Überlegungen zur Demaskierung einer Wissenschaft, in: Larcher, A. u. D. (Hg.): Der Mythos vom Schonraum Schule, Wien/München 1975, S. 115–138
Gstettner, P.: Störungs-Analysen. Zur Reinterpretation entwicklungspsychologisch relevanter Tagebuchaufzeichnungen, in: Neue Sammlung 1978, 18 (4), S. 340–358
Gstettner, P.: Biographische Methoden in der Sozialisationsforschung, in: Hurrelmann, K./Ulich, D. (Hg.): Handbuch der Sozialisationsforschung, Weinheim 1980, S. 371–392
Habermas, J.: Anthropologie, in: Fischer-Lexikon Philosophie, Frankfurt 1958, S. 18–35
Hall, St.: Ausgewählte Beiträge zur Kinderpsychologie und Pädagogik, Altenburg 1902
Hall, St.: Die Begründer der Modernen Psychologie (Lotze, Fechner, Helmholz, Wundt), Leipzig 1914
Hoernle, E.: Grundfragen proletarischer Erziehung (orig. 1929), Frankfurt 1969
Hofstätter, P. R.: Einleitung, in: Fischer-Lexikon Psychologie, Frankfurt 1957, S. 5–13

Höhn, E.: Geschichte der Entwicklungspsychologie und ihrer wesentlichsten Ansätze, in: Thomae, H. (Hg.): Entwicklungspsychologie. Handbuch der Psychologie, 3. Bd., Göttingen 1959, S. 21–45
Holzkamp, K.: Zur kritisch-psychologischen Theorie der Subjektivität II. In: Forum Kritische Psychologie 5 (Argument Sonderband 41), Berlin 1979, S. 7–46
Holzkamp-Osterkamp, U.: Grundlagen der psychologischen Motivationsforschung 2. Die Besonderheit menschlicher Bedürfnisse – Problematik und Erkenntnisgehalt der Psychoanalyse, Frankfurt/New York 1976
Horkheimer, M.: Theoretische Entwürfe über Autorität und Familie. Allgemeiner Teil, in: Fromm, E., u. a.: Studien über Autorität und Familie. Forschungsberichte aus dem Institut für Sozialforschung, Bd. 1., Paris 1936, S. 3–76
Horn, K. (Hg.): Aktionsforschung: Balanceakt ohne Netz? Methodische Kommentare, Frankfurt 1979
Jaeger, S./Staeble, I.: Die gesellschaftliche Genese der Psychologie, Frankfurt/New York 1978
Johansen, E. M.: Betrogene Kinder. Eine Sozialgeschichte der Kindheit, Frankfurt 1978
Kanitz, O. F.: Das proletarische Kind in der bürgerlichen Gesellschaft (orig. 1925), Frankfurt 1974
Koeck, R.: Das Problem der «ethnomethodologischen Indifferenz». Ein Plädoyer für eine kritische Ethnomethodologie, in: Soziale Welt 1976, 3, S. 261–277
Köhler, E.: Die Persönlichkeit des dreijährigen Kindes (Annchen), Leipzig 1926
Kohli, M. (Hg.): Soziologie des Lebenslaufs, Darmstadt/Neuwied 1978
Kössler, G.: Mädchenkindheiten im 19. Jahrhundert, Gießen 1979
Kostjuk, G. S.: Das Entwicklungsprinzip in der Psychologie, in: Schorochowa, E. W. (Hg.): Methodische und theoretische Probleme der Psychologie, Berlin (DDR) 1977, S. 98–127
Kraepelin, E.: Der psychologische Versuch in der Psychiatrie, in: Kraepelin, E. (Hg.): Psychologische Arbeiten, 1. Band, 1. Heft, Leipzig 1895, S. 1–91
Kroh, O.: Entwicklungspsychologie des Grundschulkindes als Grundlage völkischer Jugenderziehung (urspr. unter anderem Titel, 1928), Langensalza [11, 12]1935
Lange, S.: Zur Bildungssituation der Proletarierkinder im 19. Jahrhundert, Monumenta Paedagogica, Band XVIII, Berlin (DDR) 1978
Lazarsfeld, P. F.: Jugend und Beruf, Jena 1931
LeBon, G.: Psychologie der Massen (orig. 1895), Stuttgart 1964
Leclerc, G.: Anthropologie und Kolonialismus, München 1976
Lefèbvre, H.: Kritik des Alltagslebens, Band III: Grundrisse einer Soziologie der Alltäglichkeit, München 1975
Lefèvre, W.: Zum historischen Charakter und zur historischen Funktion der Methode bürgerlicher Soziologie. Untersuchung am Werk Max Webers, Frankfurt 1971
Lehr, U. M./Weinert, F. E. (Hg.): Entwicklung und Persönlichkeit. Beiträge zur Psychologie intra- und interindividueller Unterschiede, Stuttgart 1975
Leiris, M.: Ethnographie und Kolonialismus, in: Leiris, M.: Die eigene und die fremde Kultur. Ethnologische Schriften. Frankfurt 1977
Lepenies, W.: Soziologische Anthropologie. Materialien, München 1971
Liebel, M.: Produktivkraft Jugend. Aktuelle und historische Aspekte der Arbeiterjugendfrage im Kapitalismus, Frankfurt 1976

Lomax, E. M. R./Kagan, J./Rosenkrantz, B. G.: Science and Patterns of Child Care, San Francisco 1978

Lorenzer, A.: Sprache, Praxis, Wirklichkeit – in der Perspektive einer Analyse subjektiver Struktur, in: Simon, G./Strassner, E. (Hg.): Sprechen – Denken – Praxis. Zur Diskussion neuer Antworten auf eine alte Frage in Praxis, Wissenschaft und Philosophie, Weinheim 1979, S. 87–102

Maikowski, R./Mattes, P./Rott, G.: Psychologie und ihre Praxis. Materialien zur Geschichte und Funktion einer Einzelwissenschaft in der Bundesrepublik, Frankfurt 1976

Marcuse, H.: Theoretische Entwürfe über Autorität und Familie. Ideengeschichtlicher Teil, in: Fromm, E., u. a.: Studien über Autorität und Familie, Bd. 1. Forschungsberichte aus dem Institut für Sozialforschung, Paris 1936, S. 136–228

Marx, K.: Die Verhandlungen des 6. Rheinischen Landtags (Erster Artikel). Debatten über Preßfreiheit und Publikation der Landständischen Verhandlungen (orig. 1842), in: Marx, K./Engels, F.: Über Erziehung und Bildung, Berlin (DDR) 1971, S. 58

Mendel, G.: Plädoyer für die Entkolonisierung des Kindes. Soziopsychoanalyse der Autorität, Olten 1973

Meueler, E. (Hg.): Unterentwicklung. Arbeitsmaterialien für Schule, Lehrer und Aktionsgruppen, Band 1, Reinbek 1974

Miller, A.: Am Anfang war Erziehung, Frankfurt 1980

Mollenhauer, K.: Kinder und ihre Erwachsenen. Anmerkungen zur Tradition des pädagogischen «Kolonialismus», in: Die Deutsche Schule 1979, 71 (6), S. 338–344

Montessori, M.: Selbsttätige Erziehung im frühen Kindesalter, Stuttgart 1913

Moravia, S.: Beobachtende Vernunft. Philosophie und Anthropologie in der Aufklärung, Frankfurt 1977

Müller, U.: Reflexive Soziologie und empirische Sozialforschung, Frankfurt/New York 1979

Narr, W.-D.: Hin zu einer Gesellschaft bedingter Reflexe, in: Habermas, J. (Hg.): Stichworte zur «Geistigen Situation der Zeit», Band 2: Politik und Kultur, Frankfurt 1979, S. 489–528

Oerter, R. (Hg.): Entwicklung als lebenslanger Prozeß. Hamburg 1978

Onna, B. v.: Jugend und Vergesellschaftung. Eine Auseinandersetzung mit der Jugendsoziologie, Frankfurt 1976

Ottomeyer, K.: Anthropologieproblem und marxistische Handlungstheorie, Gießen 1976

Pechstein, J.: Umweltabhängigkeit der frühkindlichen zentralnervösen Entwicklung, Stuttgart 1974

Preiser, S.: Anfänge und Fortschritte von Experiment und Test, in: Balmer, H. (Hg.): Die europäische Tradition. Die Psychologie des 20. Jahrhunderts, Bd. I, Zürich 1976, S. 820–848

Preyer, W.: Die Seele des Kindes. Beobachtungen über die geistige Entwicklung des Menschen in den ersten Lebensjahren (orig. 1882), Leipzig ^{7}1908

Remplein, H.: Die seelische Entwicklung des Zehn- bis Zwanzigjährigen und sein Verhältnis zur Schule, in: Strunz, K. (Hg.): Pädagogische Psychologie für höhere Schulen, München/Basel ^{3}1964, S. 45–89

Riegel, K. F.: Adult Life Crises: A dialectic Interpretation of Development, in:

Datan, N/Ginsberg, L. H. (Hg.): Life-Span Developmental Psychology. Normative Life Crises, New York 1975, S. 99–128
Ritsert, J.: Probleme politisch-ökonomischer Theoriebildung, Frankfurt 1973
Ritsert, J.: Wissenschaftsanalyse als Ideologiekritik, Frankfurt 1975
Rodney, W.: Afrika. Die Geschichte einer Unterentwicklung, Berlin 1975
Rosenmayr, L. (Hg.): Die menschlichen Lebensalter. Kontinuität und Krisen, München 1978
Routila, L.: Teleologie und das Problem der historischen Erklärungen – ein phänomenologischer Entwurf, in: Waldenfels, B./Broekman, J. M./Pazanin, A. (Hg.): Phänomenologie und Marxismus. Bd. 4: Erkenntnis- und Wissenschaftstheorie, Frankfurt 1979, S. 169–196
Rühle, O.: Zur Psychologie des proletarischen Kindes, (orig. 1925), Frankfurt 1969
Rutschky, K. (Hg.): Schwarze Pädagogik. Quellen zur Naturgeschichte der bürgerlichen Erziehung, Frankfurt 1977
Schérer, R.: Das dressierte Kind. Sexualität und Erziehung: Über die Einführung der Unschuld, Berlin 1975
Schmalohr, E.: Frühe Mutterentbehrung bei Mensch und Tier. Entwicklungspsychologische Studie zur Psychohygiene der frühen Kindheit, München (1978) o. J.
Schmid, R.: Intelligenz- und Leistungsmessung. Geschichte und Funktion psychologischer Tests, Frankfurt/New York 1977
Schmid, R.: Sozialhistorische und sozialpolitische Aspekte von psychologischen Testverfahren, in: Grubitzsch, S./Rexilius, G. (Hg.): Testtheorie – Testpraxis. Voraussetzungen, Verfahren, Formen und Anwendungsmöglichkeiten psychologischer Tests im kritischen Überblick, Reinbek 1978, S. 12–39
Schmidbauer, W.: Von der Massenpsychologie zur Gruppendynamik, in: Balmer, H. (Hg.): Die europäische Tradition. Die Psychologie des 20. Jahrhunderts, Bd. I, Zürich 1976, S. 897–931
Schonig, B. (Hg.): Arbeiterkindheit. Kindheit und Schulzeit in Arbeitererinnerungen, Bensheim 1979
Schumann, I./Korff, H.-J./Schumann, M.: Sozialisation in Schule und Fabrik. Entstehungsbedingungen proletarischer Kindheit und Jugend, Berlin 1976
Scupin, G.: Lebensbild eines deutschen Schuljungen. Tagebuch einer Mutter, Leipzig 1931
Shorter, E.: Die Geburt der modernen Familie, Reinbek 1977
Smith, D.: K ist geisteskrank. Die Anatomie eines Tatsachenberichtes, in: Weingarten, E./Sack, F./Schenkein, J. (Hg.): Ethnomethodologie. Beiträge zu einer Soziologie des Alltagshandelns, Frankfurt 1976, S. 368–415
Spranger, E.: Psychologie des Jugendalters (orig. 1924), Heidelberg [27]1963
Stenbock-Fermor, A. Graf: Deutschland von unten (orig. 1931), Luzern/ Frankfurt 1980
Stern, E.: Experimentell-psychologische Schwachsinnsdiagnostik, in: Abderhalden, E. (Hg.): Handbuch der biologischen Arbeitsmethoden, Abt. VI, Teil C2, Heft 6, Berlin/Wien 1935, S. 1265–1454
Stern, W.: Psychologie der frühen Kindheit bis zum sechsten Lebensjahr (orig. 1914), Leipzig [6]1930
Stern, W.: Anfänge der Reifezeit. Ein Knabentagebuch in psychologischer Bearbeitung, Leipzig 1925

Thomae, H.: Das Individuum und seine Welt – eine Persönlichkeitstheorie, Göttingen 1968
Thomae, H.: Formen der Daseinsermöglichung, in: Gadamer, H. G./Vogler, P. (Hg.): Neue Anthropologie, Bd. V. Stuttgart 1972, S. 317–348
Ussel, J. v.: Sexualunterdrückung. Geschichte der Sexualfeindschaft, Gießen 1977
Vincze, L./Vincze, F.: Die Erziehung zum Vorurteil. Kritik an der Kinderpsychologie, Wien 1964
Vinnai, G.: Das Elend der Männlichkeit. Heterosexualität, Homosexualität und ökonomische Struktur. Elemente einer materialistischen Psychologie, Reinbek 1977
Wacker, A. (Hg.): Die Entwicklung des Gesellschaftsverständnisses bei Kindern, Frankfurt/New York 1976
Walter, H./Oerter, R. (Hg.): Ökologie und Entwicklung. Mensch-Umwelt-Modelle in entwicklungspsychologischer Sicht, Donauwörth 1979
Weingarten, E./Sack, F.: Ethnomethodologie. Die methodische Konstruktion der Realität, in: Weingarten, E./Sack, F./Schenkein, J. (Hg.): Ethnomethodologie. Beiträge zu einer Soziologie des Alltagshandelns, Frankfurt 1976, S. 7–26
Weiss, C.: Pädagogische Soziologie, Bd. IV, Soziologie und Sozialpsychologie der Schulklasse, Bad Heilbrunn [6]1970

Quellennachweis der Abbildungen

S. 11: C. A. Burland, W. Forman: So sahen sie uns, Wien, München 1968, S. 14, Schroll-Verlag; S. 26: H. F. R. Günther: Rassenkunde des deutschen Volkes, München 1937, S. 30, S. 31, S. 308; S. 32: R. Alt: Bilderatlas zur Schul- und Erziehungsgeschichte, Bd. 2, Berlin (DDR) 1971, S. 530, S. 531, Verlag Volk und Wissen; S. 35 oben, unten: C. A. Burland, W. Forman: So sahen sie uns, a. a. O., Abb. 50, © Werner Forman Archive Ltd., London; S. 41: C. A. Burland, W. Forman: So sahen sie uns, a. a. O., S. 17; S. 51: R. Alt: Bilderatlas zur Schul- und Erziehungsgeschichte, Bd. 2, a. a. O., S. 272; S. 58: K. Rutschky (Hg.): Schwarze Pädagogik, Frankfurt a. M., Berlin, Wien 1977, S. 504, S. 511, S. 517, Verlag Ullstein; S. 58 f.: P. Bourdieu: Entwurf einer Theorie der Praxis, Frankfurt a. M. 1976, S. 283, S. 303, Suhrkamp; S. 61: F. A. Geldard: Fundamentals of Psychology, New York 1962, S. 403; S. 65: R. Alt: Bilderatlas zur Schul- und Erziehungsgeschichte, Bd. 2, a. a. O., S. 240, S. 286; S. 73: R. Alt: Bilderatlas zur Schul- und Erziehungsgeschichte, Bd. 2, a. a. O., S. 366, S. 372, S. 374; S. 76: A. Graf Stenbock-Fermor: Deutschland von unten, Luzern, Frankfurt a. M. 1980, S. 136, S. 137, S. 138, Verlag C. J. Bucher; S. 80 oben: R. Alt: Bilderatlas zur Schul- und Erziehungsgeschichte, Bd. 2, a. a. O., S. 592; S. 80 unten: F. A. Geldard: Fundamentals of Psychology, a. a. O., S. 313; S. 83: K. A. Tramm: Psychotechnik und Taylor-System, Berlin 1921, S. 73, S. 76, S. 77; S. 103: Ch. Bühler: Der menschliche Lebenslauf als psychologisches Problem, Leipzig 1933, Anhang, S. Hirzel Verlag, Stuttgart; S. 110 f.: Ch. Bühler: Die Persönlichkeit des dreijährigen Kindes, Leipzig 1935, S. Hirzel Verlag, Stuttgart; S. 128: H. F. R. Günther: Rassenkunde des deutschen Volkes, a. a. O., S. 209, S. 211; S. 138: A. Graf Stenbock-Fermor: Deutschland von unten, a. a. O., S. 39, S. 134; S. 157 oben: M. Foucault: Überwachen und Strafen, Frankfurt a. M. 1977, Abb. 14, Suhrkamp, © 1975 Editions Gallimard, Paris; S. 157 unten: Staatsarchiv Potsdam, Rep. 2 A, Regierung Potsdam, III. Forstreg., Nr. 20939; S. 162: M. Foucault: Überwachen und Strafen, a. a. O., Abb. 17; S. 163: M. Foucault: Überwachen und Strafen, a. a. O., Abb. 18, Abb. 19; S. 164: M. Foucault: Überwachen und Strafen, a. a. O., Abb. 22, Abb. 24; S. 165: M. Foucault: Überwachen und Strafen, a. a. O., Abb. 26, Abb. 20; S. 166: M. Foucault: Überwachen und Strafen, a. a. O., S. 21; S. 167 oben und Mitte: G. Heindl: Die Welt in der Nuß oder Österreichs Hauptstadt, Wien 1972, S. 121, Paul Neff Verlag; S. 167 unten: Stern, 6. 11. 1980, S. 46, Foto Volker Hinz; S. 168 f.: M. E. Brunswic: Untersuchung über die Anpassung von Schulbauten an die Erfordernisse der audiovisuellen Wissensvermittlung, in: Schul- und Sportstättenbau, 1/1969, S. 24 f., Österreichisches Institut für Schul- und Sportstättenbau, Wien; S. 170–175: H. Prader, F. Fehringer, E. Ott: Studie Computer-Schule, in: Schul- und Sportstättenbau, 2/1969, S. 6 f., S. 10, S. 12 f.; S. 176: F. Geldard: Fundamentals of Psychology, a. a. O., S. 229, S. 37; S. 177 oben: D. O. Hebb: A Textbook of Psychology, Philadelphia 1958, S. 173; S. 177 Mitte und unten: E. W. Kleber: Abriß der Entwicklungspsychologie, Weinheim 1977, S. 73, Beltz Verlag; S. 178: P. H. Mussen, J. J. Conger, J. Kagan: Lehrbuch der Kinderpsychologie, Stuttgart 1976, S. 130, S. 157, Klett-Cotta; S. 179 oben: Ch. Bühler: Psychologie im Leben unserer Zeit, München, Zürich 1962, S. 144, Abb. 86, Droemersche Verlagsanstalt

Th. Knauer; S. 179 unten: V. Packard: Der Mensch im Affen, Frankfurt a. M., Berlin, Wien 1963, S. 115, Verlag Ullstein; S. 202: G. Scupin: Lebensbild eines deutschen Schuljungen, Leipzig 1931, S. 8, S. 181.

Die Federzeichnungen auf den Seiten 24, 99, 108, 114, 124, 126, 135, 152, 184 und 188 stammen von Johannes Hickel, Innsbruck.

sachbuch rororo

Politische Erziehung

Friedrich Barabas/Thomas Blanke/ Christoph Sachße/Ulrich Strauchelt (Hg.)
Jahrbuch der Sozialarbeit 1978. Analysen, Berichte, Materialien [7097]

Heinrich Bast u. a.
Gewalt gegen Kinder. Kindesmißhandlungen und ihre Ursachen. Handbuch für Diskussion und Aktion [6934]

Johannes Beck
Lernen in der Klassenschule. Untersuchungen für die Praxis [6820]

Johannes Beck/Klaus Bergmann/ Heiner Boehncke (Hg.)
Das B. Traven-Buch. Lesestücke – Unterrichtsmaterialien [6986]

Johannes Beck/Heiner Boehncke (Hg.)
Jahrbuch für Lehrer 1978. Schulalternativen – Schreiben lernen [7103]
Jahrbuch für Lehrer 1979. Zensuren, politisch-technischer Unterricht [7172]
Jahrbuch für Lehrer 4. Selbstbestimmtes Lernen / Schulalltag / Unterricht: Natur, Technik, Faschismus [7285]
Jahrbuch für Lehrer 5. Pädagogische Initiativen – Schule auf dem Land – Unterrichtsvorschläge [7372]
Jahrbuch für Lehrer 6. Ideen und Geschichten [7451]

Klaus Bergmann/Winfried Hammann/ Solveig Ockenfuß (Hg.)
Abhauen. Flucht ins Glück [7404]

Claus Biegert
Indianerschulen. Als Indianer überleben – von Indianern lernen. Survial Schools [7278]

Heiner Boehncke (Hg.)
«Vorwärts und nicht vergessen.» Ein Lesebuch. Klassenkämpfe in der Weimarer Republik. Mit 30 Abb. im Text [6805]

Heiner Boehncke, Jürgen Humburg
Schreiben kann jeder. [7245]

Adolf Brock u. a.
Arbeiterbildung. Soziologische Phantasie und exemplarisches Lernen in Theorie, Kritik und Praxis. Lernen für Selbstbestimmung [7250]

Anna Dorothea Brockmann/Manfred Liebel/Manfred Rabatsch (Hg.)
Jahrbuch der Sozialarbeit 3 [7293]

Anna Dorothea Brockmann (Hg.)
Landleben. Ein Lesebuch von Land und Leuten [7064]

Paulo Freire
Der Lehrer ist Politiker und Künstler. Neue Texte zur befreienden Bildungsarbeit [7446]

Célestin Freinet
Pädagogische Texte. Beispiele aus der Bibliothek der Arbeit [7367]

Karlheinz A. Geißler (Hg.)
Gruppendynamik für Lehrer. Verändernde Praxis im Schulalltag [7273]

Peter Gstettner
Die Eroberung des Kindes durch die Wissenschaft. Aus der Geschichte der Disziplinierung [7425]

Maria Guggenheimer/ Klaus Ottomeyer (Hg.)
Zerstörung einer Familie. Eine Fallstudie [7312]

Helmut Hartwig
Jugendkultur. Ästhetische Praxis in der Pubertät [7327]

Moritz Krüger: **Schulflucht.**
Eine dokumentarische Erzählung [7177]

Dietmar Larcher/Christine Spiess (Hg.)
Lesebilder. Geschichten und Gedanken zur literarischen Sozialisation. Lektürebiographien und Leseerfahrungen [7345]

Walter Moßmann/Peter Schleuning
Alte und neue politische Lieder. Entstehung und Gebrauch/Texte und Noten [7159]

Klaus Ottomeyer
Ökonomische Zwänge und menschliche Beziehungen. Soziales Verhalten im Kapitalismus [7055]

Johannes Beck, Heiner Boehncke, Werner Heinz, Gerhard Vinnai
Terror und Hoffnung in Deutschland 1933–1945. Leben im Faschismus [7381]

Aïda Vasquez/Fernand Oury u. a.
Vorschläge für die Arbeit im Klassenzimmer. Die Freinet-Pädagogik. Alternativen zum gewöhnlichen Schulleben [6957]

Gerhard Vinnai
Sozialpsychologie der Arbeiterklasse. Identitätszerstörung im Erziehungsprozeß [6812]
Das Elend der Männlichkeit. Heterosexualität, Homosexualität und ökonomische Struktur [7076]

Klaus Wolschner (Hg.)
Studentenleben [7387]

Analysen, Modelle, Materialien für Schüler, Lehrlinge, Studenten, Lehrer

994/4